高等院校艺术设计类基础课规划教材

创意思维实训
（第二版）

段轩如　编　著

U0331700

清华大学出版社
北京

内 容 简 介

　　本书是面向以创造性为突出特征的某些专业群的必修实训课程。本书涉及的创意思维实训内容较广泛，有逻辑思维、辩证思维、逆向思维、纵向思维、横向思维、立体思维、超前思维、发散思维、聚合思维、侧向思维、幽默思维以及联想与想象、直觉与灵感等。对每种思维的创意生发从原理、案例到训练进行较为详尽的阐述和精心的设计安排。本教材图文并茂，深入浅出，将深奥的理论知识融于不同的创意案例和创意实训中，在实践中体悟创意的乐趣并把握创意理论和创意手法、技巧，以期通过系统的实训，培养学生的创意思维品质、开发创意思维潜能。

　　本书既可作为高等院校的创意课程教材，也可用于各类文化创意设计人员提高自身思维的学习读物。

图书在版编目(CIP)数据

创意思维实训/段轩如编著. —2版. —北京：清华大学出版社，2018（2025.7重印）

(高等院校艺术设计类基础课规划教材)

ISBN 978-7-302-49664-9

Ⅰ. ①创…　Ⅱ. ①段…　Ⅲ. ①创造性思维—高等学校—教材　Ⅳ. ①B804.4

中国版本图书馆CIP数据核字(2018)第033869号

责任编辑：刘秀青　陈立静
装帧设计：刘孝琼
责任校对：王明明
责任印制：宋　林
出版发行：清华大学出版社
　　　　　网　　　址：https://www.tup.com.cn, https://www.wqxuetang.com
　　　　　地　　　址：北京清华大学学研大厦A座　　　邮　　编：100084
　　　　　社 总 机：010-83470000　　　邮　　购：010-62786544
　　　　　投稿与读者服务：010-62776969，c-service@tup.tsinghua.edu.cn
　　　　　质量反馈：010-62772015，zhiliang@tup.tsinghua.edu.cn
印 装 者：三河市龙大印装有限公司
经　　销：全国新华书店
开　　本：190mm×260mm　　印　张：17.25　　字　数：440千字
版　　次：2015年3月第1版　2018年5月第2版　　印　次：2025年7月第9次印刷
定　　价：69.90元

产品编号：076111-02

第二版前言

　　《创意思维实训》自出版以来，在教学中收到了较好的效果，得到了使用高校及社会的好评。随着社会对应用型人才提出的新要求，结合教学实践，我们对部分章节的内容做了进一步优化调整：增加了"引言"部分，明确了产品、理念、制度三方面的创意对象，使创意实训有了更明确的指向；指出了创意思维及其特性，特别强调了创意思维活动应具备的基本要素：知识、观念、问题意识和思维品质。因为创意主体的创意水平、思维认知能力实际上是受其知识结构和知识视野制约的，合理的知识结构、宽广的知识视野是创意的必要条件。观念在整个创意思维过程中影响着创意的定向、创意的性质；问题意识体现了个体思维品质的探索性、活跃性、质疑性和深刻性，也反映了思维的独立性和创造性；思维品质是人的思维个性特征的表现，往往反映出一个人思维的深刻性、灵活性、独创性、批判性、敏捷性和系统性。在创意思维品质的个性培养方面，就强化人文精神的价值取向、接受不同的文化刺激、容纳不同的观点、批判性思维、敏锐的问题意识、破除思维定式、动态思考、正确对待知识八个方面进行了阐述，使得创意思维品质的提升有了具体的实训方向。正文还添加了一些贴近现实生活和同学们感兴趣的案例、丰富了"课内互动"的内容、调整了部分"思路例示"的解读和"实训练习"的内容，适当增加了"网络资源""扩展阅读"的链接，强化了学生的自主学习意识。以上增加的内容使教材的结构体系更加完整。

　　严格来讲，创意如同创作，是一种创造性的劳动，很难在课堂上培养出创意大师。如同画家首先要经过线条、色彩与造型的基础训练一样，"创意思维训练"就是对创意过程中常用的思维方式、技巧结合事例进行练习，有意识地破除以往教育或生活中形成的思维定式，使创意思维品质得到不断提升，为创造性地解决问题打下基础。

　　通用、适用、实用是本书的突出特点。自出版以来，本书的使用范围既有高校本科专业，又有职业院校的专科专业；既有专业基础课，也有公共课或通识教育选修课。借此再版之际，我们对来自领导、前辈、同行和广大读者的鼓励表示衷心的感谢！

　　书中不足之处还望专家、同行不吝赐教，以便再版时进一步完善。

编　者

第一版前言

　　如何通过教育开发学生的创造力特别是潜在的创新思维、培养创新精神，提高创新能力，是摆在我们每一位教育工作者面前的崭新课题。因此适时加强在校大学生创造性能力的训练具有一定的战略意义。本书的主旨是在开创性的创新课程和改革性的课程创新方面作出探索。在创新人才培养的大视野下，使学生通过创新课程的理性把握（创新意识的培养、创新方法的掌握、创新能力的提高）和课程创新的感性熏陶，形成良好的创造性品格，最终达到创造性思维能力的提高这一创新教育的核心目标。

　　创意思维能力是整体思维能力的重要组成部分，是构架良好思维品质的重要支柱。但是长期应试教育背景下，学习生活中积累下来的种种思维定式，却成为禁锢思维创造的枷锁。经验下的思维定式诱导人们自觉或不自觉地进行习惯性思维，以至于创造力得不到很好的发挥。而未来社会的竞争，是高科技的竞争，是人才的竞争，但归根结底是人的创新思维能力的竞争，因为任何创新，首先是从思维开始的，没有创新思维的先导，就不可能有创新行为的展开。创意思维的开发，是出于人本身的需要、时代的需要、社会的需要，它关系到高素质人才的培养问题，关系到学生们未来的可持续发展问题。这就要求我们在教学观念、教学内容、教学方法、教学实践等各个环节都要围绕着学生的创造力开发这个中心展开。在教学观念上，要变学生的"教育对象"为"发展对象"；在教学内容上，从传授教学转向创意思维的开发研究；在教学方法上，以启发、诱导、讨论为手段，重在引发学生的发散思维和创造力；在教学实践上，鼓励参与社会交流，使其产生互动，享受创意的乐趣，培养自信。

　　本书广泛吸收、借鉴国内外的研究成果和创新方法，既站在国内关于创新教育理论探讨的基点上，又针对其多停留在理论层面、可操作性不强的弱点，加强实用性，突出理论与实践的有机结合，把创新能力的培养落到实处，为学生创新提供从意识到方法的必要条件，以期使学生通过创意思维实训，最终形成良好的创新意识和创造性品格。

　　本书编写中吸收了许多同行的研究成果，由于受参考媒体的局限，无法一一追溯来源，特此说明。作为一种探索，书中难免存在一些不足，希望广大师生提出宝贵意见。

编　者

Contents
目录

目录

Contents

Contents

目 录

Contents

目 录

引言

2005年8月，温家宝总理到医院看望钱学森先生的时候，钱老说了这样一句话："现在中国没有完全发展起来，一个重要原因是没有一所大学能够按照培养科学技术发明创造人才的模式去办学，没有自己独特的创新的东西，老是冒不出杰出人才。"钱老道出了中国高等教育"蓬勃发展"之下的现实，也道出了危机。

"没有一所大学"的措辞是严重的，但也是事实。道出了全球化时代国人对中国高等教育发展现状的焦灼感和危机感。在应试教育体系里，强调的是知识积累和占有，然而当今知识"爆炸"的气势，已经冲破了传统的单一学科界限，学科间的渗透融合、交叉学科的不断崛起，科学技术的迅猛发展，加快了人们已有知识的更新速度。新媒体的出现、计算机的更新换代、国际互联网、数字技术的迅猛发展、文化多元带来的观念碰撞与更新……这一切都在提醒我们：对知识的占有、积累的时代已经结束，知识创新时代已经来临，教育要跟上时代的脚步。

人的行为是受思维观念支配的，有什么样的思维就会有什么样的行为。今天，以更广阔的视野审视创意的生成与表达，扩大创意思维的空间。让学生掌握"如何创意"的思路，把创意思维的触角延伸到围绕专业的相关行业，使学生通过创新课程的理性把握（创新意识的培养、创新方法的掌握、创新能力的提高）和课程创新的感性熏陶，最终形成良好的创造性品格，是高等教育的重要使命，也是学校适应社会发展需求，为学生谋求发展的行动先导。这也是本书所希望达到的效果。

一、创意与创意思维

（一）创意的含义

《中国大百科全书·哲学卷》对思维一条是这样解释的："思维有二义：广义上是相对于物质而与意识同义的范畴；狭义上是相对于感性认识而与理性认识同义的范畴。"

所以从本质上说，思维是人脑对客观现实间接的和概括的反映。它是借助语言实现的，是揭示事物本质属性的理性认识过程。

创意算是一个外来词，是根据英文Creative Idea翻译过来的。Creative原意为"有创造力的、创造性的、产生的、引起的"等。Idea原意为"想法、念头、主意、打算、思想、意见、立意、想象、观念"等。如果直译，该词组的含义就是"具有创造性的意念（主意、观念）"，简称为"创意"。

20世纪80年代"创意"一词流行于我国香港、台湾地区，随着港台文化浪潮涌入大陆，"创意"一词也由南而北，成为使用频率日增的常用语。目前"创意"一词的使用遍及政治、经济、文化、科技、教育等各领域。

关于"创意"的特有属性到底是什么，在不同的文章或著作中都有不同的界定。但可以形成共识的是，创意绝不是一般意义上的模仿、重复、循规蹈矩、似曾相识。从不同的视角看于是就有了关于创意的属性的种种表述，说它是对传统的叛逆、对旧定义的改变、对旧

规则的打破、对旧事物的改变、对旧观念的更新、对常规的打破，是标新立异、是超越、是新组合、是超常的想象、是巧妙的传达、是一种智能拓展、是一种文化底蕴、是点题造势的把握、是跳出庐山之外的思路、是1＋1>2的魔术变化、是自由的展现等等。创意的本质是创造。创造是个体根据一定目的和任务，运用一切已知的条件，产生出新颖、有价值的成果（精神的、社会的、物质的）的认知和行为活动。

就最一般的含义来说，"创意"这一概念有双层含义，静态的创意是指创造性的注意、思想、观念、点子、立意、想象等具有创新性的思维成果；动态的创意是指创造性的思维活动，是创意"无中生有"的产生过程。

（二）创意的对象

创意作为一种创造性的思维活动它贯穿于人类文化发展的始终。创意植根的生命土壤是人类绵绵不绝的探索精神和对自身所处环境的理想追求。因此创意的对象主要在产品、理念、制度三个方面展开。

1. 产品（含器物和服务）

产品是指能够提供给市场被人们使用和消费，以满足消费者某种需要和欲望的任何有形物品和无形服务，包括实体商品、无形的服务、组织、主意、观念或它们的组合。

20世纪90年代以来，菲利普·科特勒等学者倾向于使用五个层次来表述产品整体概念，认为五个层次的表述方式能够更深刻、更准确地表述产品整体概念的含义。产品整体概念要求营销人员在规划市场供应物时，要考虑到能提供顾客价值的五个层次。产品整体概念的五个基本层次如下。

(1) 核心产品。核心产品是指向顾客提供的产品的基本效用或利益。从根本上说，每一种产品实质上都是为解决问题而提供的服务。因此，营销人员向顾客销售任何产品，都必须具有反映顾客核心需求的基本效用或利益。

(2) 形式产品。形式产品是指核心产品借以实现的形式，由五个特征构成，即品质、式样、特征、商标及包装。即使是纯粹的服务，也具有相类似的形式上的特点。

(3) 期望产品。期望产品是指购买者在购买产品时期望得到的与产品密切相关的一整套属性和条件。

(4) 延伸产品。延伸产品是指顾客购买形式产品和期望产品时附带获得的各种利益的总和，包括产品说明书、保证、安装、维修、送货、技术培训等。国内外很多企业的成功，在一定程度上应归功于他们更好地认识到服务在产品整体概念中所占的重要地位。

(5) 潜在产品。潜在产品是指现有产品包括所有附加产品在内的，可能发展成为未来最终产品的潜在状态的产品。潜在产品指出了现有产品可能的演变趋势和前景。

通过对以上产品整体概念的五个基本层次的优劣以及人们对产品期望的分析和多层次、多维度的考察，产品的创意便在此处产生了。

你的手机在功能、造型、材料等方面，你认为还有哪些是缺陷并希望能改进的地方？未来人类会以什么样的居住形式淘汰现有的住房？

2．理念

理念是一种认识成果，是在对事物现象的理性思考中所归纳或总结的思想、观念、观点、看法和信念。例如，人生理念、办学理念、推销理念、投资理念或教育理念等。在很多情况下，理念和观念都是可以互用的。

理念创意也可以说理念创新，是指变革陈旧落后的既定观念、看法，以新的视角、新的思维模式和新的方法，形成新的结论或思想观点，以指导新环境下的社会实践或理论建构。比如传统的传播理念是外在与传播技术的，外延上二者是彼此独立的对象，关系上后者是为前者服务的。以此看来传播的现代化就成了传播与现代技术的结合。可事实恰好相反，当今日新月异的数字新媒体传播技术对传统的传播理念提出了挑战，新媒体数字传播技术中蕴含着需要我们去领悟的传播新理念；是新媒体数字传播技术和传播形态催生了新的传播理念，而不是传播理念规范了信息技术发展的方向。这种理念的创新导致了基于新媒体数字传播技术的"传播业态转型"。

从市场的角度看，理念是企业在长期的经营、发展过程中，承续企业优良传统、适应时代要求、由企业家积极倡导、为全体员工自觉实践而形成的具有表征性的企业信念，它自成体系，是一种能够激发企业活力、推动企业生产经营的团队精神和行为规范。随着社会的进步和市场主体的变化，企业经营理念、企业精神、价值观等的创新也就是必需的了。

3．制度

汉语中"制度"一词中："制"有节制、限制的意思，"度"有尺度、标准的意思。这两个字结合起来，表明制度是节制人们行为的尺度。通俗来讲，制度就是一个社会的游戏规则。制度分为三种类型即正式规则、非正式规则（价值信念、伦理规范、道德观念、风俗习惯及意识形态等因素）和这些规则的执行机制。

制度创新是指通过创设更有效的激励制度、引入新的制度安排，如组织的结构、组织运行规范等，以实现社会的良性发展。从管理体制和政策法规看，民主的与专制的管理体制、进步和落后的政策法规对创意的激励和制约也是不容忽视的。权力过分集中的专制管理体制，往往会抑制其下属各个层次的积极性和创造性。这是因为，这种管理体制追求的是秩序，是服从，而创意本质上则是革命的、批判的、突破旧规则的、反传统的。

（三）创意思维及其特性

创意思维是通过已有信息的创造性重组而产生出新产品（作品）、新观念、新思路、新理论、新方法、新技术、新概念、新思想、新环境的过程，或者说就是通过信息重组改进或改变旧对象的过程。

创意思维就是以新颖独到的方法解决问题的思维过程，也是一种创造新事物或新形象的思维形式。它不仅包括实物的发明，还包括制度和理论的创新，以及思想观念的改变。它可以运用于人类生活的各个方面。

因此，社会的发展、时代的进步，需要思维不断地进行知识和观念的更新，需要思维的批判性、创造性的不断提升，否则人们的思维就会形成各种定式，将本应鲜活的思维变成一潭死水、僵硬呆板、毫无生机。

创意思维具有以下特性：思维形式的独立性、反常性，思维内容的深刻性，思维方法的辩证性，思维目标的求异性、独特性，思维过程的敏捷性、灵活性，思维角度的新颖性，思维空间的开放性、扩展性，思维主体的能动性。

二、创意思维活动的基本要素

制约创意思维活动的内部要素是复杂多样的，并且每一个构成要素的自身也是一个多层次的子系统，在创意的整体活动过程中各自具有不同的特性与功能。其中，主要的基础要素包括知识、观念、问题意识、思维品质等方面。

（一）知识

知识产生于人们的日常生活、社会活动和科学研究的认识活动中，而这种认识活动的最基本方式就是思维。因此，知识产生于主客体的相互关系中，形成于人的思维活动中，是人类在认识自然、改造自然和改造社会的实践活动中积累起来的精神文化财富和认识成果；是人类在社会实践活动中对自然客体和社会客体（包括作为认识对象客体的主体自身）的正确反映。

人类的知识是极为丰富多样的。就人的创意思维活动来看，创意及其表现不可能只是某一种知识要素的单独运行，而是自然科学以及社会学科中的设计、市场、营销、心理、社会、美学、艺术、历史文化、传播等多方面的知识、丰富的人生经验、特殊的审美意识以及艺术表现的各种手法技巧相互作用、共同协调进行的复杂活动。在这一过程中，各种知识要素会形成相互关联、相互影响、相互作用、相互促进的运动状态。因此，思维主体的知识结构对创意的影响是显而易见的。创意主体的创意水平、思维认知能力，实际上是受其知识结构和知识视野制约的。合理的知识结构、宽广的知识视野是创意的必要条件。

（二）观念

人在对某种事物或问题进行思考时，并不是一种盲目被动的随意行为，而是一个有目的、有意识的，受某种观念支配的积极主动的自觉过程。人的创意活动本质上是一种自觉性的活动，是观念的物化过程。有什么样的观念就有什么样的创意。

认识是观念产生的基础，观念的形成来自于对客体对象的认识，是对认识过程及其成果的升华和概括。这种概括和升华更具逻辑性，因而也更带有主体意志的倾向性评价。思维观念一旦形成，就会转化为创意活动的内容要素而纳入创意及表现创作的全过程，成为创意表现所依据的思维规则，从而影响和制约着创意主体的创意和表现活动的整个环节。从本质上讲，创意成果是创造者思维观念的物化形态，观念在整个创意思维过程中影响着创意的定向、创意的性质。

（三）问题意识

没有问题就没有创意思维活动。问题，是进行创意思维活动所不可缺少的构成要素。

什么是问题呢？心理学将问题比喻为心理行程通路上的障碍。赫士（Hays 1981）将问题视为一种空隙，即我们当前所在地方和所希望达到的目标之间的空隙。逻辑学认为，问题指其真实性或虚假性尚需证明的论题。

我们这里采用赫士的说法，问题即创意人所面对的现状与希望通过创意所要达到的目标之间的空隙。创意思维的过程，就是创意人按照自己的观点、立场解读问题，并创造性地解决问题的过程。创意就是问题解决的一个精神的或物质的结果。

由此看来，发现问题是创意思维的首要前提，也就是说我们在学习、工作及生活中要有问题意识。我们可以把问题意识看作是创意思维的一种问题性心理品质。简单来说，就是经常保持对现状不满足，有不断求变、求新的心态。问题意识是创意思维的动力，是创新精神的基石。有问题意识的人，在认识活动中，一方面对一些难以解决的实际问题及理论问题或者常见的习惯现象产生怀疑、困惑、探索的心理状态；另一方面会在大家习以为常的现象中发现问题，找出事物间的联系。在这种心理状态的驱使下，个体会更加积极思考，寻找创意对象与环境对象间的关联，从而解决问题。

问题意识体现了个体思维品质的探索性、活跃性、质疑性和深刻性，也反映了思维的独立性和创造性。

（四）思维品质

创意的千变万化，是由于创意思维个性的千差万别所致。思维品质，是人的思维个性特征的表现，往往反映出一个人在思维的深刻性、灵活性、独创性、批判性、敏捷性和系统性六个方面的个体智力或思维水平的差异。

尽管我们每一个人都生活在特定的社会环境中，创意思维受到来自政治、文化、道德、宗教、价值观等方方面面的制约和影响，我们一方面要肯定它在构建和谐社会中的作用，要遵循它的一般规律，但同时又不能被这些东西捆住手脚。应该看到：任何政治、文化、道德、宗教、价值观等都是人类发展特定阶段的认识成果，真理的探求永无止境。因此，我们要做思维的主人，避免自己的思想、行为无原则地被外力控制，否则，创意思维品质的提升将是一句空话。

想想看，你是否也遇到过下面的场景（见图0-1），有一个无形的"他"在掌控你的行为？

图0-1 想你所想

他们支持的观点，你确定你也了解吗？你应该学会独立的思考。

Agency: CLM BBDO Creative Director: Jean-François Sacco, Gilles Fichteberg Copywriter: Edouard Perarnaud Art Director: Martin Darfeuille Art Buyer: Sylvie Etchemaite Photographer: Jean-Yves Lemoigne

创意人的思维品质是在创新精神的指导下养成的。创新精神的培养，要求培植利于创新精神生长的土壤和环境，并从培养、保护、发展人的好奇心、求知欲、进取心、批判意识、怀疑态度、不盲从不迷信、敢于冒险、敢于打破常规、敢于标新立异的良好个性品格切入，牢固树立追求创新、以创新为乐为荣的观念和意识，加强创意思维、创新方法、创新技术的训练，使人们创新的动机因素、情意因素、智慧因素得到全面、及时的关注和强化，从而铸就创新人格和创新精神。

思维品质决定着一个人创意思维的开放性、变通性以及思维的广度、深度、速度和精度。

三、创意思维品质的个性培养

创意思维的个性品质的形成不是一朝一夕能够完成的，在以下八个方面强化实训会对我们创意思维品质个性的形成有所帮助。

（一）强化人文精神的价值取向

人文精神是一种普遍的人类自我关怀，表现为对人的尊严、价值、命运的维护、追求和关切，对人类遗留下来的各种精神文化现象的高度珍视，对一种全面发展的理想人格的肯定和塑造。

从历史的角度看，人文精神有广狭二义。狭义特指欧洲文艺复兴时期反对封建专制和宗教蒙昧与禁欲主义、追求人的解放和张扬人的个性的精神；广义则指所有的重视人的价值和人的发展的文化精神。从社会的角度看，人文精神主张人生而平等，人的价值高于一切，要保证人的肉体和精神的自由，维护人的尊严。从个人角度来看，人文精神主张人要完善心智，净化灵魂，懂得关爱，提升精神境界，提高生活品位。

创意能够改变世界、改变生活，但这个改变有个前提，那就是要符合人文精神的价值取向。创意是为了人类的自我关怀，是对人的尊严、价值、命运的维护。舍此，那些以族群、小集团利益、个体私利为目的而损害人类尊严、价值、命运的所谓"创意"都是与人文精神背道而驰的。

今天，人类在科技、文化、经济等领域的发展都进入了快车道，是个创意层出不穷、世界变化日新月异的时代。应该看到，我们在享受种种创意带给我们工作生活方便的同时，有些创意也给人类社会带来了伤害。比如现代通信技术导致无处不在的辐射；生物转基因技术带来食物的不安全，其研究成果已经成为或即将成为人类与自然为敌和自相残杀的最具毁灭性的武器；克隆技术对自然生态链的干预以及由此带来的伦理问题；恐怖主义者以令人防不胜防的手段在世界不停地制造死亡；无休止的经济追求导致资源的过度掠夺和环境的污染、雾霾的常态化。回过头看看，在距离我们不远的第二次世界大战中，人类为了战争的需要，开始了第三次科技革命，并研制出了毁灭性的战争武器——原子弹……这一切都无情地在摧毁着人文精神。

人文主义运动大大解放了人性，然而，人类对"天理"的认知却只停留于"天赋人权"，即人类内部的自由、平等权利，而不知"天赋非人权"——宇宙间一切自然存在都具有神圣不可侵犯的天赋权。以"人是万物之灵"的姿态傲视世界，随意掠夺资源、涂炭生灵的行为同样是对人文精神的亵渎。因为人是自然的一部分，毁掉了人类生存的环境就无法保证人的肉体和精神的自由。

因此，作为创意者要有强烈的道德责任感，要强化自身的人文修养。

大的方面——

不能用创意来破坏自然与人的和谐；

不能用创意来威胁人类的生存；

不能用创意来造成对社会的动荡；

不能用创意来造成国家分裂或民族纷争。

小的方面——

不能用创意伤害他人；

不能用创意非法谋私；

不能用创意欺诈他人；

不能用创意搞不正当竞争。

（二）接受不同文化的刺激

广义文化指人类在社会历史发展过程中所创造的物质财富和精神财富的总和，包括物质文化、制度文化和心理文化三个方面。狭义的文化指社会的意识形态以及与之相适应的制度和组织机构。因此人类的发展史从某种意义上说就是一部文化史。

不同地域、不同族群、不同历史阶段的文化，造就了人类大家庭丰富多彩的物质文明和精神文明，尽管其文化秉性各异，但其共性的普世文明仍被人类社会所接受，个性化的文化特色也得到理解或认同。随着科技的发展、通信和交通的便利，交流更加频繁，人类生存的时空被压缩为"地球村"，并由此带来认识世界的方法和观念也发生着变化，对文化的理解趋于开放、包容和理性。

一个国家、族群的文化一旦形成，那些适合族群的价值体系往往会保持稳定状态，它们经历了时间的考验，获得了尊严并促使人们去保持它们。然而当不同的外来文化给有创造天赋的人带来新的刺激后，就会打破思维中沉寂固化的传统文化体系，外来文化由于其独特主体、内容、产生环境不同所体现出的文化面貌、思维方式、价值观念的异质性形成了与本土文化的互补，从而会增强以往从未有过的创造冲动。古希腊获得了世界瞩目的文化成就，其原因之一就是向不同的文化开放；"实际上有些历史学家追溯希腊开始衰落的原因之一是由伟大的培里克里斯制定的一条法律，即禁止外国人在雅典居住"[①]。

外来文化大规模地传入我国的情况有三次：一是东汉时期佛教文化的传入；二是晚清民初西方文化的传入；三是20世纪80年代改革开放后，西方文化的再次传入。特别是中国市场经济体制建立后，西方文化的传播一改自我运行的文化体系，引起了我国文化多元的生态变化，使原有的文化关系、功能和作用发生了明显的变化。外来文化的刺激，启迪了中国人的思维，开阔了文化视野，激发了人的创造热情，传播、设计、艺术、通信科技、经济等各领域产生了前所未有的创意，直接推动了中国社会的变革和发展。

（三）容纳不同的观点

一个开放、文化多元的社会无疑给社会公民提供了更广阔的思维空间，人们会在不同的文化背景、经济背景、政治背景下以不同的视角发表自己的观点，实现作为一个社会成员的

---

① [美]S·阿瑞提.创造的秘密.沈阳：辽宁人民出版社，1987，409-410.

权利和义务。应该说这些不同的观点都有其存在的合理性，每一种观点都有可能引爆一个创意。

这里讲的不同观点既包括同一种文化的不同观点，也包括不同文化的不同观点以及不同文化的相同观点。容纳必须是对无论什么观点、无论什么新鲜事都抱有中立的善意并且怀有一种探究的兴趣。如果社会或者一些在某领域有影响力和话语权的人不能对一个以前未被承认的观点或新事物采取容纳态度，在传播上给以过多的限制，那么这个观点或新事物就很难被认识或者得到发展。正如同艺术家如果没有对非现实主义表现手法采取容纳的态度，就不会发展出现代艺术。

从产生创意的外部环境看，作为一个整体的社会也应该对不同的观点、信仰、习惯、生活方式——无论是体现出传统的还是体现出歧义的、亚文化的，都应该倾向给予从现实出发的认真思考，而不是从观念出发的粗暴否定。

网络媒体的出现，特别是自媒体的普及性覆盖，使得人们不同观点的表达得到了极大的释放。这对创意人是个机会，梳理不同群体的不同观点，你会从中发现不同群体的不同诉求、不同需求、不同愿望。如果你是策划师、企业家、设计师、市场运营师，去创造性地解决其中反映出的问题，就是创意。

（四）批判性思维

在前面我们谈到了创意思维具有思维形式的独立性、反常性，思维内容的深刻性，思维方法的辩证性，思维目标的求异性、独特性，思维过程的敏捷性、灵活性，思维角度的新颖性，思维空间的开放性、扩展性，思维主体的能动性等特性。创意思维的这些特性是以批判性思维为基础条件的，那么什么是批判性思维呢？

批判性思维概括而言，是指运用相关知识对研究对象的性质、关系、价值、是非等方面以实事求是的精神，以客观、全面地反映现实的立场，以不偏执、不盲从、不崇拜、不狂热的态度，进行冷静的审视，做出自己的判断、评价的思维方式。美国伊利诺伊大学的罗伯特·恩尼斯（Robert Ennis）教授在他的著作中指出：批判性思维是"为决定信什么或做什么而进行的合理的、反省的思维。"

批判性思维所具有的不草率、不盲从，对问题深思熟虑、保持好奇和质疑的态度，以一种开放的态度理性地看待各种观点，理解他人的这些品质也正是创意人所应该具有的品格，因为我们生活在一个没有任何可以作为绝对真理或完美的模式能被所有人接受的世界里，面临的只有通过创意使我们的努力更接近真理，使生存的模式日臻完美。

创意人要通过批判性思维的训练在认知方面养成发现问题、收集信息、分析数据、评估证据的能力；鉴别事实与个人主张和逻辑判断之间差异的能力；能够发现普遍规律，并评价其逻辑严密程度的能力；正确、清晰地进行推理，并有效解释结论的能力[①]。而这些能力恰恰是创意思维不可或缺的。

（五）敏锐的问题意识

我们每天都面临着方方面面的问题，也可以说生活就是发现问题、分析问题和解决问题

---

① 张杨，张立彬.美国高校学生批判性思维能力的培养模式探究.世界教育信息，2012(01).

的一个过程。

所谓问题意识，是指个体知觉到现有条件和目标现实之间需要解决的矛盾、疑难等所表现出来的心理体验。问题意识集聚着思维活动的巨大动力，驱使人们积极思维，质疑释疑，最终达到对事物认识的深化，这就是创新。[①]

敏锐的问题意识体现了个体思维品质的探索性、活跃性、质疑性和深刻性，也反映了思维的独立性和创造性。只有敏锐地发现问题，创意才有了目标的指向——创造性地解决问题。因此，发现问题是一切创意的前提。找不到问题或对问题的把握不到位就难有理想的创意。面对问题我们要想想：问题是什么？症结在哪里？可供选择的方案有哪些？有利因素和不利因素是什么？解决问题的途径和办法是什么？

（六）破除思维定式

定式是指心理活动的一种准备状态，它影响解决问题时的倾向性。所谓思维定式，也可以说，就是"过去的思维影响当前的思维"。思维定式对人们思考问题有很多好处。例如，它能使思考者省去重新摸索、试探的思维过程，节省脑力和时间，提高思维效率。所谓"驾轻就熟"，能熟练地解决问题。思维定式也有它不利的一面：遇到似是而非的问题时不假思索地套用思维定式，就容易犯明显的思维错误。对于创造性地解决问题，它往往会成为一种束缚、一种障碍，它会使人囿于某种固定的反应倾向，跳不出框框，打不开思路，从而限制自己的创造性思考。

常见的思维定式有权威定式、从众定式、唯经验定式、唯书本定式。

（七）动态思考

创意思维要树立"变"的观念：世界是个动态的，每时每刻都在发生着变化；人的认识是动态的，因此没有永恒的定义和真理；没有不变的规则和法则；从客体到主体无时无刻不在展示着"动"的特性。任何创意都在动中产生、在变中生成。因此，要深刻地认识问题和创造性地解决问题，就必须与"规律"和在动态的信息碰撞中完善自我，成就社会。

养成创意思维的个性品质，就要学会以动态的视角看问题，动态的分析是将问题放到特定的时间、空间和特定关系中，放到运动变化的背景中去分析、判断与解决。

在创意思维的动态思考下，静止的价值可以转化为动起来的价值，单一价值可以转化为复合价值，间接价值可以转化为直接价值，无关的价值可以转化为有关价值，负面的价值可以转换为正面价值。这种转换不是事物间关系的自然演化，而是因为人的智力介入使然。

动态的思考要特别注重正在产生的文化，某些文化倾向只相信已经存在的，对于明天则表示怀疑，把已经存在的与正在生成的对立起来。这种对立是没有道理的、是有害的。

个体创造力的发展必须以对已经存在的和正在生成的文化的全面体验为基础，只强调对已存在的文化的全面接受是不利于个体创造力的发展和培养的。那些指向未来的、发展的、正在生成的文化有利于促进个体创造力的发展和创意水平的提高。

智能手机、计算机、互联网数字技术等都催生了相应的文化，新生的文化中蕴涵着广阔

---

① 曹卫平. 谈谈合作学习中如何培养学生的问题意识. DOI: CNKI:SUN:WJZZ.0.2005-22-090.

的创意天空。

（八）正确对待知识

知识在创意思维过程中的作用是不言而喻的，这里重点说明的是知识的另一面。

知识是相对的、发展变化的。人类的知识不是绝对的客观知识，也不是绝对的主观知识，而是主观对客观的认识。既然是认识的成果就必然有客观基础，又有主观因素，也必然存在知识的真实性与虚假性的问题。因此随着客观事物的不断发展和主观认识的不断深化，知识也是不断发展变化的。

书本知识是纯化了的，处于理想状态的知识。所谓纯化是说作为一般性的知识，它摆脱了知识依托的具体环境因素。如同要你回答"中国的哪个广告创意最好？"这一问题，在缺乏具体情境规定的情况下，此问题是无法回答的。

知识给我们带来了无穷的好处，但是书本知识与现实之间的不完全吻合也给我们带来困惑。成语"纸上谈兵"说的就是这个道理。白纸黑字的兵书与刀光剑影的战场并不是同一回事；任凭你"读书破万卷"，不见得"下笔如有神"。要想正确地运用知识，就必须考虑到知识与现实的差距。

知识要活用。从某种意义上讲，知识学得死比知识学得少还要可怕。所谓知识学得死，简言之，就是把已掌握的知识看作是一成不变的东西。而对于创意来说，知识只是一个材料、工具或手段，利用已有的知识创造新知识，形成新思想、新观念、新思路、新方法才是知识本应有的功能。孟子就曾说过"尽信书不如无书"。

针对创意思维个性品质的形成过程中的八个方面要求，逐条对照你在哪些方面做得不错，哪些方面还有欠缺。如果有五条以上的否定性结论要引起注意了。

四、创意思维训练

所谓的创意思维就是通过已有信息的创造性重组而产生出新产品（作品）、新观念、新思路、新理论、新方法、新技术、新概念、新思想、新环境的过程，是以新颖独到的方法解决问题的思维过程。这个东西能教吗？举个例子：学语言文学的学生，教师教给你的是字词句、语法、修辞、写作上谋篇布局、结构及叙述方法，但文学创作怎么教？学美术的学生，教师教给你的是线条、造型、色彩、透视等技术性的东西，但美术创作能教吗？你见过哪位文学家、美术家是通过学校课堂教育培养出来的？

严格来说，创意如同"创作"，属于创造性劳动，它也是不能教的。与文学家、美术家要有技术性的基础训练一样，创意思维则可以通过实训形成并逐步娴熟与完善。所谓"创意思维训练"就是对创意过程中常用的思维方式、技巧结合事例进行练习，有意识地破除以往教育或生活中形成的思维定式。这个过程更注重启发和引导，在提出并解决某个问题的案例中使学生从中得到启发，使其再次遇到相似问题时就有了一种解决问题的思路或参照，而不是手足无措。

　　创意思维的学习不同于一般死记硬背的技术性课程，学习创意思维要有批判精神，要靠自己的独立思索多想、多练并寻求多种路径和探寻多种答案，要将这种行为变成一种习惯。若非如此，即使记住全书关于创意思维的所有定义、原则、规则、方法却不会在实际中结合具体问题进行应用，不能在复杂的事物关系整合中寻求最佳的解决方案，那也只是隔靴搔痒，无济于事。

第一章

创意路上的潜在障碍——思维定式

- 了解思维定式的概念。
- 识别各类思维定式。
- 掌握突破思维定式的方法。

核心概念

思维　创意　创意思维　思维定式　定式的突破

本章导读

半亩方塘一鉴开，天光云影共徘徊。问渠那得清如许？为有源头活水来。

——朱熹

思维需要不断进行知识和观念的更新，否则一个人的思维将变成一潭死水，僵硬呆板，毫无生机。

第一节　思维定式及其形成

一、思维定式及其影响

为什么人们听到"护士""幼儿园教师"，头脑中马上浮现女性的身影？要知道男护士也越来越多，有些男护士还承担着诸如喂奶(见图1-1)等女性从事的工作。为什么听到"警察""律师""司机"等词，立刻浮现男性形象？这些情况都说明你头脑中的思维定式正在起作用。那么，何为思维定式？

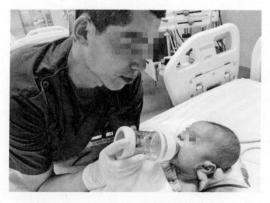

图1-1　男护士

(一)思维定式的内涵

所谓思维定式，就是按照积累的思维活动经验教训和已有的思维规律，在反复使用中所形成的比较稳定的、定型化了的思维路线、方式、程序和模式。通俗来讲，就是过去的思维影响当前的思维。正如雨水冲出一条沟，这条沟在雨水的反复冲刷下形成一条渠，这条渠就会成为以后走水的通道，而人的思维定式也是这样形成的。当人们思考一个问题时，或多或少地存在着一种思维惯性，会习惯地依据已有的知识，按照一种固定的思路去考虑问题。这种习惯性思维程序就像条件反射一样，一考虑问题就会出现不假思索的反应行为和适应行为。

一张纸上画一个正方形，剪下来后的东西是什么？答案是正方体。为什么许多人会回答"正方形"？人们常常用概念的外延印象代替对内涵的思索，纸片状的正方体不常见。其实，再薄的纸也有厚度。

思维定式有强大的惯性，这种惯性会使思考者长久地对它保持依赖。这种定式一旦建立，就会支配人们的思维过程、心理过程乃至实践行为，具有很强的稳固性甚至顽固性。

案例1-1

在美国城市街道的交叉路口，明文规定，有步行者横过公路时，车辆应停在人行道前等待。可是偏偏有个汽车司机，当交叉路口还有很多人横过马路时，他却突然闯进人群中全速前进。这时，旁边的警察看了却无动于衷，并没有制止或责罚他。想想看，这是为什么呢？

面对这一问题，你一定会想，汽车闯入人群中，会闹出人命，警察怎么还能无动于衷呢？可是题中并没有说汽车司机开着车闯入人群啊！在日常生活中，当说到汽车司机全速前进，人们的头脑中就会出现司机驾驶着汽车冲入人群的画面，这就是思维定式使然。其实，汽车司机跑步冲进人群也是可以的，即使全速向前跑，警察一般也不会管。

案例1-2

阿西莫夫是美籍俄国人，世界著名的科普作家。他曾经讲过这样一个关于自己的故事。

阿西莫夫从小就很聪明，在年轻时多次参加"智商测试"，得分总在160左右，属于"天赋极高"之列。有一次，他遇到一位汽车修理工——他的老熟人。修理工对阿西莫夫说："嗨，博士！我来考考你的智力，出一道思考题，看你能不能正确回答。"阿西莫夫点头同意，修理工便开始说：

"有一位聋哑人，想买几根钉子，就来到五金店，对售货员做了这样一个手势：左手指立在柜台上，右手握拳做出敲击的样子。售货员见状，先给他拿来一把锤子，聋哑人摇了摇头。于是售货员就明白了，他想买的是钉子。"

"聋哑人买好钉子，刚走出商店，接着进来一位盲人。这位盲人想买一把剪刀，请问：盲人将会怎样做？"阿西莫夫脱口回答："盲人肯定会这样——"他伸出食指和中指，做出剪刀的形状。

听了阿西莫夫的回答，汽车修理工开心地笑起来："哈哈，答错了吧！盲人想买剪刀，只需要开口说'我买剪刀'就行了,他干嘛要做手势呀?"

阿西莫夫只得承认自己的回答很愚蠢。而那位修理工在考问他之前就认定他会答错,因为阿西莫夫"所受的教育太多了,不可能很聪明"。

阿西莫夫为什么会犯如此明显的思维错误呢?主要是由于思维定式造成的。

 课内互动

体会在解答下列问题时你所受到的思维制约。

(1) 阿福在路边看到一张百元钞票和一块骨头,但阿福却只捡了骨头。这是为什么?

(2) 草地上画了一个直径10米的圆圈,圈中有一头牛,圆圈中心插了根木桩,牛被一根5米长的绳子拴着。如果不解开或割断绳子,这头牛能否吃到5米之外的草呢?

(二)思维定式的特征

1. 固定化

思维习惯形成后,会逐步深入到人的潜意识层面,成为不自觉的、类似于本能的反应,它很难被改变,又会在生活的方方面面发挥作用,伴随人终生。一个男人在公司干了25年,他每天用同样的方法做着同样的工作,每个月都领着同样的薪水。一天,愤愤不平的男人决定要求老板给他加薪及晋升。他对老板说:"毕竟,我已经有了25年的经验。"老板叹了口气说:"你没有25年的经验,你是一个经验用了25年。"我们有多少时候也只是依据过去的经验从事工作,我们是否也按部就班、人云亦云?比如是否也是提到曲别针只想到夹东西、提到螺丝刀只想到其作用在于拧螺丝?其实,它们的用途不限于此。

2. 隐匿性

正是因为思维定式进入了潜意识层面,人们很难觉察到自己受到思维定式的影响,以为自己是在作理性的分析和判断,其实只是沿着一种思维习惯在决策,是"穿新鞋走老路"。思维定式总是不知不觉地把人的思维规范到旧有的逻辑链上去,并确信这是唯一正确的理性选择。以上两个"课内互动"很容易利用人们的思维定式,把我们诱入思维的"迷潭"。其实,在第一个问题中,"阿福"是条狗,在第二个问题中,那头牛"被一根5米长的绳子拴着",并没有说拴在了木桩上。

3. 定向性

思维定式会使人在解决问题时,有明确的思考方向和思考方法,它能将新旧问题的特征进行比较,抓住共同特征,将已有的知识和经验与当前问题情境建立联系,利用处理过类似的旧问题的知识和经验处理新问题,或把新问题转化成一个已经解决的熟悉问题,从而为新问题的解决做好准备。

课内互动

四方块问题：仔细看下图，现在让我来问你四个问题。准备好了吗？

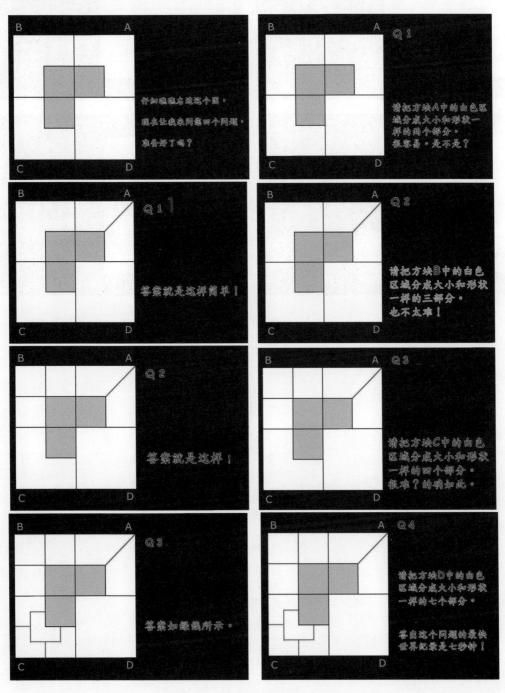

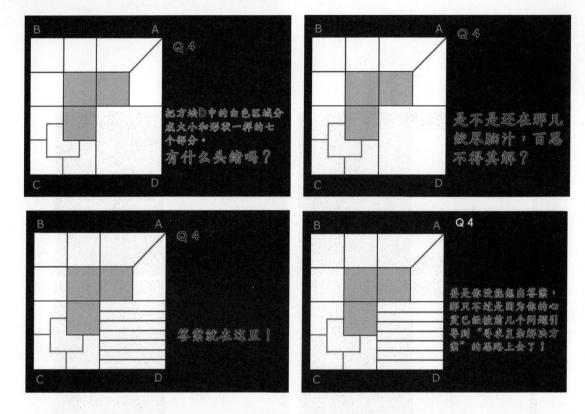

如果一开始让你把方块D中的白色区域分成形状和大小一样的七个部分，也许你很快就能做到。可当你经历了A、B、C三个区域的分割之后，思维便不知不觉地被引导到以往的思路上去，简单的问题变得复杂了。

(三)思维定式的影响

思维定式对人们思考问题有很多好处。它能使思考者省去重新摸索、试探的思维过程，节省脑力和时间，提高思维效率，能熟练地解决问题。所谓"驾轻就熟"，就是形容这种情况。思维定式给人们在思考问题时带来倾向性。这种倾向性，对于解决一般的问题、惯常的问题，可能起积极的作用。有人曾统计过，思维定式可以帮助人们解决每天所碰到的90%以上的问题。

凡事有利必有弊。思维定式常常用以往的知识、经历、经验和直觉，不由自主地对问题的原因或结果直接作出条件性的判断，有较多的随机性。比如，遇到似是而非的问题时不假思索地套用思维定式，就容易犯明显的思维错误。定式对于创造性地解决问题，往往会成为一种束缚、一种障碍，它会使人围于某种固定的反应倾向，跳不出框框，打不开思路，从而限制了自己的创造性思考，使心理活动表现出惰性和呆板。如图1-2所示，生活在丛林中的人，习惯了到处是森林的环境，在丛林中穿梭跳跃，但是乱砍滥伐却导致了他经验的失效。

图1-2　公益广告——习惯了跳跃，但已经没有了森林

二、常见思维定式及其克服

常见的思维定式包括以下几种。

(一) 权威定式

1. 权威定式的内涵

权威定式是指盲目相信行业内专家权威的观点，无视其观点可能存在的错误，不假思索地以权威的是非为是非。

案例1-3

美国某大学心理系曾做过这样一个心理学实验。一天，上课前，教授向学生们介绍了一位来自德国的世界闻名的化学家，名叫冈斯施米特博士，他是被特别邀请到美国来研究某些物质的物理化学特性的。这位博士用德语说，他正研究他所发现的几种物质的特性。这些物质的扩散速度极快，人们能够马上闻到它们的气味。说完，他从皮包中拿出一个装有液体的玻璃瓶对大家说："现在我就拔下瓶塞，这种物质马上就会从瓶中挥发出来。这种物质是完全无害的，只是有那么一点气味，这个瓶子里装的是样品，气味很强烈，大家很容易闻到。不过，我有个请求，你们一闻到这种气味，就请把手举起来。"说完，这位"化学家"拿出秒表，上紧发条，并问大家有没有什么问题。停了一会儿，这位博士拔出瓶塞。没多久，学生从第一排到最后一排依次举起了手。"施米特博士"向学生们表示感谢，并带着满意的神情离开了教室。后来心理学教授自拆"骗局"，哪里有什么德国博士，这位"施米特博士"，不过是德语教研室的一位老师装扮的，而带有强烈气味的物质，原来是蒸馏水。

列举你自己思维中的"权威定式":

(1) 时间链上——不同时间段的权威定式(幼儿园—小学—中学—大学);

(2) 空间链上——不同领域的权威定式(专家—学者—历史名人—偶像等)。

思维中的权威定式给你带来了哪些正面或负面影响?

在多数情况下,遵照专家的意见行事,往往会带来好的结果。因为专家在某一领域内有独到精辟的看法和见解,为我们提供了大量宝贵的间接经验,为我们节省了无数的时间和精力。不过这无形中便强化了权威定式。过分地信赖,甚至迷信专家、权威,就会阻碍我们自己的创造力发挥。日本管理学家大前研一曾说,他最讨厌的就是不去探求什么是真实的就轻易地完全相信别人的话。因为你既然承认权威是绝对正确的,就不会再去寻求其他新的思路、新的方法。辩证法告诉我们:事物始终是发展变化的。虽然某人现在是某一行业和领域的权威,但他一开始时并不是权威,以后也不一定一直是权威,他的观点随着时代的发展可能出现错误。盲目相信一个可能存在观点错误的权威,危害性极大。为了保持创造思维的活力,我们要时刻警惕权威定式;我们尊崇权威,但是决不应该把他们的结论变为我们头脑中的思维定式。

2. 权威定式的克服

任何权威都是相对的。在创造性地解决某个问题的时候,面对权威的种种束缚,我们要敢于怀疑,敢于突破,经常想一想:那是否是过去的权威?那是否是其他领域的权威?那是否是借助外力的权威?那是否是自封的权威?

无论从时间还是空间上的发展来说,任何权威都只是彼时彼地的权威,正所谓"江山代有才人出,各领风骚数百年"。随着时间的推移,没有永久的权威,旧权威不断让位于新权威,今天的权威取代了昨天的权威,而明天的权威又将取代今天的权威。任何理论,不管它有多么权威,都只是那个时空条件下对自然、社会认识的结果。主体方面,人的认识是不断深化的;客体方面,对象是在不断变化的,因而后来的权威取代以前的权威将是不可争辩的事实。因此,权威的适用范围、基础和体现者本身,都会随经济关系和政治关系的变化而变化。特定的经济关系和社会生活需要一定的权威。

我们都知道,权威是在实践活动中逐渐形成的,每个行业、不同的领域都有自己的权威。传统媒体的权威不一定是新媒体的权威,也未必能管好新媒体运营。美国企业管理的权威,不一定能管理好中国的企业;沿海城市的规划专家,不一定能规划好内地的城市。中国人熟知的基辛格博士想到哈佛大学任教遭到拒绝;克林顿总统卸任以后,曾被推荐担任哈佛大学的校长,结果也遭到了哈佛大学的拒绝,理由很简单:"可以领导一个国家的人未必就能领导一所学校,因为学校是学术的殿堂,是学术的团体。"具体领域的权威更多是在特定领域有发言权,超越其领域的发言就需要人们谨慎对待。

现实生活中,我们经常看到一些有商业背景的所谓专家学者在媒体上为某个行业或企业站台做宣传,还有些以名人做靠山的专家学者拉大旗做虎皮大肆喧嚣。这种权威就很值得怀疑,更不能轻信。澳大利亚科学家对运动员做了一个脱水实验。他们找来一批自行车运动员，让他们运动到脱水3%。然后将他们分成三组，一组不做任何补给，二组补充2%的水分，三组补充完整的水分。结果，这三组完成之后，运动员的能力没有明显的差距，不管是补水还是不补水。翻阅了许多证明喝八杯水有益的研究文献，发现其中一部分都是品牌公司(例如矿泉水)赞助的，可以说这部分研究，基本就是品牌公司的市场营销，所以肯定会证明多喝水的好处。实际上，研究者找不到一个让人信服的研究结果，说明每天喝八杯水的科学性。

下面是某些行政机构下发的一些规定，仔细阅读文字条款，谈谈你的看法。

(1)《××省暂住人口管理条例》曾经有过这样一则条款："严禁无婚姻证明的男女混住在一起。"

(2)2004年8月××市建设局红头文件："严禁用公款打麻将。"

(3)××市审计局为整顿行风出台的"三条禁令"之一："严禁酒后驾驶机动车辆，违者给予通报批评、警告；情节严重的，给予记过、限期调离或辞退、开除处分。"

(4)××镇政府和龙池景区为猴子们制定的"礼貌山猴行为准则"：不许不礼貌，做到文明待客；不许哄抢游客，做到彬彬有礼；不许骚扰游客，尤其是女游客；要助人为乐。

(二)从众定式

1.从众定式的内涵

从众定式是指个人受到外界人群行为的影响，而在自己的知觉、判断、认识上表现出符合于公众舆论或多数人的行为方式，也就是我们所常见的"随大流"现象。"从众"就是服从众人，顺从大伙儿，别人如何做，我就如何做，别人怎么想，我就怎么想。这种从众不仅表现在行为层面，也表现在感情态度和价值观层面。1956年，心理学家阿西进行了一个名叫"三垂线实验"的研究。以大学生为被试对象，每组五人，但是其中只有一个人是被试者，其余四人都是事先安排好的实验合作者，实验进行时，全组成员坐成一排，阿西教授向大家出示两张卡片。其中一张画有标准线X，另一张画有直线A、B、C。X的长度明显与A、B、C三条直线中的一条等长。阿西教授要求五个小组成员判断X与A、B、C三条直线中哪一条等长。每一次实验，阿西教授总是把那个真实的被试者安排在最后回答问题，并且事先要求前四个合作者都说直线X与A等长，而实际上直线C明显与X等长。这就形成一种与事实不符的群体压力，可以借此观察那个真实被试者是否发生从众行为。阿西教授多次的实验结果表明：平均有35%的人发生了从众行为。

这种"从众定式"，是个体心理寻求归宿感和安全感的一种需求，因为它能够消除孤单和恐惧等有害心理。作为社会群体中的一员，以众人之是非为是非，人云亦云随大流，是一种比较保险的处世态度。相反，一个从众定式较弱的人，常常被大家认为"不合群""孤僻""古怪""冒尖""奇葩"等，只要有机会，大家就会对这种人群起而攻之。因为创意在许多情况下往往表现为对抗世俗，可能不被普通大众所接受。

思维的从众定式有利于习惯思维，有利于群体一致的行动，这是它的优越性所在。但是，从众定式不利于个人独立思考和创新意识；如果一味地"从众"，个人就不愿开动脑筋，也就不可能获得新创意。因此，对于一个团体来说，"一致同意""全体通过"的某项决议并不见得是件好事，它的背后可能隐藏着"从众定式"。

2. 从众定式的克服

如何克服从众行为，使你在创造过程中不受从众压力的威胁呢？

(1) 保持健康的质疑态度。突破"从众定式"要有一种"反传统""反常规"的精神和勇往直前的大无畏气概。质疑的态度从最广泛的意义上说是促进创造性思维所必需的。如果你盲目地接受现状，就不会有创意的动因，也就不会看到需求和问题所在。所以对问题的敏感性是一个人富有创造力的重要特征之一。一旦发现问题，就必须不断地采取质疑的态度，一定要找到全新的解决方法。

重庆从英国引进的露天厕所体现了"反传统""反常规"性(见图1-3)。其形制四格一组，刚好能站下一个人，除了这块半米高的挡板，没有任何其他的遮挡，除了方便、美观，经济环保也是它的一大特点。

图1-3　重庆首次从英国引进的露天厕所

(2) 想别人认为不可能的事。美国发明家贝利在其所著的《有创造力的工程师》一书中，讲过这样一件事：20世纪50年代初，他曾参加过一个6AJ4射频放大管的研制小组。他们在接受任务的同时，还接受了一条命令，经理要求他们任何人不许查看和参阅参考书。结果他们试制成功了这种小功率，频率高达1000兆赫的放大管，用在甚高频(UHF)电视波段。研制成功后，他们查看专业书籍，结果大吃一惊，因为专业书上明确写着：玻璃管子的极限频率是250兆赫。贝利事后说，如果我们此前查看了专业书，一定会怀疑我们是否能造出这种放大管。再比如，我们都知道椅子是用来坐的，头发用来保护头皮，能否从不同角度思考一下？尝试一下赋予它们新的功能？用椅子来挂衣服(见图1-4)，用头来做宣传(见图1-5)。

(3) 打破常规。规矩有时会成为限制创造性思维的无形束缚。当人们挑战规矩时，扩展了自己的可能性并且可以想出更多的点子。打破规矩的一种方法是连续不断地问"为什么"。要确定限制你解决问题的规矩，然后问为什么这是一条规矩。当你得到一个解释后再次问为什么，接着再问为什么。这种方法可以防止你满足于通常的解释，并且使你能够以不同的视角看待这些规矩。

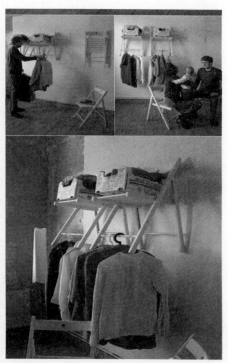

图1-4 椅子的新功能

图1-5 被用作宣传的头发

案例1-4

某辣椒酱产品的广告,以"香辣"为诉求点,这个诉求点对于辣椒酱来说,早已经做滥了,大部分是从味觉的角度着手。不过该广告突破了这一常规:它的情节大致是一个胖子拼命地吃着辣椒酱,一只蚊子叮在了他的胳膊上,胖子没有驱赶它,只是阴阴地笑了笑,蚊子喝饱后,嗡嗡地起飞了,随即一声清脆的爆响,蚊子爆炸了……这是一种多么不同凡响的辣酱啊!

案例1-5

Johnson & Johnson(娇生/强生)旗下的女性卫生棉条 O.B. Tampons无故下架,消费者在各分销商店遍寻不获。J&J公布是由于生产商的问题造成缺货,可是已经造成很多消费者的不满,不少媒体更怀疑J&J是不是想砍掉这个品牌。由于不满之声太厉害,为了平息风波,J&J第二年宣布恢复O.B. Tampons,可是只恢复Regular,Super 和 Super Plus系列,而Ultra系列却被砍掉。当然又造成很多消费者的不满。毕竟,"女性消费者对卫生棉条的品牌忠诚度是相当高的"。J&J该如何表达他们的歉意?

他们制作了一支video(O.B. Triple Sorry)放上O.B. Tampons的网站,只要你将自己的名字打出来(这里用CAI WA WA),一首个性化的道歉歌(当然由帅哥主唱、有玫瑰花瓣、有爱的纹身)只为你而唱,如图1-6所示。

图1-6　J&J个性化的道歉歌

听完歌以后,消费者可以将折扣券打印出来使用,也可以将这首个人化的《Triple Sorry》分享给朋友。

梳理一下你平时在工作、生活中有哪些从众行为。挖掘一下这些从众行为背后的社会学原因和心理学原因。创意最忌从众,现在洗发护理产品的广告大都似曾相识,你能否拿出一个与众不同的创意?

(三)唯经验定式

1.唯经验定式的内涵

经验是由实践得来的知识或技能的总称。我们从小到大所看到的、听到的、感受到的、亲身经历的一切现象和事件，都会在我们的大脑中构成丰富的经验。经验在我们日常生活中有着积极作用，只要你具备某一领域的丰富经验，解决该领域的问题就比较容易。经验与创意思维之间的关系有其两面性，一方面，随着时间的推移，我们的经验不断增长、不断更新，进而开阔眼界，增强见识，使我们的创意思维能力得以提高。另一方面，经验是相对稳定的东西，在长期对经验的依赖过程中，容易形成固定的思维模式，把一切问题的思考和解决放到以往经验的逻辑框内，从而形成唯经验的思维定式。这种思维定式会削弱我们的创造思维能力，因为经验是有局限性的，这种局限性表现在以下三个方面。

(1) 时空的局限性。经验产生于一定的时空过程中，并且大多在一定的时空内起作用。一旦超出这个时空，该经验能否起作用，往往是不定的。由于受时空的局限，人类经验的有效使用范围实际上很有限。传统认识上玉米一定是金黄色的，但是随着科技的发展，一些彩色玉米也被改良出来(见图1-7)，颠覆了我们对玉米颜色的认知。

图1-7　金黄色玉米VS彩色玉米

(2) 主体的局限性。一个人，无论他的经验多么丰富，相对于未知来说也是极其有限的。在许多情况下，以有限的经验处理陌生的问题往往陷入尴尬。在很多情况下，经验往往使人产生心理上的眩惑，虽然没有一个确切的概念，却有一个似是而非的模糊感觉。

(3) 应用于个别问题的局限性。经验是在对个别的归纳中得来的，因此它具有一般性。而我们日常面对的都是具体的或偶然的事物。以常规的经验解决具体的偶然的问题，难免失之偏颇。因此，我们要正确对待经验，既看到它对创意思维有益的一面，不断丰富自己的经验，又要不被经验所困，敢于突破经验的束缚。如果不是这样，经验越多束缚越多，也就无法拓展思维空间，创意也就无从谈起。

案例1-6

从前有一个卖草帽的人，走累了在一棵大树下休息，一觉醒来发现帽子都不见了，抬头一看，树上有很多猴子，每只猴子头上都戴着一顶他的草帽。这个人指手画脚地训斥猴子，大吵大闹着让猴子们还他的帽子，树上的猢狲看了乐得龇牙咧嘴，一个个也跳着学他指指点点，帽子却在头上戴得稳稳当当。

卖草帽的站在树下无计可施，忽然想到猴子喜欢模仿人的动作，于是就把头上的草帽拿下来往地上一丢，猴子们见状纷纷把头上的草帽丢到地上，卖帽子的赶紧拾起帽子回家了。

很多年后，这个人的孙子接了班，在卖草帽的路上也遇到了和爷爷一样的事，草帽被猴子们拿去了。孙子想到爷爷告诉过他的故事，就脱下草帽丢在地上，可是奇怪的是，猴子竟然没有一个跟着他做，都在树上指手画脚哈哈大笑。这时，猴王出现了，慢悠悠捡起他扔在地上的草帽说："开什么玩笑！你以为只有你才有爷爷吗？"

"创意"的一大特点是新颖，上面这个故事就是一个"炒现饭"的教训，体现了经验应用于个别对象的局限性。就像给味精瓶盖多钻一个孔加大其使用量从而扩大销售一样，你不能在所有类似的商品上都钻孔。

思维定式在人的创造活动中是相当顽固的，它常迫使人把反传统看作大逆不道而不愿涉足。于是许多颇具创意价值的新的逻辑链的起点，就无法进入我们的思维。思维定式在处理某些问题的时候，容易把人引向歧途，而且一旦误入歧途，往往会耗费大量的时间和精力才能迷途知返。这也从另一个角度说明了思维定式的顽固性。

2. 唯经验定式的克服

我们知道了经验的三大局限，因此应该从观念上对这三大局限的突破入手。

(1) 突破时空的局限性。要认清任何经验总是在一定的时空范围中产生的，往往也只适应于特定的时空范围。一旦超出这个范围，这种经验能否有效，就要打上一个问号。我国古代的晏子曾说："橘生淮南则为橘，生于淮北则为枳。"尽管果实近似，味道却大不一样，因为时空条件变了。因此，"吾之蔗糖，汝之砒霜"(One's meat，another's poison)。

(2) 突破经验主体的局限性。每一个思维主体，他没有经历过的事情总是无穷多的。以有限的经验面对无穷多的事物或者问题的时候，他常常会手足无措。

案例1-7

你面前有一张纸，很大很大的正方形普通打字纸，你把它从正中折叠一次，纸的面积减小一半，而厚度则增加一倍。然后，再从正中折叠第二次，纸的面积又减小一半，厚度又增加一倍；如此连续不断地进行下去，一直折叠50次。凭经验，您能想象出这张纸的厚度将达到多少吗？

如果你以前从来没有想过或计算过类似的问题，那么，你也许会根据日常经验，随便估猜一个厚度，比如，有50米高，或像一座十层楼那样高，或者像泰山那样高，等等。但是你的"经验性"估猜肯定与真实的答案相距甚遥。一张普通打字纸折叠50次之后，其厚度将增加 2^{50} 倍。所以，无论这张纸有多么大多么薄，你都不可能将其折叠50次。

从这道测试题中，我们也许应该领悟到：你从未有过经验的事物，往往很难对它进行正确的想象。

(3) 突破经验应用于个别问题的局限性。经验不同于逻辑演绎中具有蕴含关系的一般与个别。一方面，个人的经验在很大程度上是具体的、感性的产物；另一方面，经验不具有逻辑"一般"的普遍性。因此，在每一个具体的现实环境中，当平常很少见到的、偶然性的东西出现时，用以往的经验来处理，往往产生偏差和失误。

诸葛亮失守街亭之后，司马懿直逼西城，诸葛亮无兵迎敌却大开城门，且在城楼悠闲弹琴。司马懿则依据传统思维判定，如此城门洞开，其中必有伏兵，于是引兵而去，错失天赐良机。

司马光打破常规，用砸缸的方式成功地救出落水玩伴；哥伦布磕破蛋壳成功地把鸡蛋竖在桌子上；美国小女孩横切苹果"意外"地发现神奇而美丽的五星图案；袁隆平不迷信科学界所谓杂交水稻是天方夜谭的定论，坚持进行水稻杂交试验，最终研制出水稻的杂交品种，由此成为"杂交水稻之父"……这些案例说明了什么问题？

(四)唯书本定式

1. 唯书本定式的内涵

知识是创造的温床，如果缺少知识，特别是前沿知识，就不利于创造，这是显而易见的。如果我们把知识绝对化，把书本知识看作不可动摇的绝对真理，一切以书本知识为依据，这就陷入了唯知识的思维定式。

知识对创意思维有三大功能：一是知识对创意思维的启动定向功能。已被掌握并储存于人脑的知识经验是对新的思维问题进行创意思考的生长点。对问题的思考过程实际上就是利用已知的知识材料进行演绎和推理，从而趋近问题解决的运动过程。二是知识对创意思维的统摄和选择功能。创意思维过程实质上是一个思维诸要素在不同层次上进行重新组合的过程。在这个组合过程中，必须有某种知识作为主体，并以此进一步吸引、选择和统摄其他工具性的知识材料，才能纳入新建的知识体系。三是知识对创意思维的组合建构功能。主体性的知识与工具性的材料知识相互贯通、相互作用，共同形成了创意思维的组合性的建构过程。

如果某一领域的创造活动需要借助其他领域的知识，这些知识又尚未被掌握，本领域的创造活动也难以进行。这里需要特别强调的是，书本知识往往是一种"纯化"了的，处于理想状态的知识。它能够给我们带来无限的好处，有时也会给我们带来一些麻烦，究其原因，是书本知识与现实之间的不完全吻合。"汽车的速度远远超过自行车"，这是众所周知的常识。但是，这个"常识"也是"纯化"了的，是理想状态的知识。它是由车轮的转速计算出来的，而忽视了汽车或自行车运行的具体环境和条件。如果上班高峰或道路状况对汽车极为不利时，很可能自行车的速度高于汽车。我们经常说，"知识就是力量"，其实，知识本身并不是力量，知识的获取和储存，不但不能产生力量，反而会消耗我们的力量。准确的说法应该是，知识的运用才会产生力量。要想正确地运用知识，就必须考虑到知识与现实的差距。从某种意义上讲，知识学得死比知识学得少还要可怕，对于创造活动障碍更大。所谓知识学得死，就是把已掌握的知识看作一成不变的东西。其产生根源，也是思维模式方面的障碍，即理性思维太强，容不得半点偏离已有知识体系逻辑框架的东西存在。这不仅对他人构成障碍，就是对本人也是障碍，常常表现为毫不吝啬地舍弃自己头脑中产生的某些新的想法。

知识也可能存在错误或者不同的解释。例如，许多材料对"上梁不正下梁歪"的解释是上面人不做好事，下面人跟着学。从这句话的最初来源看，意思却恰恰相反。该俗语出自晋·杨泉《物理论》："上不正，下参差。""参差"即高低不平。从物理上讲，如果下面的支垫物高低不平，必然导致上面的物体"不正"，而相反的事情不一定发生。所以，这句话的真正意思是："上不正，是因为下参差。"

2. 如何弱化唯书本定式

我们可以凭借已有的知识和经验，认识并分析问题，为我们的决策提供依据。但是我们在处理新问题时，时常会受到固有知识和经验的束缚，在这种情况下，始终审慎地看待自己的知识，明白自己可能会在无形中受到这些知识的影响。

首先，认清书本知识的纯化特性。书本知识与客观现实之间总存在一定的距离，书本一般性的知识，它往往表示一种纯化了的理想状态，而不是实际存在的状态。

其次，对书本正反合的审视阅读。正读：即假定书中的说法完全正确，一边读，一边为书中的看法补充新的证据材料。反读：即假定书中的观点是有问题的，读书的过程就是为了寻找其错误然后一一驳倒它们。这也是可行的，因为任何理论上的阐述，都不可能天衣无缝。合读：就是把正读与反读的结果综合起来，提出自己的看法，既读进去又读出来了。

最后，设想多种答案。书本上提供的答案往往是从某个视角给出的，我们要尽可能多地从不同视角考察相同的问题，找出多种答案。

课内互动

想一想，怎样从现实中找到具体事例反驳下列知识性论断？

(1) 乘飞机比乘火车更安全。

(2) 知识就是生产力。

(3) 三人行必有我师。

(4) 广告促进销售。

(5) 鱼刺卡喉可以喝点醋。

(6) 喝酒能御寒。

扩展阅读

《现代汉语词典》对"呆若木鸡"的解释是：呆得像木头鸡一样，形容因恐惧或惊讶而发愣的样子。然而它最初的含义正好相反，是个褒义词。"呆若木鸡"出自《庄子·外篇·达生》的寓言故事，故事原文如下。

纪渻〔渻音shěng〕子为王〔指齐王〕，养斗鸡。十日而问："鸡已乎？"〔意思是斗鸡养好了吗？〕曰："未也，方虚（通"骄"字)而恃气。"〔虚浮骄傲，而且自恃意气。〕十日又问，曰："未也，犹应向(通"响"字)景(通"影")。"〔还是听到声音或者见到影像就有所反应，意思是心还是为外物所牵制。〕十日又问，曰："未也，犹疾视而盛气。"十日又问，曰："几矣。鸡虽有鸣者，已无变矣，望之似木鸡矣，其德〔德性，可以理解为作为斗鸡的基本素质〕全矣，异鸡〔别的鸡〕，无敢应者，反走矣。"

(五)思维定式的突破

如图1-8所示，人的思维在寻求突破时会受到方方面面的制约和束缚，要想突破这种堪比堡垒的思维枷锁，我们应该有意识地进行针对性训练。

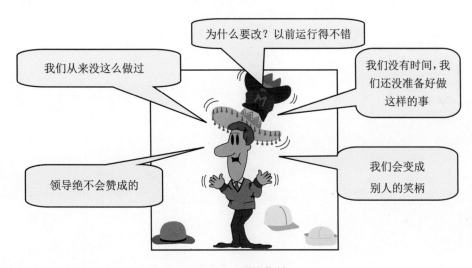

图1-8　思维枷锁

1. 突破思维定式应考虑的问题

突破思维定式应该考虑以下几个方面的问题。

(1) 一想到这个问题，自己头脑中的第一反应是什么？为什么会有这种反应？

(2) 如果我不了解这个问题所涉及的相关知识，我该如何看待这个问题？我会问哪几个问题？

(3) 该问题是否能用其他形式来表示？——重新定义问题。

(4) 能否用另外一个问题来替代？能否从其他角度看待这个问题？

(5) 能否将问题倒过来看？

(6) 我看到的是现象，现象背后的本质我看清了吗？

(7) 当你放松地思考该问题时，大脑中会偶然出现什么想法？

(8) 牢记一个回答是危险的，量变引起质变，一定要为这个问题多准备几个答案。

2. 强化自己思维活动的方法

为了突破那些不利于人的创造性思维形成的思维模式障碍，除了增强创新意识，掌握更多的非逻辑思维方法或技巧，例如发散思维、逆向思维、信息交合法等，还可以自觉地采取若干强化自己思维活动的方法，若能经常注意使用这类方法，久而久之，思维定式就会大大减弱，大脑就会变得聪明起来，解决问题的思路也会更多，从而迅速进入创意的境界。具体来讲，应在以下几个方面进行强化。

(1) 大胆地、更多地涉足弹性较强的非逻辑思维的领域。

(2) 主动向规则挑战。规则是前人的知识成果，在一定时期当然要遵守。当规则与实践发生冲突时，应该大胆地对法则、规则、定理、公式提出质疑或挑战。

(3) 强化创新意识，克服思想上的"随大流"。

(4) 认清知识的两面性，放下知识的包袱。知识是创意思维不可缺少的条件，它有利于开阔思路、扩大视野、触类旁通。但任何知识都是人类特定阶段的认识成果，如果将其绝对化，知识反而会成为认识的包袱。

(5) 寻求多种答案。事物属性的多侧面性以及属性变化的多样性，使事物的发展总是指向多样化和复杂化。寻求多种答案的过程，就是突破思维定式的确定性和单一性的过程。

说说你对下列成语的理解，然后查阅词典，对比你的解释思考为什么会这样？

首当其冲　　七月流火　　呆若木鸡

第二节　突破思维定式思路示例

一、把谁丢掉

英国一家报纸举办了一项有巨额奖金的有奖征答活动。题目是：在一个充气不足的热气球上，载着三位关系人类兴亡的科学家，热气球即将坠毁，必须丢出一个人减轻载重。三个人中，一位是环保专家，他的研究可拯救无数因环境污染而面临死亡的生命；一位是原子弹专家，他能够防止全球性的核战争，使地球免遭毁灭；另一位是粮食专家，他能够使不毛之地生长谷物，让数以亿计的人脱离饥饿。

奖金丰厚，应答信件众多，最后巨额奖金的得主却是一个小男孩，他的答案是——把最重的那个丢出去！

思路示例：很多人解答这个问题多纠结于题干给出的三个专家对人类兴亡的重要性，其实问题的核心是"减轻重量"。有些时候，复杂的不是问题，而是看问题的眼睛和习惯的思维定式。

二、利用惯性思维防盗

在美国的一个城市，地铁里的灯泡经常被偷。窃贼常常拧下灯泡，这会导致安全问题。负责此事的工程师不能改变灯泡的位置，也没多少预算供他使用，但他提出了一个非常好的横向解决方案，是什么方案呢？

思路示例：这位工程师把电灯泡的螺纹改为左手方向或者逆时针方向，而不是传统的右手方向或顺时针方向。这意味着当小偷认为他们正在试图拧下电灯泡时，实际上他们是在拧紧它们。

三、善辩的律师

据说有一名非常善辩的律师，办理离婚案件一贯站在女方立场，为女方免费进行辩护，使女方从男方那里获得赡养费。然而，这个律师自己出现了婚姻问题，他仍不改变立场，为女方免费辩护，结果又使女方多获得赡养费，而且，该律师在钱财上并没有受到损失。

这样的事可能发生吗？

这样的事完全可能发生。因为该律师是女性，也就是说，她为自己辩护，从男方那里多获得了赡养费，当然不会有钱财的损失。

思路示例：由于思维的惯性，一说到"律师"，人们的头脑中马上就会浮现出男性的信号，很少有人想到是女性。这一问题可以帮助我们克服思想上的僵化。

四、盲人过马路

在一条马路上，路灯坏了，一辆大卡车行驶在这条路上，偏偏这辆车的车灯也坏了。这时有一位盲人(盲人看不见也听不到)要过马路，卡车是向他迎面开来的，最后他顺利地通过了马路。请问为什么路灯和车灯都坏了，那个盲人还能顺利通过马路，而没被卡车撞倒？

思路示例：因为是白天，所以就算盲人听不到也看不见，卡车司机可以看见。很多人找不到正确的答案，是因为看到题目的时候，就自己设定在晚上，因为有灯坏了这个暗示。还有没有其他可能性：此处有红绿灯，卡车司机刚好遇到红灯停下来了；盲人用的拐棍是反光的；盲人身边还有其他人；等等。不要受思维定式的局限，应该开阔思路，多想几个原因。

五、组合

如果问：由两个阿拉伯数字"1"排列组成的最大的数是多少，大家都会立即回答说：是"11"。如果又问：由三个"1"排列组成的最大的数是多少，大家也会迅速回答：是"111"。如果再问：由四个"1"排列组成的最大的数是多少。很多人依然会很快类推出答案：是"1111"。思考一下对吗？

思路示例：只要稍有一点数学知识的人都能判断出，这是错误的。四个阿拉伯数字"1"排列组成的最大的数何止"1111"！它们能排列成"11"的"11次方"，即"11^{11}"。为什么很多人都会答错呢？因为他们在思考过程中已经形成了一种思维定式。

六、如何移动杯子

有六个普通的杯子在桌子上排成一排。前三个杯子中有水，后三个杯子是空的。要求只移动或变换一个杯子，使杯子的排列由"水、水、水、空、空、空"变成"水、空、水、空、水、空"，怎么办？

思路示例：移动肯定是不行的，打破常规将第二个杯子中的水倒入第五个杯子就可以了。把思维的重点由怎么移动杯子转到怎么移动水上，问题就会迎刃而解。

七、"哥伦布的鸡蛋"

怎样把一只鸡蛋竖立在桌面上呢？

哥伦布的方法是，把鸡蛋一端的蛋壳磕破一点，形成一个平面，从而使鸡蛋稳稳地立在桌面上。看了哥伦布的做法，我们才意识到，自己的头脑中有一个框框，就是"不许打破鸡蛋皮"。这条束缚是谁强加给我们的呢？是我们自己！

思路示例：我们沿着哥伦布的思路再构想一些新创意：除了"磕破鸡蛋皮"之外，还有没有别的方法，把一只鸡蛋竖立在桌面上？——方法多得很：第一，在桌面上挖一个小坑；第二，使用"万能胶"；第三，在天花板上拴一根绳子，吊着鸡蛋；第四，让桌子躺倒，鸡蛋放在地板上贴着桌面；第五，使鸡蛋高速旋转从而立在桌面上；第六，把桌子倒吊起来，鸡蛋竖着塞在桌面与地板之间；第七，也许是最简单的——用手扶着；第八——请读者自己动脑筋吧！想出这么多方法之后，再回过头来看一看，当我们初次听到"怎样把鸡蛋竖立在桌面上"这一难题的时候，几乎一筹莫展，感觉那是不可能的；为什么会产生那样的想法呢？原因就是，我们头脑中的无形束缚实在是太多了！

八、一家餐馆的制胜之道

1元一个茶叶蛋、3元一份麻辣豆腐、琥珀桃浆6元、蓝莓山药12元、15元一份葱花肉、26元一份西湖醋鱼，这不是城乡接合部某个小饭馆的价位，而是位于北京王府井购物中心六层外婆家的几道菜品价格。外婆家的华丽吊灯、藤编木椅、砖墙、鸟笼、装饰画，颇具小资情调。装修如此雅致、文艺的餐厅，价位却与普通餐厅相仿甚至更低，自然引发一个问题：外婆家究竟如何赢利？

支撑外婆家赢利的是产出比，这家餐馆一定时间内每张桌子接纳的顾客更多，每张桌子的产出率也就更高！到外婆家就餐的人都会发现，尽管餐厅的装修颇具格调，但远没有同档次装修餐厅那种宽敞、私密感。桌与桌之间挨得很近，往往只能容一人通过。这样就能充分利用空间摆放尽可能多的餐桌。与陌生人过于接近的座位安排，当然不是为了让大家彼此沟通，而是在暗示顾客不要停留太久，以加快翻台率。细心的消费者还发现，与咖啡厅相比，"外婆家"的椅子不是很舒服，不便久坐聊天，所以人们吃完了就撤，无形中提高了营业系数。

思路示例：对于餐馆如何赚钱，最常规的想法是提高菜价，让吃饭的顾客多掏钱，这样餐馆的利润就可以得到保障。而外婆家的管理者却能够打破这种思维局限，将"让吃饭的顾客多掏钱"转变为"让更多的顾客来吃饭"，通过提升每张桌子的产出率来保障自己的利润，从而在一定程度上保障了自己和顾客的利益，走出了一条不同寻常之路，餐馆因此获得了良好的发展。

第三节　突破思维定式的训练

一、基础测验

(1) 用自己的话描述什么是思维定式。

(2) 思维定式的特点是什么?

(3) 分别举例说明什么是权威定式、从众定式、经验定式及书本定式。

(4) 列举权威定式、经验定式、书本定式的异同。

(5) 举出生活中从众的例子。

二、实训突破

(一) 突破权威定式训练

1. 突破权威论断训练

首先找出某一权威的某种论断,这种论断尽管是正确的,却与人们的常识或直觉相违背,而且传播的范围比较狭窄,一般人不太了解。例如,爱因斯坦相对论中的"尺缩钟慢"现象。然后,把这种权威论断告诉周围的人,但是不要打出权威的旗号,或者干脆冒充自己的新发现而介绍给别人。听一听别人的反应和评价。还可以把同样的论断告诉另外一些人,但首先声明这是某权威的观点,然后听一听大家的反应和评价,并与前面的评价进行比较。

2. 反驳名人观点训练

列举历史上或当代某些名人的一些观点(比如达尔文的进化论、马云:"我这辈子最大的错误就是创建了阿里巴巴""宁可错杀一千,绝不放过一个"等论点),试从不同的角度找出理由对其观点进行反驳。

3. 分析文章不足训练

从报纸或网络上挑选一篇新闻报道,然后分析文章观点的不足之处。

注意:必须对选取文章所涉及的领域和观点有一定了解;分析必须言之有理;切记:盲目相信新媒体的报道是非常危险的。

4. 列举权威者犯错训练

我们尊重权威,但不迷信权威,权威也可能出错。例如,某专家在论及调控房价时提到:"可以向德国学,闲置3年,房产税翻番;闲置5年,政府组织流浪汉入住;闲置7年,收归地方政府所有。"然而德籍网友称德国并无该政策。你还能举出一些权威犯错的例子吗?

5. 海豚是最聪明的动物吗

我们一致认为,海豚是世界上最聪明的动物之一。如今,一些研究人员发现,事实并非如此。生物学家Justin Gregg 和神经行为学家Paul Manger 通过多年的研究认为,海豚并不是一种聪明的动物,有时候甚至还不如小金鱼。查阅相关资料,然后思考对于这一问题你是相信以前的经验,还是认可研究人员的结论,为什么?

6. 并不存在的哈佛校训

关于哈佛大学的校训在中国互联网上盛传已久。2013年7月16日,哈佛大学图书馆官方网站惊现留言:有人问,在哪里可以看到传说中的哈佛大学校训?对此,哈佛大学校方在其官网上表示，这些校训都是假的，在哈佛墙上看不到所谓的校训，并称所谓校训都是编造的。根据这一案例思考以下问题。

(1) 为什么哈佛校训在网上可以流传甚广？

(2) 在官方网站提问者的行为为什么值得我们借鉴？

(3) 你还能想到哪些流传甚广，但可能存在问题的论断？

(二) 突破从众思维训练

1. 参加"动物聚会"游戏

独自一个人在公共场所大声模仿某种动物的叫声，主要是体会一下别人异样的目光，提高自己承受周围环境压力的能力。

2. 提出一种与众不同的观念

自己开动脑筋，想出一种与众不同的观念，这种观念也许并不高明，也很难有运用推广的价值，这些并不重要，只要这种观念与人们的日常习惯相冲突即可。然后，把自己的新观念告诉你的朋友，或者告诉在公园里或汽车上刚认识的其他人，听听大家的反应。

3. 手机为什么要贴膜

大多数人拿到新手机后，第一件事就是去贴膜。然而有专家称，手机贴膜会使屏幕光线发生折射，会加重视觉疲劳，尤其手机膜会出现很多划痕，让眼睛的睫状肌处于紧张状态，危害更大，容易出现头晕、眼花、视力模糊等症状。

思考：人们在知晓贴膜的危害后，为什么还要给手机贴膜？

4. 为什么人们跟随明星买衣服

小爸爸同款的新百伦，24个款式颜色任选，全场3折，100%正品保障，专柜发票享受三包服务！原价960元现价只要198！198！不止一个明星在穿，谢娜、周星驰、梁朝伟，连乔布斯都是他的粉丝，为什么那么多明星钟爱它，只有穿上才知道。

思考：这段广告语如何使用从众定式？

5. 内容营销

近年来，大家都在关注内容营销，所谓内容营销，就是让消费者在企业或个人的传播平台能够看到有料的资讯，比如文章、视频、图片等，通过这些资讯来影响受众购买产品、服务或者达到商家的其他目的。借鉴内容营销的结构形式，为自己做一个不同寻常的"个人简介"，以吸引大家的关注。

(三)突破唯经验思维训练

1. 提出反驳事例

人们都知道经验与现实有一定差距，但是在面对具体问题的时候，往往会忽略二者的差距。

男人比女人有力气。

开卷有益。

众人抬柴火焰高。

冬天比春天冷。

瑞雪兆丰年。

用电脑写作既方便又迅速。

想一想，怎样从现实中找到具体事例反驳以上知识性论断？

2. 考虑哪种方法正确

既有经验告诉我们天空是蓝色的，科普书上说在喜马拉雅山顶天空是黑色的，而人们在喜马拉雅山顶拍到的天空却是蓝色的，面对这种情况，应该相信哪种说法？谈谈你的看法。

3. "为什么"方法训练

凡事多问为什么？一些习以为常的东西就可能被改变！

为什么脸盆是圆的？可不可以是方的？或其他形状？

为什么西瓜是圆的？可不可以是方的？或其他形状？

为什么苹果是圆的？可不可以是方的？或其他形状？

为什么硬币是圆的？可不可以是方的？或其他形状？

为什么杯子是圆的？可不可以是方的？或其他形状？

……

4. 豆腐脑是咸的还是甜的

笔者生活在北方，北方许多地方的豆腐脑里放咸菜或腌制的胡萝卜丁，所以豆腐脑是咸的；粽子里面包糯米和蜜枣，所以是甜的，后来才知道南方许多地方豆腐脑里加糖，是甜的，粽子里面放腊肉，所以粽子是咸的。

请举出生活中类似的与你的经验定式相左的事例。

5. 奇怪的职业

下列奇怪的职业(见图1-9～图1-12)你听说过哪一种？你还能预测到其他将要出现的新职业吗？

儿童情商老师：为儿童情商的教育培养、训练、测评和干预提供专业指导。

试衣模特：专门负责服装新品的试穿，并向设计师和服装公司的工艺师提出反馈意见。

神秘顾客：以隐藏研究员的身份购买特定物品或消费特定服务，并完整记录整个流程，以此测试产品和服务态度等。

情感治愈师：为具有恋爱、婚姻、家庭情感问题的人群提供心理辅导。

图1-9　汉娜·弗雷泽是澳大利亚悉尼水族馆里的职业"美人鱼"

图1-10　将乘客推进地铁车厢的"地铁推手"

图1-11　养护魔芋的"护花使者"

图1-12　专门解决哺乳期女性职工上班后不方便回家给孩子哺乳的母乳快递员

(四)突破知识局限训练

术业有专攻，一个人不可能掌握所有的知识，一个人的知识会受到生活阅历、教育背景、生活环境等多方面因素的影响。现代社会飞速发展，新生事物不断出现，时代又需要我们掌握大量的知识来面对日益增多的问题。我们可以采取以下方法来突破自己的知识局限，获取更多知识。

1. 学习使用信息收集工具

学习使用信息收集工具，如RSS信息阅读器，订阅与自己行业领域相关的专业网站或博客，及时了解行业最新动态。遇到不熟悉的知识领域时，通过RSS工具查找订阅该领域专业人士的网站或博客等，进行有针对性的知识学习。

2. 与别人分享知识

将自己所学到的知识与别人分享交流，可以扩大双方的知识视野。

3. 对习以为常的知识进行多维度思考

例如，厕所是最不卫生的地方、饮酒能御寒、手机屏幕很脆弱必须贴膜、高像素就等于高画质等。

(1) 思考宝马汽车广告(见图1-13),如何运用经验思维进行创意表现?

图1-13 宝马汽车广告

(2) 思考新的产品生产模式。有些人认为,现在的许多产品"made in china",而以后的产品可能"made in internet",请思考"made in internet"的产品会有什么不同?

(3) 思考下面这句话中所体现的对传统思维的突破:中国移动说,搞了这么多年,今年才发现,原来腾讯才是我们的竞争对手。

韩国的虚拟超市

没时间逛超市怎么办?逛完超市将大包小包提回家是不是一件很痛苦的事?这一情况面临着改变。连锁超市Home Plus(全球零售巨头Tesco在韩国的品牌)在韩国地铁推出了一种新奇的虚拟超市。消费者不再需要专门花时间去实体超市进行购物,在等车的间隙即可轻松完成这一过程。

Home Plus在地铁站台的防护玻璃上贴上了印有各色商品的平面海报,顾客遇到心仪的产品,只需拿出安装有Home Plus客户端程序的手机,用摄像头对准商品上的二维码进行拍摄,二维码中包含商品价格等具体信息。应用程序会将拍摄的商品放入电子购物车,顾客可以利用手机银行进行结算。此后,超市会在顾客下班以后将其订购的商品送货上门。

思考这种虚拟超市(见图1-14)与传统超市的不同,这种超市对传统超市会有什么样的冲击,你还能想到其他对传统产业形成冲击的新型产业的例子吗?

图1-14 韩国的虚拟超市

变酷了的户外广告

路边的广告牌、公交和地铁内的广告海报以及机场候机楼的广告大多平淡无奇，给人垂垂老矣、行将就木的印象，但也有破局者。H&M中国区营销经理陈睿为H&M在上海淮海中路竖立起近4米高的巨型"购物袋"，购物袋造型的巨型广告屏中的男主角则是赤裸上身的贝克汉姆，如图1-15所示。

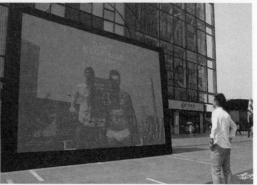

图1-15 H&M户外广告

购物袋内置一套互动拍照装置，所有在大屏幕前停留的人均可选择自己喜欢的小贝形象，并与之亲密"合影"，通常每人的停留时间可长达5分钟，而现场围观者以及在社交媒体上分享照片的人亦大大增加。受众的热情令陈睿深感意外——拍照处排起了长龙，照片打印机早已应接不暇。

　　想一想：生活中还有哪些广告形式过于呆板，可以通过与受众互动的方式提高传播效果？

第二章

确定性创意的形式逻辑思维

学习要点及目标

- 掌握概念、判断、推理的含义。
- 了解形式逻辑思维的规律与特点。
- 运用形式逻辑思维的方法。

思维形式　类比构想　属性附加　逻辑超越

博学之，审问之，慎思之，明辨之，笃行之。

——《礼记·中庸》

为学层层递进之道，也是逻辑思考步步深入的体现。

形式逻辑思维就是借助概念、判断、推理等思维形式所进行的思维方法，这是一种有条件、有步骤、有根据、渐进式的思维方式。

第一节　形式逻辑思维及其特点

形式逻辑思维撇开思维的具体内容，只从逻辑形式和基本规律方面研究思维。因而形式逻辑思维不研究思维如何反映客观事物的运动、发展和转化，也不研究一种判断或推理的形式怎样发展和转化为另一种判断和推理；而辩证逻辑思维研究的正是这些问题。形式逻辑与辩证逻辑虽有区别，但并不互相对立，它们如同初等数学与高等数学的关系。因此，辩证逻辑决不否定形式逻辑，形式逻辑也决不排斥辩证逻辑，它们各有自己的研究对象和作用，都是创意思维不可缺少的。

一、形式逻辑思维的特点与规律

所谓形式逻辑思维，是指人们运用形式逻辑的方法、遵循形式逻辑规律而进行的思维活动。它的基本规律是同一律、矛盾律、排中律和充足理由律。

形式逻辑的基本规律要求我们的思维具有确定性、无矛盾性和明确性。遵守这些规律，才能做到概念明确、判断恰当、推理严密、论证有说服力，它是人们正确思维的必要条件。逻辑规律是思维领域的规律，不是事物本身的规律，但不能认为逻辑规律与客观事物毫无关系。因为事物质的规定性，是形式逻辑基本规律的客观基础。形式逻辑思维的特点表现在以下几个方面。

(一)思维的确定性

思维的确定性是指在任何正确的思维过程中，必须有确定的思维内容，不能随意改变，即要有专一性。思维的确定性反映客观事物变化发展过程中相对静止、相对稳定的本质特征，客观事物处于相对静止、相对稳定阶段，它是什么，思维就应当而且只能反映它是什么。只有这样，思维才能反映客观事物的实际情况，也才能正确地认识事物。否则，思维就会陷入相对主义。

思维的确定性的基本内容或要求至少包括以下几个方面。

1. 概念的确定性与同一律

某一个概念，在同一思维过程中，不论运用多少回，自始至终都要保持其含义的自身同一，不能时而是这个含义，时而又是别的含义。否则，就会引起思维混乱，犯"混淆概念"或"偷换概念"的逻辑错误，无法正确地思考、表达和交流思想。

同一律在思维中的作用，在于保证思维的确定性。思维只有具有确定性才能正确反映世界，人们也才能进行正常的思想交流。

一则呼吁保护猫狗的公益广告(见图2-1)，广告词将狗比作保安，引起了巨大争议。虽然有人解释保安更多的是"保卫"的意思，但是大多数人把保安理解成具体的职业代名词，因此这种比喻让从事保安职业的人难以接受。

图2-1　引发争议的公益广告

(1)概念的确定性是指一个概念在同一个思维过程中或特定的语言环境下其内涵和外延是确定的，但这并不妨碍表达概念词语形式的多样性。例如wife，能够表达该概念的词语如下。

配偶、妻子、老婆、夫人、太太、爱人、内人、媳妇、那口子、拙荆、贤内助、老伴、孩他妈、孩他娘、内子、婆娘、糟糠、娃他娘、崽他娘、山妻、贱内、贱荆、女人、主妇、女主人、财政部长、黄脸婆、浑人、娘子、屋里的、另一半、女当家、浑家、发妻、堂客、婆姨、领导、烧火婆、伙计等。

请列举女士对husband的若干表述。

(2) 一个概念在同一个思维过程中或特定的语言环境下其内涵和外延的确定性，也表现为同一个词语所表达不同概念的自身含义的确定性。阅读下面一段对话。

领导："你这是什么意思？"

下属："没什么意思。意思意思。"

领导："你这就不够意思了"。

下属："小意思，小意思。"

领导："你这人真有意思。"

下属："其实也没有别的意思。"

领导："那我就不好意思了。"

下属："是我不好意思。"

思考：这可能是在什么场景下的一段对话？领导和下属对话中的"意思"分别是什么意思？

(3) 商家为了推销商品，经常以"买一赠一"的广告招揽顾客。以下哪项最能说明这种推销方式的实质性？并作简要分析。

A. 商家最喜欢这种推销方式。

B. 顾客最喜欢这种推销方式。

C. 这是一种亏本的推销方式。

D. 这是一种耐用商品的推销方式。

E. 这是一种以偷换概念的方法推销商品的手段。

2. 判断的确定性与矛盾律

判断的确定性是指一个判断在特定的语言环境中所断定的内容是明确的，不允许有歧义。我们常见的"跑题""偷换论题"即属于违反判断确定性的逻辑错误。例如，明代有位姓孙的内阁大学士，他的父亲不太出名，他的儿子很不成才，可他的孙子却考中了进士。这位内阁大学士经常责骂他的儿子是不肖之子。后来，他儿子实在忍受不了责骂，就与内阁大学士吵了起来："你的父亲不如我的父亲，你的儿子不如我的儿子，我有什么不肖呢？"这位内阁大学士听后放声大笑，从此不再责备儿子。这个不肖儿子反驳他父亲的话似乎颇有道理，其实是偷换论题式诡辩。他并没有证明自己成才与否，而是偷梁换柱"你的父亲和我的父亲相比""你的儿子同我的儿子相比"。

在同一思维过程中，一个判断及其否定不能同时肯定，这是"矛盾律"的要求。如果违反这一要求，在同一思维过程中，对一个对象既予以肯定，又予以否定，就会犯"自相矛盾"的逻辑错误。例如，"无声音乐""必须选的选修课""好得一塌糊涂""只有一个候选人的选举"。我们通常所说的"出尔反尔"，就是思维自相矛盾的生动说明。某政府部门宣布成品油不会涨价，几日后又发布了成品油涨价的通知，这种对同一件事情既肯定又否定的做法，不仅犯了逻辑错误，对部门的公信力也造成了消极影响。

矛盾律所说的一个思想及其否定不能同时是真的，是指在同一时间、同一关系下对于同一对象做出的判断而言的。如果在不同时间或从不同方面对同一对象作出两个相反的论断，这不能说是违反矛盾律的要求。思维中出现的逻辑矛盾与辩证法所讲的客观事物的矛盾是两回事，绝不能把二者混为一谈。事物的矛盾是普遍存在的，而矛盾律只要求思维保持前后一贯，它不解决也不可能解决辩证思维的矛盾运动的问题。

 课内互动

(1) 下面两句话区别在哪里？

A. 冬天：能穿多少穿多少；夏天：能穿多少穿多少。

B. 剩女产生的原因有两个，一是谁都看不上，二是谁都看不上。

C. 地铁里听到一个女孩好像是给男朋友打电话："我已经到西直门了，你快出来往地铁站走。如果你到了，我还没到，你就等着吧！如果我到了，你还没到，你就等着吧！"

D. 单身人的来由：原来是喜欢一个人，现在是喜欢一个人。

(2) 试分析下面这句话的逻辑错误。

"刘经理乘3月24日夜零点55分的动车到杭州参加互联网+新年论坛峰会。"

3. 排中律

在同一个思维过程中，两个互相否定的思想不可同假(必有一个是真的)。也就是说，在同一个思维过程中，只要是两个互相否定的判断，其中必有一个是真的。例如，"中国是发展中国家"与"中国不是发展中国家"的判断是互相否定的思想，两者不能同假，必有一真。排中律要求，在同一时间、同一关系下，对反映同一对象的两个互相否定的思想，必须承认其中一个是真的，不应该含糊其辞，骑墙居中。违反这一逻辑要求，就会犯"模棱两不可"的逻辑错误。

案例2-1

干部甲因贪腐问题被新闻媒体曝光后引起公愤，在讨论是否给甲处分时，某领导表态说："我不同意给甲处分，因为他的错误比起另一些人的贪腐来说并不算严重，别人因为没有群众和媒体追究而不受处分，单单处分甲是不公平的；但是我也不同意不给他处分，因为他的错误群众都知道了，不处分无法向群众交代。"

在"给予甲处分"和"不给予甲处分"的矛盾选择中，某领导都给予否定，明显违反了排中律的要求。

排中律的作用在于保持思维的明确性，遵守排中律是人们认识现实、发现真理的一个必要条件。排中律也是在一定条件下起作用的，它只是在两个相互否定的思想中排除中间的可能性，要求在两者之中承认有一个是真的。如果客观事物确实存在第三种可能性，就不能要求在两者之中承认有一个是真的，否则就会造成思想上的片面性。

4. 推理的确定性

某一个推理，在同一思维过程中，它的前提中的判断(命题)和结论，都要保持确定的逻辑真值，不能随意改变，它们是真的，就是真的，不能同时又假定它们是假的，反之亦然。否则，就会出现一种特殊的逻辑矛盾——悖论，使人们对此推理的正确性产生怀疑。

由此可知：逻辑基本规律的同一律要求在同一思维过程中，一个思想必须保持其确定或同一；不矛盾律要求在同一思维过程中，一个思想必须前后一致，不能自相矛盾；排中律要求在同一思维过程中，不能对两个互相矛盾的思想都加以否定，要排除中间的模糊性，不能"模棱两可"。可见，逻辑基本规律的具体要求，正是从不同的角度或方面阐述了思维的确定性的内容。思维的确定性与逻辑基本规律实质上是一个问题的不同表述，前者是正确思维的总要求，后者是正确思维要求的具体化。前者制约并规定着后者的内容。

(1) 列举出你曾经在媒体或日常生活中见到的违反逻辑的现象，并简要分析它产生的原因。

(2) 在一个人迹罕至的河边停着一只小船，船很小，只能容纳一个人。有两个游客同时来到河边，两个人都乘着这只小船过了河。问他们是怎样过河的？(提示：从判断断定的概念的范围角度思考)

(二)思维的正确性

与确定性一样，正确性也是思维所要求的。尽管思维的内容是千变万化的，然而作为体现思维形式的逻辑形式来说却是有其共性的。我们所讲的思维的正确性是指真实的思维内容和有效的思维形式。内容的真实性与形式的正确性(有效性)是分属两个不同论域的问题，前者并非是"逻辑"所能解决的。然而作为正确性思维来讲，它要求两者在同一思维过程中相互融合。

内容的真实性是指前提或结论的内容是否正确地反映了客观实际，与事实是否相符。如果正确地反映了客观实际，与事实相符，那么这样的前提和结论就是真实的；如果没有正确地反映客观实际，与事实不相符，那么这样的前提和结论就是虚假的。

形式的有效性就是人们一般所指的在逻辑推理中(从前提到结论的过渡)是不是遵守了推理的规则，能否从前提必然地推出结论。如果遵守了推理规则，从前提必然地推出结论，那么这个推理形式就是有效的，反之，这个推理形式就是非有效的。

形式的有效性只与推理形式本身有关，它与内容的真实性是不同论域的问题。有效的推理，不一定是一个正确的推理，而正确的推理应该是一个有效的推理。人们要获得真知，既要求已有的知识(前提)是可靠的，又要求由已知到未知的推出过程(推理形式)是符合推理规则的，缺少其中任何一方面，都不能必然地推出真实的结论。

形式逻辑思维的功能特征：形式逻辑思维是一种静态式思维，具有思维过程的确定性、首尾一致的稳定性；形式逻辑思维是一种程序性思维，具有思维过程的方向集中性、渐进性和有序性；形式逻辑思维是以分析为主的思维，具有思维活动的分解性。

二、确定性下的基本思维形式

人类是用概念、判断、推理等思维形式来进行思维活动的。概念、判断、推理是形式逻辑的三种基本思维形式。

(一)概念

概念是反映对象本质属性的思维形式。各个事物都有其自身的性质，如形状、颜色等。各个事物除了自身的性质之外，还和其他事物发生一定的关系，如大于、交换、互助等。事物的性质以及与其他事物之间的关系，统称为事物的属性。事物由于属性相同或相异形成各种不同的类。在一类事物的许多属性中，有些是本质属性，有些是非本质属性。所谓本质属性，就是决定某一事物之所以成为该事物并区别于其他事物的属性。所谓非本质属性，就是对该事物不具有决定意义的属性。例如，人的本质属性是能够思维，能够制造和使用工具的动物，而两足、直立行走等则是非本质属性。

概念反映对象的本质属性，同时也反映了具有这种本质属性的对象，因而概念有客观的内容和确定的范围。这两个方面分别构成了概念的内涵和外延。概念的内涵是指反映在概念中的对象的本质属性。例如："自媒体(We Media)又称公民媒体或个人媒体，是指私人化、平民化、普泛化、自主化的传播者，以现代化、电子化的手段，向不特定的大多数或者特定的单个人传递规范性及非规范性信息的新媒体的总称。"其中，"私人化、平民化、普泛化、自主化的传播者，以现代化、电子化的手段，向不特定的大多数或者特定的单个人传递规范性及非规范性信息"就是概念"自媒体"的内涵。概念的外延是指这个概念所反映的事物对象的范围，即具有概念所反映的属性的事物或对象。例如，"博客、微博、微信、百度官方贴吧、论坛/BBS等网络社区"，就是从外延角度说明"自媒体"的概念。概念的内涵和外延具有反比关系，即一个概念的内涵越多，外延就越小；反之亦然。

这里讲的思维对象的本质属性是思维的认识结果，而非本质属性本身。因此本质属性不是一成不变的。因为事物是不断变化的、认识是不断深化的、揭示事物本质的角度是多元的。

例如，网络时代的百度地图不再把自身定义为"地图"，而是提出了"移动生活位置服务门户入口"的概念，要从纯粹查询位置和路线变作生活消费决策，从出行工具转变为本地生活服务平台，服务同时涵盖了餐饮、电影院、KTV、商场、酒店、公交站、加油站、超市、景点等方方面面。

课内互动

(1) 概念的含义和它所指的对象是不断变化的，请列举出：A.已经或正在消失的概念；B.概念虽在但含义有所变化的；C.近几年产生的新概念。

(2) "好神气"与"好不神气"、"好快活"与"好不快活"、"好伤心"与"好不伤心"表达的是一个意思吗？为什么？

(3) 古代，有一支军队被敌人围困在一座孤城里。将军为防止敌人偷袭，便派三名哨兵监视敌人的动向。半夜时分，一名哨兵向将军报告说，他刚才梦见敌人正从城东向孤城压过来，建议将军火速突围。将军听罢，立刻派人到城外侦查，结果和哨兵梦中所见一样，因而将军决定立刻从城南突围，结果突围成功，军队无一人伤亡。突围后，士兵们都十分感激那位哨兵，要求给哨兵记一大功。但是，将军不但不给哨兵记功，反而给哨兵记了一大过。最初，大家都不服气，说哨兵"冤枉"，经过一番争论后，大家弄清楚了，说将军做得对，哨兵不冤枉。想想看，哨兵到底冤枉不冤枉？为什么？

(二)判断

判断是对思维对象有所断定的一种思维形式。对思维对象有所肯定或否定是一切判断最显著的特征和标志。判断作为一种思维形式，是组成推理的基本要素。因此，正确地认识和运用各种判断形式，成为正确地认识和运用各种推理形式的必要条件。

判断可区分为简单判断和复合判断两大类。简单判断是指本身不再包含其他判断的判断，复合判断是指本身包含着其他判断的判断。无论哪种判断，在特定的语言环境中，它所断定的内容是确定的，不允许产生歧义。

中国队大胜日本队！
中国队大败日本队！
这两个判断各表达了什么含义？

(三)推理

推理是从一个或几个已知判断中推出一个新判断的思维形式。任何推理都有这样两个组成部分，即推理所依据的判断，以及推出的新判断。前者叫作前提，后者叫作结论。运用逻辑推理，可以从既得的知识(前提判断)推出新的知识(结论判断)，所以，逻辑推理是一种获得新知识的方法，科学家们常常根据某种既得的知识推出新的知识。

要使推理有逻辑性，推理过程必须遵守推理规则。

推理形式正确，能够从前提中必然地推出结论，而前提中判断自身的不同则无法保证结论的必然性。

所谓能够从前提中必然地推出结论，就是推理还要遵守充足理由律的要求。充足理由律要求理由必须真实，理由与推断之间有逻辑联系，根据理由能够推出所要论证的结论。这两条要求对于一个正确的论证来说，是缺一不可的。

三、形式逻辑的方法

形式逻辑思维是运用理性思维形式(作为工具或手段)来进行思维(或得出结论)的思维形态，它是以理性形式作为基础或平台构筑起来的一种思维形态。它既包括概念、判断、推理形式，也包括分析、综合、整体等形式或方法，还包括与经验或感性交界的一些形式或方法，如比较、归纳。

(一)分析与综合

分析是在思维中把对象分解为各个部分或因素，分别加以考察的逻辑方法。综合是在思维中把对象的各个部分或因素结合成为一个统一体加以考察的逻辑方法。分析和综合互相依赖、互为条件；分析是综合的基础，没有分析，就没有综合。分析离不开综合，综合是分析的唯一目的。

例如，把某种植物分解为根、茎、叶、花、果实等分别加以研究，有利于我们对每个部分的认识和了解。而这些部分又只是这种植物的某些表现，还要把这些部分联系起来，得出植物的整体认识。又如，分析一篇英文文章的结构，先是得到句子、单词，最后得到26个字母；反过来，综合是由字母组成单词，句子，再由句子组成文章，这些是文法所要研究的题材。再如，白色的光经过三棱镜，分解成红橙黄绿青蓝紫七色光；反过来，七色光又合成白色光。这就是光谱的分析与综合，由此可以解释彩虹的成因。

(二)分类与比较

根据事物的共同性与差异性就可以把事物进行分类，具有相同属性的事物归入一类，具有不同属性的事物归入不同的类。如，人可以分为男女、老少、中外等许多类别。之所以能够进行这样的分类，是通过比较人与人之间的不同而来。比较就是比较两个或两类事物的共同点和差异点。通过比较能够更好地认识事物的本质。

(三)归纳与演绎

归纳是从个别性的前提推出一般性的结论，前提与结论之间的联系是或然性的。演绎是从一般性的前提推出个别性的结论，前提与结论之间的联系是必然性的。

(四)具体与抽象

具体是人们通过感官对事物整体所形成的一种了解，是一种生动、丰富而又笼统的感性认识，因此也叫感性具体。"横看成岭侧成峰，远近高低各不同"，同一事物，不同的人通过感性观察获得的具体认知便不同。抽象就是运用思维的力量，从对象中抽取它本质的属性，抛开其他非本质的东西，是一种理性认识形式。概括是在思维中从单独对象的属性推广到这一类事物的全体的思维方法。如图2-2所示，难以言说的甜蜜的交流这种抽象概念可以用甜豆这种具体的事物表现出来，让大家瞬间理解其中的意义。

图2-2　甜蜜的交流

具体与抽象和分析与综合一样，也是相互联系不可分割的。

四、逻辑思维在创意思维中的作用及基本思维策略

非逻辑思维在创意思维中起着决定性作用，因为没有非逻辑思维，创造便无法进行。但在这一过程中，逻辑思维具有重要的基础作用，是千万不可忽视的。一个问题的发现与提出，主要是逻辑思维在起作用；对现象的观察、描述和概括主要也靠逻辑思维；即使是非逻辑思维的结果，最后也必定被补充、解释成符合逻辑的概念，才能成为科学的理论，进而被物化成某种有用的东西。

人们在进行思考的过程中往往会产生许多富于幻想性和独创性的思路。解决问题的过程不仅仅是一个鼓励随心所欲扩散想象解决方案的过程，也是一个严谨检验方案可行性的过程。在对发散加工产生的方案进行合理化检验时，考虑解决问题的方案是否合理是对方案进行检验的标准之一。使用逻辑清晰的解决方案较之解决问题各个步骤之间没有紧密的逻辑关系的方案，具有无可比拟的优势。因此，我们在提倡创造性思维的同时，并不排斥或贬低逻辑思维在创造中的作用。事实上，整个创造性思维的发展都是在逻辑与非逻辑思维的交叉状态下不断进行的。

创意思维作为一种辩证的、发散的思维，必然离不开科学预测(或称超前思维)。科学预测反映了人们探索未知世界的愿望，它要解决前人尚未解决的问题，是一种创造性的思维过程，没有现成的答案可以遵循。创造性思维有实质的和形式的两个方面：实质方面就是创造性发散思维机制的启动，形式方面就是以科学假说的逻辑形式完成预测过程，包括综合运用各种推理形式和逻辑方法。科学预测的主要逻辑思维形式包括类比推理与归纳推理。在科学预测中，人们要启动几种逻辑思维机制。若已知事物与未知事物、已有科学知识与要解决的问题具有明显的可比性，则采用同中求异或异中求同等方法进行预测；或采用由特殊推出一般的方法进行预测，这都是归纳推理机制的启动。当已知事物与未知事物、已有科学知识与要解决的问题之间看起来似乎无可比性时，启动人们的类比推理机制就显得十分重要。类比的结论受前提制约的程度最小，自由度最大，正是这种较高的自由度，使类比推理具有很强的创造性，因而启动类比推理机制是获得科学预测的重要手段之一。认知心理学已经证实，人们似乎更倾向于通过类比和经验来推理。

科学预测需要运用各种具有可操作性的逻辑方法，如直觉、想象的发挥与模型的构想，类比思维的外推，归纳概括与假说的试探，演绎的联结与溯因的沟通等，还包括通过分析与综合、演绎与归纳、观察与实验、类比与假说等逻辑方法，形成新的概念框架和理论体系。这些方法有的具有非逻辑的性质，有的则具有逻辑思维性质。

逻辑思维的基本思维策略主要包括以下几个方面。

(1) 分步思维：把问题分成简单的步骤或阶段来考虑。

(2) 描象构图：为解决问题勾画一个你可以进行图上作业的草图、表格、图解或其他可见图像。

(3) 重新措辞：用一些更容易使你明白的术语、句子，对提出的问题以异于原来的方式重新进行表述，使问题变得简单明了。

(4) 思维搜索：通过得出某些简化的结论或摒弃一些无关紧要、可有可无的细枝末节把问题缩到一个较小的范围之内。

(5) 条理化：把所有已知的选择、可能性、情况态势、关系配置或各种耦联关系等，简单列表，使之有条理。

(6) 链式思维：把各种选择和亚选择排列成逻辑链、时间序列或分支树图，这样可以沿着可行的途径，找出相对满意的解决办法。

(7) 超过障碍：在适当的时候，停下来重新考虑一下你的思维过程，考虑另外一种方法，或创造性跳跃的思维方式选择新的方案。

(8) 举三归一：可根据部分对象具有某些属性或不具有某些属性，来断定全部对象具有某些属性或不具有某些属性。

(9) 因果思维：在事物前后的因果链的节点上发现其闪光点，找到事物的奥妙之处。

(10) 由此及彼：发挥想象力和创造力，探索未知。

尽管逻辑思维以其强有力的论证性而使人折服，逻辑思维中具体形象的艺术表达却往往更能触动人们感情的琴弦，叩击心扉。

案例2—2

两千多年前孔子主张"施仁政"反对苛政。《礼记》追述了他生前的一个故事——《苛政猛于虎》：

孔子过泰山侧，有妇人哭于墓者而哀。夫子式而听之，使子路问之，曰："子之哭也，壹似重有忧者。"而曰："然。昔者吾舅死于虎，吾夫又死焉，吾子又死焉。"夫子问："何为不去也？"曰："无苛政。"夫子曰："小子识之，苛政猛于虎也。"

故事用简练的艺术语言，形象生动的描述，将猛虎之害与苛政作对比，得出了富有说服力的结论，表达了孔子"施仁政"的政治主张。

逻辑思维以客观世界及社会生活为对象，用以表达它的形象化手段也是极为丰富多彩的。

文学创作的多种形象化的方法，在理论著作中几乎都能派上用场。绘画、摄影、戏剧、影视、平面设计等艺术形式，都可以不同程度地表达逻辑思维。

逻辑思维在艺术设计过程的参与度尤为明显。因为艺术设计不同于艺术创作，它是有条件的、有针对性和目的性的，艺术设计的表现灵感是在"目的性"的制约下产生的。因此，逻辑思维的单一指向性和确定性成为设计主题确立不可少的思维过程。

同样的手提袋(见图2-3)通过概念的限制(主体附加)，其视觉效果大不相同。

大众汽车POLO的经典广告则利用警察集中躲在POLO汽车后面的场面(见图2-4)，引起观众的心理疑惑：为什么会这样？从而引导受众的逻辑推断。

图2-5所示的助学广告，破烂的书桌和失学儿童无助的眼神与万元餐费形成强烈的对比。两种社会现象安排到同一个画面，便形成了一个现象与本质逻辑的关涉。这种艺术语言的表达较之逻辑的语言论证更具有视觉冲击力和震撼力。

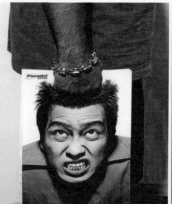

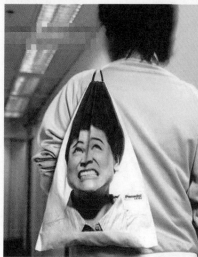

图2-3 别具一格的手提袋

图2-4 POLO汽车招贴广告

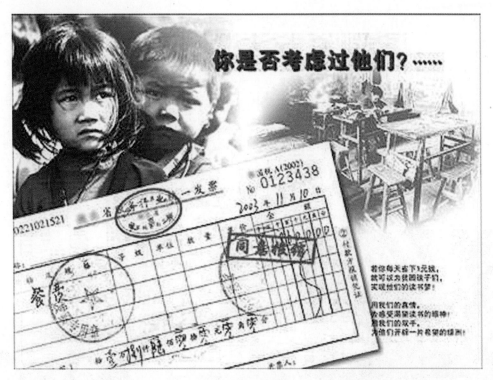

图2-5 助学广告

通过概念的限制(主体附加),说出你所能想到的书包或文化衫的样式,越多越好。

五、类比构想的创意与表现

类比是根据两个(或两类)对象之间某些属性的相同或相似之处,而推出它们在其他方面也可能相同或相似的一种方法。它在科学研究、技术创新和各种创意活动中都是一种很有用的方法。

类比是根植于世界的统一性这个基础之上的。供类比的对象之间存在着同一性和相似性,对象的属性存在着相关性。对象之间的同一性、相似性提供了从一类对象推到另一类对象的可能性,对象之间的相关性提供了从对象的某些属性推到另一些属性的可能性。客观事物中的异同点构成了进行比较的客观基础。由于一个事物是不能孤立地认识的,只有采用比较的方法,人们才能发现事物的众多属性,从而加深对客观事物的认识,把创新活动推向深入。

类比是以比较为基础的。人们在探索未来的过程中,可以借助类比的方法,把陌生的对象与熟悉的对象相对比,把未知的东西与已知的东西相对比。这样,由此物及于彼物,由此类及于彼类,可以起到启发思路提供线索、举一反三、触类旁通的作用。

在科学发现方法和生活实践的推动下,类比方法不仅在技术创新构想、发明创造中应用广泛，而且在艺术创作、平面设计等领域获得了广泛的应用，类比构想方法有数十种，主要介绍如下。

(一)直接类比

直接类比是从自然界或已有的成果中寻找与构思革新对象类似的现象或事物，从中获得启示。这是一种最简单的在两种事物间直接建立联系的类比。既可以从已知指向未知，也可以从未知指向已知。公元1世纪有人"取鸟翮为两翼，头与身皆着毛"，能飞行数百步，这可能是最原始的仿生学性质的直接类比。人们根据鱼的体形，将船体设计成梭形，使之具有阻力小、运动快的属性。这些都是直接类比的具体应用。传说鲁班发明锯子就是这一方法的具体运用，如图2-6所示。

图2-6　锯子的发明

如图2-7所示，灵智广告公司在进行形象宣传时也采用了类比的手法，通过庸医与低水平的广告公司的类比，告诫广告主，不要病急乱投医，撞上不适合的广告公司，给客户做出这样的恐怖效果不是不可能。

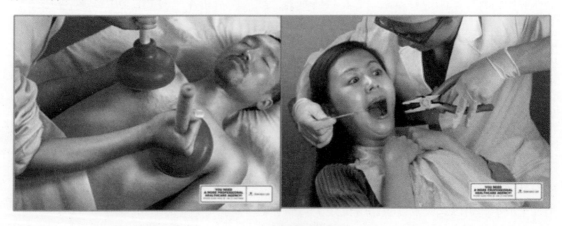

图2-7　灵智的形象广告

　　据说瑞士发明家乔治喜欢带着狗外出散步，有一次散步回家，他发现自己裤腿和狗身上都沾满了一种草籽。草籽沾在狗毛上很牢，要花一定的工夫才能把草籽取下来。乔治感到很奇怪，他运用了敏锐的观察力，用放大镜仔细观察这种草籽。终于发现，草籽的纤维与狗毛是交叉在一起的，他想，如果采用这两种形状的结构不就可以发明一个搭扣吗？从此，人们的生活中多了一个好帮手——乔治发明的尼龙搭扣，如图2-8所示。今天，我们穿的鞋有的就是用尼龙搭扣扣上的，背的书包有的也是用尼龙搭扣扣上的。

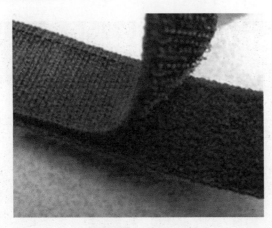

图2-8　尼龙搭扣

(二)属性因果类比

　　两个事物的各个属性之间，可能存在某种因果关系，因此，人们可以根据一个事物的因果关系推出另一事物的因果关系，通过因果类比启发产生创意，从而进行艺术的表达。例如，信天翁的翼展很长，可达4米，故可连续飞行数月。一个联想类比能力很强的人，自然就会想到，如果把机翼也做得很长，是否也可以连续飞行很长的距离，而不必开动发动机呢？于是，研制成了远距离的U-2型飞机，如图2-9所示。

　　同样，IBM的广告(见图2-10)用因果类比的方式表达了这样一种逻辑：小花瓶长出硕大的向日葵，IBM低价却一样可以高功效。

图2-9　U-2型飞机

图2-10　IBM的类比广告

(三)拟人类比

拟人类比亦称亲身类比、自身类比、人格类比。这种类比就是认识主体使自己与问题的要素认同一致，摆脱思维定式和传统束缚，自我进入问题"角色"，想象自己就是问题中的一个角色，体验问题，产生共鸣，从中悟出一些与解决问题有关平时又无法感知的因素，从而创造性地解决问题。葡萄牙的动物保护组织LPDA，印刷了很多这样的广告宣传画(见图2-11)，以此告诫人们：动物不是小丑。

图2-11　动物保护组织的公益广告

(四)象征类比

象征类比是一种借助事物形象或象征符号，表示某种抽象概念或情感的类比，有时也称符号类比。这种类比能够使抽象问题形象化、立体化。例如，包公打龙袍那场戏(见图2-12)，"打龙袍"便是出于一种象征思维。皇子是君，包公是臣，包公打龙子是违反君臣伦常的，是为不忠。但包公是执法官，皇子是犯法者，"王子犯法与庶民同罪"，又是应该打的，不打则不义。在忠义不可两全的为难境地，采用"打龙袍"这种象征办法，可以说是包公的最佳选择了。

(五)仿生类比

仿生类比即运用仿生学的原理，模仿生物或人的特征进行类比思考，以解决实际问题。在广告或艺术创作活动中，经常将生物的某些特性运用到创意和艺术表现上。

梅塞德斯奔驰仿生车外观灵感来自于热带鱼，如图2-13所示。尽管身体像盒子一样，呈立方体的外观，但这种热带鱼却具有非常出色的流线特征，因此特别符合空气动力学的要求。斯图加特的设计人员根据它的外形制作了一个泥土模型，并在风洞内进行了测验，发现它的风阻系数只有0.06。

设计人员还发现，由于在大自然中长期进化，盒子鱼具有高强度和低重量两个重要特征。它的表皮由大量的六角形骨质鳞片构成，这种鳞片既能增强身体的强度，又能减轻体重，还能防止外来撞击产生的侵害。另外，许多公共设施、建筑在设计建造的过程中，也模仿生物特性，形成了独特的创新产品，如图2-14和图2-15所示。

图2-12 包公打龙袍

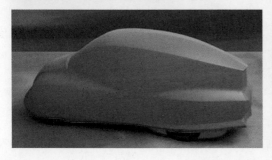

图2-13 仿生车设计过程

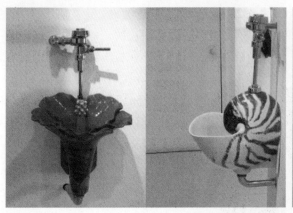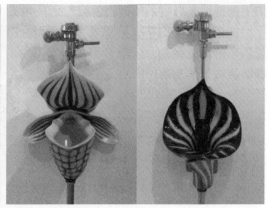

图2-14 卫生间里的"另类"风情

图2-15 仿鸟巢型体育馆

除此之外，还有对称类比、象征类比、共存类比、协变类比等构想方法。

类比构想在艺术创作活动中应用较广泛，但是，事物间既有联系又有区别。作为类推出的属性，它的可靠程度取决于前提中确认的共同属性，以及共同属性和类推出来的属性的关系是否密切。它是一种或然推理，因而在运用时要注意避免轻率机械的类推。

美学家李泽厚指出："类比作为人类所特有的心理功能，还未有充分的估计与研究。其实，所谓非逻辑演绎、非经验归纳的'自由'创造的能力，与此密切相关。类比不是简单的观念间的联系，它涉及情感、想象等多种心理功能。"

总之，在进行艺术表达的过程中，往往会产生许多富于幻想性和独创性的思路。解决问题的过程不仅仅是一个鼓励随心所欲扩散想象解决方案的过程，也是一个严谨的建构方案和检验方案可行性的过程。逻辑清晰的思维，对方案的建构和解决是不可或缺的。

 课内互动

你还可以找出10种生活中通过仿生而创造的产品，并说明这些产品利用了生物的哪些属性。

六、创意中的逻辑超越

自从亚里士多德发现了思维的奥秘，逻辑学就以其"正确"而享有盛誉，备受尊重。尽管逻辑推理对提高思维效率有极大作用，但是人的思维活动总是具体的，随对象和问题的变化而变化。思维形式的单一性与现实问题的复杂性，初始条件的多样性，使得仅凭若干种逻辑推理形式就想解决人类在由必然到自由过程中遇到的诸多难题，那是不可能的。因为创意思维在很多情况下是要突破逻辑的，特别是作为艺术的把握世界，其表达往往是非逻辑的。

逻辑是思维的工具，它也跟其他工具一样，有自己特定的使用范围。英国自然科学和社会科学哲学家，批判理性主义的创始人K. R. 波珀(亦译波普尔，Karl Raimund Popper)，在他的著作《科学发现的逻辑》中提出："科学发现没有逻辑，是非理性的，科学发现就是不断猜想与反驳。"他的著名口号是"大胆猜想"。

曾师从于波珀的另一位哲学家费耶阿本德则走得更远。他认为，科学本质上是一种"无政府主义"的事业，即科学不是按某种固定不变的方法论思想和规则而发展的。他提出的口号是"怎么都行"。他主张必须保持选择的开放性，把一切"普遍性逻辑规则"和"僵化的传统"统统抛弃。

西方学者讲的是科学与逻辑的关系，同样适用于艺术与逻辑的关系。尽管其观点存在明显的片面性，但在对逻辑规则作用的评价上，其思想是极有见地的。长期的教育以及成长的经历很容易使人对逻辑思维产生依赖性，这种依赖对于创造性思维的培养绝对是一种束缚。

从哲学的角度看，创意的独创性不是别的，它是违反常规的一种思路，是对司空见惯的事物投以新的一瞥。事实上，无论是科学发现还是生活各领域的创意表达，都不是一个纯逻辑的或数学运算过程，而是一个包括思想跳跃的创造性过程，不可能有确定的逻辑通道，各领域的创意也是如此。

其实没有创意的逻辑，并不等于创意无理性。创意过程实际是逻辑性与思想跳跃性相互促进的交替过程。正确的推理为思想跳跃做准备，思想跳跃又使逻辑推理在更高水平上进行。

有意地制造逻辑错误也是幽默制作的手法之一。阅读下面几则小幽默，指出它是如何利用逻辑错误创作幽默的。

(1) 顾客："服务员，这啤酒杯上趴着一只苍蝇，给我换一杯。"

服务员："真小气！它能喝多少。"

(2) 顾客："你看，我的茶杯里漂着一只死苍蝇，这是怎么搞的？"

服务员："茶是用开水泡的，它当然要被烫死了！"

(3) 旅游者："我能赶上3点钟去桂林的火车吗？"

售票员："那就看你跑得多快了。它是在10分钟前离开本站的。"

(4) 一小偷站在法庭的被告席上双手插在口袋里。法官大声训斥道："你要尊重法庭，快把手从口袋里抽出来！"

"这可太让我为难了。"小偷说，"我把手放在自己的口袋里你们要我把它抽出来，如果把它放到别人的口袋里，你们又会把我送进监狱。法官先生，难道你要我把手一直举在空中不成？"

(5) 马戏明星是一位漂亮的驯狮女郎，动物对她唯命是从。她一发命令，凶猛的狮子就把前爪搭在她的肩上，用嘴巴蹭她的脸。观众见此掌声不断。一位男士则不以为然："这有什么，谁还不会这个。"一位马戏管理人员挑衅地问："你愿意下来试一试吗？""当然愿意！"男人迫不及待地答道，"不过，先将那头狮子弄开。"

(6) 有个人学了几天外语，就去国外旅行。回国后，朋友讽刺地问："去那个国家，在语言上没有遇到困难吗？""没有，一点儿也没有……似乎那里的人倒有些困难的样子。"

第二节　形式逻辑思维创意的思路示例

形式逻辑思维创意的思路其实质就是运用逻辑思维的方法创造性地解决问题。它体现了在确定性规范下对已知条件的拓展、开发和有效利用。

一、王元泽巧辨獐和鹿

明人冯梦龙在《古今谭概》中讲过一则《王元泽》的故事。

王元泽还是个几岁儿童时，有位客人用一只大木笼，装了一只鹿、一只獐送给他的父亲王安石。客人问小元泽："你可知道，笼子里哪一只是鹿，哪一只是獐？"

小元泽从未见过獐和鹿，他思索良久，作出了如下回答："獐旁边是鹿，鹿旁边是獐"。

思路示例：小元泽的回答并没有指明究竟哪个是獐，哪个是鹿。但是，一个几岁的娃娃，在从未见过獐和鹿因而无法确认的情况下，说出上述两句话来，不失为巧妙的回答。既然是一獐一鹿装在一只木笼当中，在一獐一鹿之间就存在着"邻居"关系，獐位于鹿之旁，而鹿位于獐之旁。

二、巧寻官印

《逻辑侦查》一书中有一则《巧寻官印》的故事。

明朝有位清廉的知县，因贿赂之事斥责了狱吏刘某。刘某为报复知县，乘机盗走了县印。从各方面分析，都认为此事为刘某所为，但无确凿证据，又奈何他不得，知县甚为烦恼。

此时，知县身边的人向他献上一计。

一天夜里，县衙突然起火，知县令所有衙役前来扑救。当刘某赶来时，知县将空官印盒交付给他，说是印在盒中，让他好生保管，不参加救火，同样有功。说完，知县飞快离去。

刘某接过官印盒，见盒子没锁，顿时恍然大悟，知道中计了。一旦他把盒子交还知县，当众打开，不见官印，就可说是他偷了，或者失职弄丢官印，从而查办他。于是，他无可奈何地溜回家中，把偷到手的大印重新放进盒子里。

第二天，知县召集所有衙役，对有功者奖赏。刘某奉上官印盒。知县当场打开官印盒，见官印完好无损地放在盒子里，便若无其事地给了刘某一份赏钱。

刘某从知县手中接过官印盒的同时，就面临着几种困难的选择：或者当场打开盒，说明盒中无印；或者先拿回去，送还时再说明盒子是空的；或者送还时把印放进去。

如果当场打开，说明接过的盒中无官印，这恰恰暴露了自己。在慌乱中，你为何首先想到盒子是空的？

如果拿回去，送还时盒中无印，说盒子当时是空的，知县会指责是他偷去或官印在他手中丢失，从而会受到查办。

如果把官印放回盒中，或许能摆脱目前的困境。

权衡利弊，刘某只好选择了后者。

思路示例：这位知县火烧县衙，将官印盒交给刘某保管，都是"置梯"，要刘某"上楼"，若届时盒里无印，将"抽梯"确认其盗印。知县的巧计，使丢失的县印重新回到手中。

三、宋慈断案

宋慈的《洗冤集录》记载着这样一个案件：检察官检验一具被杀死在路旁的尸体，发现死者身上被镰刀砍伤十几处，而身上的衣服、钱以及其他物品都在。于是检察官断定：这是冤害仇杀，而不是强盗害命。后来经过调查了解，检察官有了线索，便下令让村子里各家各户将所有的镰刀一律送来呈验，如有隐藏一经查出，就认定是杀人凶手。

很快，村民们就送来了七八十把镰刀，检察官吩咐将镰刀整齐地摆放在地上。当时正是酷暑，有一把镰刀上落满了苍蝇。检察官立即断定这把镰刀的主人有重大嫌疑。

思路示例：在这个案件中，检察官的思路是：

如果是强盗害命，他就会拿走钱物，死者的钱物都没有被拿走，所以，不是强盗害命。

如果用镰刀杀过人，镰刀上就有血腥味。(苍蝇落在上面)

那把镰刀有血腥味。(苍蝇落在上面)

所以，那把镰刀的主人有重大嫌疑。

四、华盛顿的二难思维

美国第一位总统华盛顿，从小天资过人。有一次，华盛顿所在村子里有个人的马被偷走了，失主找来找去找不到，便来向华盛顿求助。华盛顿很热心，便同失主一同来到集市上。果然失主在牲口市场上认出了那匹被盗的白马。失主抓住小偷的衣襟，并拉住缰绳去找警察评理。可是小偷嘴巴很硬，死活不承认马是偷的，反而说失主是诬赖好人，讹诈白马，并声称这白马他已养了多年了。

华盛顿突然用手将马的双眼捂住，向小偷问道："你说这马不是偷的，是你自家养的，那你说，马的哪只眼睛是瞎的？"

小偷被问得愣住了，可他很快改变了窘态，回答道："左眼！"

华盛顿把手移开，白马的左眼并不瞎。

小偷急忙改口道："我记错了，是右眼。"

华盛顿将另一只手也移开，白马的右眼也不瞎。

脸色灰白的小偷再也无话可对，被押送到警察局。

思路示例：华盛顿的问题实际上构成了一个简单构成式二难推理：

如果回答马的左眼瞎，那么你是小偷；

如果回答马的右眼瞎，那么你也是小偷；

或者回答马的左眼瞎，或者回答马的右眼瞎；

总之，你是小偷。

五、难倒文成公主的问题

据说，文成公主与松赞干布成婚前，有这样一段佳话。

文成公主既聪明又美丽。当时，有许多人向她求婚。对众多的求婚者，文成公主提出了一个条件：谁能提出一个难倒她的问题，她就嫁给谁。于是，众多求婚者提出了许许多多稀奇古怪的问题，文成公主均能对答如流，使他们高兴而来，败兴而去。

松赞干布知道后，琢磨了好几天，最后决定用二难推理来难倒文成公主，使她跌入"陷阱"中。

第二天，他见到文成公主便问："请问公主，为了使您成为我的妻子，我应该提什么样的问题才能难倒您呢？"文成公主听后，什么话也没有说，就答应了婚事。

思路示例：文成公主之所以没说话就答应了婚事，是因为松赞干布的问话里已经设下了"陷阱"，不论她怎样回答，都必然陷入这个"陷阱"。

如果文成公主能告诉松赞干布一个可以难倒她的问题，那么松赞干布就可以用这个问题难倒她，使她成为松赞干布的妻子；如果公主不能告诉松赞干布那个可以难倒她的问题，那么这个问题本身就已难倒她，她也应该成为松赞干布的妻子；公主或者能告诉，或者不能告诉；总之，她都要成为松赞干布的妻子。

六、谢皮罗教授洗澡的发现

洗澡，是一件普通的事情。洗完澡，把浴缸的塞子一拔，水汨汨地流走，谁都不会注意它。但是，美国麻省理工学院机械工程系主任谢皮罗教授却是个有心人，他敏锐地注意到：每次放洗澡水时，水的旋涡总是向左旋，即逆时针方向流动。

这是他所用的浴缸的特殊现象吗？谢皮罗又设计了一个碟形容器，将水灌满。每当拔掉碟底的塞子时，碟里的水也总是形成逆时针的小旋涡。于是，他推想放水时的旋涡朝左，并非偶然现象，而是一种有规律的现象。

思路示例：谢皮罗的推论过程是这样的：

拔掉浴缸的塞子，流水的旋涡方向是逆时针的；

拔掉碟子的塞子，流水的旋涡方向是逆时针的；

……

所以，拔掉容器的塞子，流水旋涡的方向都是逆时针的。

显然，这是一个归纳推理。1962年，谢皮罗发表论文，认为这种现象与地球自转有关。如果地球停止自转，拔掉浴缸或其他容器的塞子，水不会产生旋涡。由于地球是自西向东不停地旋转，而美国又处于北半球，所以洗澡水总是朝逆时针方向旋转。

谢皮罗由此推导说，北半球的台风，同样是朝逆时针方向旋转的，其道理与洗澡水的旋涡是一样的。(谢皮罗运用了类比推理：水在自西向东旋转的地球的北部，受地心引力的影响，水的旋涡方向是逆时针的；台风在自西向东旋转的地球的北部，受地心引力的影响，所以台风的旋涡方向也是逆时针的。)谢皮罗还断言，如果在南半球，则恰好相反，洗澡水是按顺时针方向形成旋涡的；而在赤道，则不会形成旋涡。

谢皮罗的论文引起了世界各国科学家极大的兴趣，他们纷纷进行观察或实验，其结果是屡试不爽，完全与谢皮罗的论断相符。

七、奥恩布鲁格医生的叩诊术

医学中的叩诊技术是奥地利的著名医生奥恩布鲁格发明的。一次，他给一位患者看病，当时没有检查出什么毛病，可患者却死了，解剖尸体时才发现，死者胸腔内早已化脓积水，只不过奥恩布鲁格未检查出来而已。今后再遇到这类病人又该怎么办呢？他想到父亲在经营酒业时，经常用手指叩打木制酒桶，凭着叩声来判断桶内的酒有多少。那么，能否把人的胸腔看作木桶(二者皆是空腔)，也用手指叩打患者胸腔，根据叩声的不同来诊断病因呢？此后，奥恩布鲁格就开始潜心研究这个问题。他观察了许多病例，并进行病理解剖实验，总结和摸清了胸部疾病与叩声之间的对应关系。在此基础上，他发表了具有开创性意义的论文《用叩诊人体胸部发现胸腔内部疾病的新方法》，并由此开创了医学诊断学中的叩诊之先河。

思路示例：奥恩布鲁格医生这一新的诊断方法的发明，其思维形式是类比推理。

第三节　逻辑思维的创意实训导引

一、基础测试

(1) 形式逻辑思维有哪些特点？

(2) 同一律、矛盾律、排中律各自的含义是什么？

(3) 同一律、矛盾律、排中律对概念、判断、推理有怎样的要求？

(4) 逻辑思维的基本思维策略有哪些？

(5) 结合具体事例说明分析与综合、分类与比较、归纳与演绎、具体与抽象等逻辑方法在创意思维活动中的运用。

(6) 类比构想创意法主要有哪些方法？试运用这些方法进行生活日用品的创造、改进的创意。

(7) 试将"反腐败""环保""反对战争""文明的面具"等概念以形象化的手法加以表达，形式不限。

二、逻辑思维训练

(一)明确概念的思维训练

1.抽象与具体训练

在家具设计中(见图2-16)，我们通常采用的方法是将实物抽象为概念，然后将概念具体化，如先将"椅子"由具体到抽象，再由概念到具体。

图2-16　椅子的设计

想想看，你还能设计出多少种外形不同的椅子？

2. 概念限制训练

艺术设计中主体附加的方法，实际上就是概念限制的逻辑方法在设计领域的应用。

所谓概念的限制，就是增加概念的内涵、缩小其外延的一种逻辑方法，如将"杯子"限制为"带图案的杯子"。如果我们沿着这一思路，向"带那类图案"的方向追想的话，你会设计出哪些不同的杯子呢？(见图2-17)

图2-17　图案各异的杯子

(二)逻辑方法的思维训练

1. 发泡方法的用处

面包发酵后变得疏松多孔，这一方法工艺被移植到橡胶工业中生产出了海绵，移植到化工工业中，生产出了能漂在水面的发泡香皂，如图2-18所示。

试想：发泡方法还可以移植到哪些领域呢？

2. 仿生问题思考

从某种意义上讲，仿生也是一种类比或移植的方法(见图2-19)，如鸟类—飞机、蝙蝠—雷达、变色龙—伪装色、飞鼠—降落伞、乌贼—推进器、蝎子—注射器、狗—电子鼻、苍蝇—电子、鲸鱼—潜艇……

试想：我们生活中还有哪些东西是仿生的结果，还有哪些东西我们还不满意，需要通过仿生来改善呢？

图2-18　面包的启发

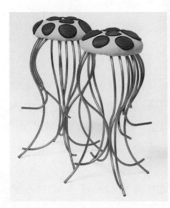

图2-19　仿生椅

3.仿写文章训练

《韩非子·外储说右上》中齐桓公与管仲的一段对话：

齐桓公问管仲："治理国家，最难除掉的祸患是什么？"

管仲回答说："君上见过乡里的土地祠吗？用木料建起，周围还筑起土墙，平时无人来，老鼠就在这里穿来穿去，挖洞做窝，成了一个鼠薮。你要消灭它吗？用火熏只怕木料燃着，烧起来；用水灌只恐浸透泥墙，垮下来。你既无可奈何，那老鼠就肆无忌惮。人们称这种鼠为'社鼠'。"

"如今，国君左右的幸臣，一出来权势煊赫，欺压百姓；在朝内朋比为奸，蒙蔽君上。他们出出进进，肆无忌惮；内内外外，干尽坏事。执法的官吏若不惩治他，就会败坏国家法纪；如果惩治他，又怕牵涉到国君身边。这确实叫人无可奈何。所以说，国家最难除掉的祸患是'社鼠'。"

试想：管仲运用什么推理来论证自己的观点？你能仿照此思路写一段既生动恰当，又发人深省的关于"贪官"与"腐败"的文字吗？

(三)推理思维训练

1.谁是偷吻者

某夜，宴会正在进行时，突然发生了短暂的停电。这时，有一男子趁机偷吻了一位小姐，这位小姐惊吓之余，不禁失声叫了出来："哎！是谁这么不要脸？"

对此，席间在座的五名男子，其反应分别如下：

语调有些呆滞的A说："怎么啦！是不是有什么东西咬了你？"

花花公子型的B说："我刚刚站起来的时候，只不过不小心碰到你的胸部罢了！"

语气有些心虚的C说："你擦的香水真迷人，所以……"

神色沉着的D说："哼！是谁这么没礼貌，竟然趁机偷吻你。"

有绅士风度的E说："你一定受惊了吧。来，喝一杯酒压压惊吧！"

请问，这五名男子当中，是谁偷吻了这位小姐？

思路提示：这位小姐只喊了一声"是谁这么不要脸"，因此，其他人应该不知道这位小姐是被偷吻了才对。因此，谁是偷吻者应不难知道。

这种推理性的问题，在侦探小说里经常出现，如果我们对这种推理模式能够有一个概括性的了解和把握，便能在多方面加以运用。

2.猜猜兔子的颜色

有六只将要出口的小兔，三只黑兔，三只白兔，分别装在三个木箱中，每个木箱中放两只小兔，一个木箱中放了一黑一白，另一个木箱中放了两白，第三个木箱中放了两黑。

每个木箱外面分别贴着标签，标明"白白""黑黑""黑白"字样。但由于疏忽，标签全贴错了，与箱子里装的兔子颜色完全不相符合。

你能不能从其中的一个木箱中取出一只兔子，就能说出这三个木箱中装的各是什么颜色的小兔？

思路提示：在本题中，应从贴有"黑白"标签的木箱中取出一只小兔来进行推理。因为木箱中装的小兔颜色与所贴的标签不符，所以在贴有"黑白"标签的木箱中，装的不是一黑一白，而只能是两只黑兔或者两只白兔。如果我们从中取出的是一只黑兔，就可以断定另一只也是黑兔。由此，就可以进一步推出贴有"白白"标签的箱子里装的一定是一只黑兔一只白兔。因为这个箱子里装的不外乎两种可能：两只黑兔或一黑一白。现在已经断定两只黑兔在贴"黑白"标签的箱子里，所以这个箱子里只能是一黑一白。那么剩下的标有"黑黑"的木箱中装的一定是两只白兔。

如果从贴有"黑白"标签的箱子里取出的是一只白兔，也可作类似的分析推断。

如果从标有"白白"或"黑黑"的木箱中取兔，就无法推断了。

3.不同员工等级的区分

非洲某外资工厂为了将不同员工等级做一个明确的区分，使得在工作场上一看就知道谁是基础员工、谁是组长。因此，工厂规定所有基础员工一律穿着蓝色衣服，而组长一律穿着白色衣服。那么，当你到这家工厂参观时，下列有哪个或哪些判断是正确的？

A. 凡是看到穿蓝色衣服的就知道是基础员工。

B. 凡是看到穿白色衣服的就知道是组长。

C. 凡是看到穿白色衣服的就知道他不是基础员工。

D. 凡是看到穿蓝色衣服的就知道他不是组长。

E. 以上皆对。

思路提示：正确答案是ＣＤ，试分析一下为什么不是ＡＢ？

(四)判断分析思维训练

1. 面包是高危险性食物

美国有项研究指出：在美国面包是带有超高危险性的食物，理由如下：

(1) 高达98%的犯罪者吃过面包。

(2) 平时吃面包的儿童，有一半人的成绩在平均线以下。

(3) 90%的暴力犯罪，都是在当事人吃了面包24小时以内发生的。

(4) 18世纪，家家都会自制面包，人均寿命只有50岁。

(5) 吃面包的美国人当中，几乎没有人发表过重大的科研成果。

(6) 给实验对象100人每个人只发一个面包，让他们共同生活一个月后，只有一个人存活。

请分析其中的逻辑错误。

2. 缺失的分析

请为图2-20所示的"缺失"作出分析和评论。

图2-20 缺失

3. 包公断案

有一则包公断案的故事：有个商人夜里告别妻子说，第二天凌晨要与一位朋友一起出门做生意。三更时，妻子为商人做饭，收拾行李，商人吃完饭，带足银两便出了门。天大亮的时候，那位朋友来敲门，高声问："大嫂，大嫂，你丈夫怎么还不走？"商人的妻子开门告知丈夫早已走了，那位朋友却说她丈夫没有如约来找他。不久发现了商人的尸体。其妻告到公堂上。包公仔细听完案情后，马上断定死者的那位朋友有重大嫌疑，立即将其抓来审问。

包公为什么断定商人的那位朋友有重大嫌疑呢？

思路提示：包公很善于运用逻辑推理来分析问题。如果商人被害与他的朋友无关，或者他的朋友不知道商人已经遇害，那么，当商人没有如约去找他，他前来喊商人时，就应该喊商人的名字。可这位朋友前去敲门时却只叫"大嫂"而不叫商人，这就意味着他已经知道商人不在家了。既然他在敲门前已经知道商人不在家，那么他很可能与商人的被害有关。所以，他成了这个案子的重大嫌疑犯。

启动问题：悬崖外边的人为什么没有掉下去？因为他们手拉手形成了一个团队，如图2-21所示。那么，如何运用视觉语言表达观念信息呢？

图2-21　我们减少风险，在于我们共享信息

第三章

不确定性创意的辩证思维

学习要点及目标

- 掌握辩证思维的三大规律。
- 了解辩证思维中的概念、判断、推理的含义。
- 学会辩证地看待问题、思考问题。

核心概念

对立统一　量变质变　否定之否定角度世界　动态世界　因果世界

本章导读

梅雪争春未肯降，骚人搁笔费评章。梅须逊雪三分白，雪却输梅一段香。

——卢梅坡

尺有所短，寸有所长，世界万物千差万别，我们需要辩证看待。

创意思维的多维性和发散性，要求思维者努力摆脱固有模式的束缚，克服传统思维方式的定式，根据客观实际的发展变化对表现对象进行多维视角的观照，从而寻求全新的构思和创意，其关键在于敢于破格，敢于创新。它是辩证思维在人的心理活动的不同侧面、不同层次、不同状态下的体现，因此，离开辩证思维就无所谓思维的创意表达。

第一节　辩证思维及其特征

我国古代最负盛名的军事家孙子曾说过："兵无常势，水无常形。"汉初文人贾谊在《鹏鸟赋》中云："万物变化兮，固无休息，……千变万化兮，未始有极。"古希腊哲学家赫拉克利特则认为："人不能两次走进同一条河流。"他的学生克拉底鲁甚至认为："人不仅不能两次踏进同一条河流，甚至连一次也不能踏进同一条河流。"这说明世间一切时时都在变化，正因为如此，我们在思考对象和解决问题时要着眼于事物的流动和发展，根据不断变化的环境和条件来调整自己的思维程序和思维方向，在变化中探寻机遇，产生创意。

辩证逻辑思维是创意思维的重要形式，是运用辩证逻辑的基本规律进行的思维。辩证逻辑思维和形式逻辑思维是思维运动的不同阶段，形式逻辑思维撇开客观对象内部的矛盾性，只反映客观对象的共同点。辩证思维则是反映客观对象内部的同与异的对立统一，反映概念的矛盾运动。换句话说，辩证逻辑思维，是人们自觉或不自觉地按照辩证法规律进行的思维，是客观辩证法在人们头脑中的反映，它从联系、运动、发展的角度来考察事物。

一、辩证思维的特点

(一)矛盾性

矛盾性即在对立统一中思维。在客观现实中，矛盾是普遍存在的。既然辩证思维是客观事物的反映，所以它必定也是一种矛盾的形态。在辩证逻辑思维看来，任何一个事物既是自身又是别的东西，任何一个正确反映客观现实的概念、判断、推理，都具有自身的内在矛盾，都是运动的、发展的。例如，原因和结果、自由和必然、民主和集中、正确和错误等，都是处于对立统一之中的。二者之间既是相互区别的，又是相互联系和相互转化的。

(二)灵活性

灵活性即在发展中思维。在客观现实中，任何事物都是在不断运动、变化和发展着的，绝对静止的事物是不存在的。对立面无不在一定条件下相互转化，由量变发展到质变，又由质变转化为量变；旧的东西不断为新的东西所否定，不断地由一个阶段发展到更新的阶段。思维要能正确反映对象的发展，就必须具有灵活性，必须从发展变化的角度来思考对象。

(三)具体性

具体性即整体地、历史地思维。在客观现实中，任何事物都具有规定性，都是许多规定性的有机统一；任何事物都是在一定历史条件下的存在和发展，都有其产生、发展和消亡的过程。思维要达到正确反映客观事物的目的，就必须整体地、全面地、历史地思考对象：既要揭示各个本质规定性，又要看到这些规定性的内在联系；既要看到主要方面，也不能忽视次要方面；既要看到对象的现在，也要理解它的过去和将来。要在多样性统一中把握对象，才能获得关于对象的具体真理。要把握和研究对象的一切方面、一切联系和"中介"，才能认识客观事物的本质及其发展规律。图3-1所示为一幅反战争海报设计，武器的使用者单纯地以为自己在伤害别人，其实从全局的角度来看，武器的使用者何尝不是武器的受害者。

图3-1　施害者or受害者

总之，如果只看到对象的一些片面或某些方面，就不能对对象有比较完整、具体的认识。

课内互动

回顾形式逻辑思维的特点，在与逻辑思维特点的比较中，把握辩证思维的特点。

二、唯物辩证法的三大规律

辩证法的规律是宇宙发展的最普遍的规律，它支配着一切事物的发展，在任何领域都能起作用。辩证法的规律既是客观物质世界的规律，又是思维的规律。唯物辩证法既是科学的世界观，又是科学研究、创意思维的方法论，是我们研究和解决任何问题的正确指南。唯物辩证法是帮助我们揭示各种事物复杂联系的显微镜和望远镜。有了它，才能客观地、全面地、深刻地观察事物。

(一)对立统一规律

对立统一规律是唯物辩证法最根本的规律，是辩证法的实质和核心。对立统一规律可以通俗地解释为一分为二、合二为一的规律。

在客观世界中普遍存在着矛盾，矛盾是一切事物发展的动力。任何事物都是一个统一的整体，但是，它又分裂为两个既相互联系、相互依赖又相互排斥、相互对立的部分、方面和趋势。在图3-2中，虚与实、黑与白、背景与前景这种直接对立的矛盾，在对立中统一成为一种新的事物——字母。任何事物的内部都存在着矛盾。一切事物中所包含的矛盾方面的相互依赖和相互斗争，推动一切事物的运动、发展。

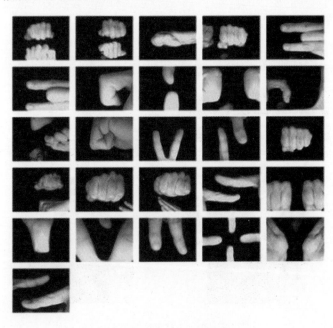

图3-2　手与空间组成的英文字母

《孙子兵法》中第十六计"欲擒故纵"："逼则反兵；走则减势。紧随勿迫。累其气力，消其斗志，散而后擒，兵不血刃。需，有孚，光。"意思就是"打仗，只有消灭敌人，夺取地盘，才是目的。如果逼得'穷寇'狗急跳墙，垂死挣扎，己方损兵失地，是不可取的。放他一马，不等于放虎归山，目的在于让敌人的斗志逐渐懈怠，体力、物力逐渐消耗，最后己方寻找机会，全歼敌军，达到消灭敌人的目的。"欲擒故纵中的"擒"和"纵"，是一对矛盾。这两个方面既互相排斥又互相依赖，共同作用，达成了最终目的。

矛盾的同一性和对立性是不可分割的。二者的关系是：对立性是无条件的、绝对的，而同一性是有条件的、暂时的、相对的。对立性寓于同一性之中，同一性中包含着对立性，这是矛盾的同一性和对立性的重要原理。

(二)质量互变规律

客观存在的一切事物都是质和量的统一体，没有一定的质和一定的量的东西是不存在的。质是事物内部所固有的一种规定性，这种规定性决定某一事物是这一事物而不是别的事物，把它和其他事物区别开来。量是指事物存在和发展的规模、程度、速度等。量和质一样，也是事物自身所固有的一种规定性。

量变和质变是事物发展的两种状态。量变是一种逐渐的、不显著的变化，是事物在数量上的增加或减少，而不是根本性的变革。质变是根本性的变化，是事物由一种质的形态向另一种质的形态的突变或飞跃。

事物的运动变化，总是先从量变开始。量的增加或减少，在一定限度内，不引起质的变化，即事物还保持自己的相对稳定性。日产汽车总裁戈恩认为，商业社会的许多原理与自然界是共通的，"商业社会中有很多阶段和过程也像橡胶树的栽培周期一样，不可以人为改变，必须予以遵守，任何时候、任何情况下，揠苗助长都是有害无益的。我们可以通过努力改进方法、改善技术，争取用最快的时间完成一个阶段的事情；但不可以忽略任何一个阶段，更不能人为超越，必须尊重顺序，认真完成每个阶段的工作。因为一时心急而越过某个阶段，损失会很惨重。"

量的变化一旦超出这个限度，就引起了质的变化，旧质归于消灭，而出现了新的质。量变引起质变，质变又引起新的量变，由量变到质变和由质变到量变，如此不断地循环往复，构成了事物无限多样的发展过程。量变和质变的互相转化，是事物发展的普遍规律。在一则反对家庭暴力的公益广告中(见图3-3)，创意者立足于量变质变规律，告诉我们——孩子的现在就是你的曾经，积累到一定阶段，他会和你一样。

图3-3 反家庭暴力公益广告

(三) 否定之否定规律

否定之否定规律进一步揭示了事物由于内部矛盾的斗争而转化为自己的对立面的规律，揭示了旧事物灭亡和新事物产生的规律，并且说明了事物发展过程的螺旋式上升、波浪式前进的性质。

在事物的发展过程中，任何事物内部都有肯定和否定两个方面，肯定的方面是事物保持其存在的方面，而否定的方面则是促使它灭亡的方面。这两个方面作为两种对立的力量互相斗争着。这样的斗争发展到一定程度，否定的方面战胜了肯定的方面，取得了支配的地位，就使事物转化到自己的对立面，这就是事物的否定。因此，否定就是某一事物向其他事物的转化，就是旧质向新质的飞跃。一切事物在它产生之时，已经孕育了否定自己的因素。新事物对于旧事物的否定，就是事物内部这种否定的因素发展的结果，而不是起因于某种外力的作用。

一般来说，在事物发展的总过程中，经过两次否定，由肯定到否定、再由否定到第二次否定，即否定之否定，事物的运动就表现为一个周期。否定之否定阶段是事物发展两次向对立面转化的结果，这使它在表面上会重复肯定阶段的某些特征和特性，好像又回到了原来的出发点。但它在实质上是和旧东西根本不同的、更高级的新东西。

世界上没有什么东西是永恒的，一切事物都是暂时的、变动的。整个世界是一个川流不息、万古长青的发展过程。在这个过程中，旧的事物不断死亡，新的事物不断出现，反复地进行新陈代谢。新陈代谢是宇宙间普遍的永远不可抵抗的规律。按照事物本身的性质和条件，经过不同的飞跃形式，某一事物转化为其他事物，就是新陈代谢的过程。马克思主义辩证法认为，任何事物在完成它的历史使命之后，最后必然死亡而为新事物所代替。

回顾形式逻辑思维规律(同一律、矛盾律、排中律)的含义与基本要求，通过与形式逻辑思维规律的比较，把握辩证思维的三大规律。

三、三大规律制约下的概念、判断、推理

思维的基本形式是概念、判断、推理，辩证逻辑思维过程就是概念、判断、推理的矛盾运动过程。因此，研究概念、判断、推理的内在矛盾以及人们应如何通过概念、判断、推理的矛盾去正确反映客观事物的矛盾运动，是辩证逻辑研究的一个重要内容。对立统一律在概念、判断、推理的矛盾运动中，集中表现为一系列同一与差异、肯定与否定、个别与一般、抽象与具体的对立统一的运动。

(一)概念的对立统一

概念的对立统一表现在以下几个方面。

1. 概念的联系

概念的联系即任何一个概念都是以它的对立一方为自身存在的前提。例如，"民主"和"专制"，"民主"是相对于"专制"而存在的，如果离开了"专制"则"民主"就不复存在；同样，"专制"是相对于"民主"而存在的，如果离开了"民主"，"专制"也就不复存在。

2. 概念的转化

概念的转化是指概念的运动和发展。一方面，客观矛盾的事物均在一定的条件下相互转化，作为反映客观事物本质属性的概念当然可以在一定条件下相互转化。例如，在一定的条件下，"有利"与"不利"、"先进"与"落后"、"人性"与"野性"(见图3-4)都是可以相互转化的。另一方面，事物本身就是一个对立统一体，其自身的属性也是对立统一的，从不同的角度或层面，都能发现它不同或相反的属性。中国传统文化中"阴阳"的原始概念非常朴素，仅指日光的向背。但随着认识的拓宽和加深，其朴素的原始内涵得以延伸，发展成为辩证的认识世界和解读世界的哲学，从此赋予"阴阳"更丰富的辩证的内涵，如图3-5所示。

图3-4　人性与野性的转变

图3-5　潘婷广告：阴柔向阳刚的转化

3. 概念的对立面的统一

概念本身就是一个矛盾统一体，体现为属性对立的矛盾构成。这种对立通过概念的联系与转化的运动，达到概念对立的双方的新的统一。例如，对"运动"来说，人们先是认识它的连续性，然后从另一角度论证它的间断性，最后达到连续与间断的对立面统一的认识。阴阳、虚实等都是这种关系的反映。一则鼓励人们通信交流的广告(见图3-6)，充分地表达了"虚"与"实"的辩证关系。情侣冰淇淋广告(见图3-7)将冰淇淋设计成沙滩上晒日光浴的男女，热与凉诙谐对比，既增添了视觉的趣味性，也强化了产品的情感诉求。

图3-6　鼓励人们通信交流的广告

图3-7　情侣冰淇淋广告

(二)判断的对立统一

辩证逻辑所研究的判断，是展开了的概念，它可以充分地揭示事物的本质、全体和内部联系。因此，它具有以下特征。

1.具有内在矛盾性

例如，"人是伟大的，又是渺小的""有的人活着，他已经死了，有的人死了，他还活着""商品形态的价值关系，形式上是物与物之间的关系，而实质上是人与人之间的一种社会关系"等。可见，在辩证判断中确实鲜明地体现了判断的矛盾性。

2.具有运动和发展性

这是因为判断的对象是发展变化的，人的认识也是随着实践的发展而不断深化的。所以，判断这种思维形式也表现为一个运动发展的形态。

日本优衣库的营销口号是"以市场最低价格持续提供高品质的商品"，但进入中国后发现，这个口号并不被认可，因为"市场最低价格"是指日本市场所谓的最低价格，与日本国民收入相关，而与中国的概念完全不同。根据中国市场的实际情况，优衣库作出改变，将优衣库品牌定义为中产阶级品牌，吸引关注生活品质的中等收入人群，市场便一下子打开了。

(三)推理的对立统一

辩证逻辑所研究的推理，不是纯形式的，推理形式具有运动和转化性。辩证逻辑不是从静态上，而是从认识内容的变化、发展的实际过程为依据去研究推理。关于这一点，列宁讲得非常明白，他在谈到这种"推理转化"时，曾指出："类比推理(关于类比的推理)向关于必然性的推理的转化，归纳推理向类比推理的转化，从一般到个别的推理向从个别到一般的推理的转化，关于联系和转化(联系也就是转化)的阐述，这就是黑格尔的任务。"

（1）说出确定性与变化性下的概念、判断、推理各有怎样的不同。

（2）两位骑手进行骑慢比赛，缓慢的节奏十分沉闷，缺少观赏性。一位创意大师出了一条妙计后，两位骑手扬鞭催马，比赛激烈，高潮迭起，最终决出了骑慢冠军。那位创意大师出了一条怎样的妙计呢？原来是两位骑手各自骑上对手的马。通过本案例，说说你对辩证思维的认识。

四、辩证逻辑思维与创意思维

辩证逻辑思维是一种多值思维，具有思维运动的多向性和多维性。所谓辩证逻辑思维的多值性，是指辩证逻辑思维在把握思维对象时不像形式逻辑思维那样只从认识的两极——真与假两点取值。在辩证逻辑看来，任何一个命题或思想都是具体问题，都需要全面具体分析，既不是绝对的真，也不是绝对的假，需要从更多方面或层次去审视和把握命题的真理性。它要求思维者努力摆脱固有模式的束缚，克服传统思维方式的定式，根据客观实际的发展变化而寻求全新的构思和创意，其关键在于敢于破格，敢于创新。

我们目前所处的社会是一个多元社会，它不同于社会主体单元、思想观念单元、社会文化单元、统治专制，因而压制创意、毁灭创意的一元社会。多元社会的特点如下：

社会主体是多元的；

社会文化是多元的；

社会观念是多元的；

生存方式是多元的；

生活方式是多元的；

价值观念是多元的；

思维方式是多元的；

思维方法是多元的；

……

多元社会为创意提供了广阔的空间舞台，使得社会生活方方面面的辩证思维成为可能。这也直接导致了：

多元社会是个竞争的社会；

多元社会是个鼓励创新的社会；

多元社会是个民主自由的社会；

多元社会是个创意不断的社会。

多元社会是个创意表达百花齐放的社会。

从一元社会到多元社会的发展是一个进步，多元共存是一种进步，只有如此才会激发人们的想象力、竞争力、创造力。那种正确的只有唯一，其他都是错误的，是一元社会的最典型表现。

(一)角度的世界

主体的多元、文化的多元、观念的多元、思维方式方法的多元，导致我们看世界角度的多元和艺术表达方式的多元。

人类的视觉会由于眼前的景物不同，从而产生心理上不同的感受，例如，当我们用一个低角度以仰拍方式来拍摄一个人物，让原本矮小的人看起来挺拔许多，如果换成以高角度用俯拍的方式来拍摄，便觉得其渺小可怜。虽然主角是同一个人，但是从不同的角度拍摄，却呈现出不同的感觉。其实无论你怎样转换角度，人还是那个人，只是由于角度不同引起感觉不同罢了。其他领域也是一样，

艺术是什么？

恋人说：艺术是用心谱写的一段奇迹，是用梦感受的一份甜蜜。

诗人说：艺术是哈姆雷特在阳光下平静地死。

哲人说：艺术只是一段没有结果的过程，是从自我折磨中寻求到的乐趣。

行者说：艺术是在无数艰辛的跋涉中霍然感受的刺激。

老者说：艺术是一段被遗忘的梦，是不再重现的人间风景。

幸福是什么？

生病的人说：幸福是健康。

恋爱中的人说：幸福是爱情。

失败者说：幸福是成功。

疲于奔命的成功者说：幸福就是平淡的生活。

贫困者说：幸福是财富。

老年人说：幸福是青春。

离异者说：幸福是家庭和睦。

 课内互动

换个角度看世界：躺在地上看行人、在飞机上看大地、用显微镜观察细菌、站在老师的角度思考学生旷课问题、站在父母的角度审视自己的言行……对你的局限做一个小小的突破。

请你以婴儿、小学生、家长、游客、司机、病人、开发商、官员等身份，对中国的雾霾问题发表看法。

不难看出，形式逻辑思维侧重于体现出思维活动的目标的确定性、方向的集中针对性、过程分析程序的有序性和严谨性等功能特点。这对于在创意思维活动后期保持思维有序性，逼近或优化选择创意。辩证逻辑思维侧重反映了创意活动寻找目标的灵活性或非确定性、方向的多维变通性、过程综合程序的重构性等功能特点。这对于在创意思维活动中克服思维僵化倾向，注入创新的活力，变通思路，全面灵活地寻找解决问题的突破口，发现新目标，重构新的知识概念是十分重要的。

个体在时间、地点、经历、心理、生理、智力、财力、知识结构、环境、价值观、所处地位、文化背景等方面的局限性，导致了我们看世界的角度不同。

人有太多的局限，每一种局限都注定了你的角度。从某种意义上说，我们始终没有看到真正真实的世界，我们只是看到了自己所处角度的世界。如图3-8所示，不同人从不同角度可以看到不同的人物；如图3-9所示，观察角度不同，则人脸和花瓶交替呈现。

图3-8　老妇人or年轻女子　　　　　　　　　图3-9　人脸or花瓶

如图3-10(a)所示，我们始终没有看到完全真实的世界，只是看到了自己感受到的世界。

如图3-10(b)所示，人们始终没有看到客观实际的世界，看到的只是自我逻辑推导的世界。

(a)

图3-10　想象中的美女

(b)

图3-10　想象中的美女(续)

在自然界和社会中，我们所感知的与它实际的存在并不同一，有时甚至有天壤之别。世界因角度而神秘，人类因探索神秘而发现、创造，创造使得创意不断，创意使得世界精彩纷呈。

 课内互动

如果我是一滴正要流出瓶口的洗发水——
如果我是一个在大海中漂流的垃圾袋——
如果我是一个城市路边的垃圾桶——
如果我是一只无家可归的流浪猫——
如果我是一个被随手扔掉的馒头——
如果我是一棵被砍伤的小树——
如果我是城市上空滚滚的烟尘——
如果我是一只超市货架上的"西装鸡"——
如果……
说说你心里在想什么？有什么感觉？

(二)动态的世界

以辩证的角度来看问题，就要树立"变"的观念：真理都是相对的，没有永恒的绝对真理。

1. 变化着的世界

一切东西时刻都在变化着；

一切事物既是自身又是别的东西；

一切状态都是有待改进的；

一切现象都是有待深入的；

一切失败都不会是永远的；

一切成功都不是最后的；

一切权威都不是长久的；

一切失意都不会太长久；

一切辉煌都只是瞬间的事；

一切正确都只是某一阶段的；

一切优秀都只是暂时的；

一切产品都可以做得更好；

一切心态都可以更健康更积极；

一切创意没有最好只有更好；

一切幸福都只是相对的；

得到的同时也是失去的开始；

……

这一切都是因为"变"的缘故。

只要变化着就有机会，只要变化着就有机遇，变化就是创意的温床。对象的变化，使得创意的舞台异彩纷呈。

课内互动

《非诚勿扰》是江苏电视台的一档综艺类电视节目，收视率一直不错。对一档节目来说，要持久地获得观众的青睐，就要随着观众和竞争对手的变化不断创新，增添更吸引人的元素，否则它现有的观众将会被新的真人秀节目抢走。《非诚勿扰》显然意识到了这一危险，对节目进行了改版，如背景音乐、舞台设计、女选男改为男选女、增加了爆灯环节，为人物关系增加了矛盾冲突等。从观众的角度，你认为如果要像国外一流真人秀节目那样，可以在十余年中持续吸引粉丝成为电视节目中的收视王，《非诚勿扰》应该在哪些方面不断创新和改进才能保持其持久的高收视率？

2. 动态视角看问题

世界是动态的，每时每刻都在发生着变化；

人的认识是动态的，因此没有永恒的定义和真理；

没有不变的规则和法则；

历时视角是动态地看问题；

空间视角是动态地看问题；

易位视角是动态地看问题；

求同求异视角是动态地看问题；

功利视角是动态地看问题；

辩证视角是动态地看问题；

问题转化是动态地看问题；

价值转化是动态地看问题。

从客体到主体无时无刻不在展示着"动"的特性。

任何创意都在动中产生，在变中生成。因此，要深刻地认识问题和创造性地解决问题，就必须与"规律"和在动态的信息碰撞中完善自我、发展自我。

动态分析问题是摆脱了静止的、局部的、缺乏联系的分析方法。动态分析问题就是将问题放到特定的时间、空间和特定的关系中，放到运动变化着的背景中去分析。

价值转化就是动态地分析：静止的价值可以转化为动起来的价值，单一价值可以转化为复合价值，间接价值可以转化为直接价值，无关价值可以转化为有关价值(见图3-11)，负面价值可以转换为正面价值①。

2017年中韩足球比赛中国1：0战胜韩国。国足赢了，借势的品牌们忙疯了，杜蕾斯借势推出1：0的广告(见图3-12)，在网络媒体迅速走红，这也让品牌商们看到了通过内容博取大量关注的甜头，因此，蹭热点传播成为营销界趋之若鹜的赶场行为。每当有重大事件发生时，也就是文案、设计师们加班的日子。

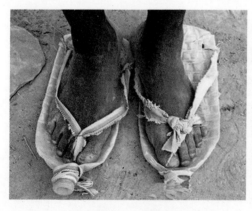

图3-11 变废为宝

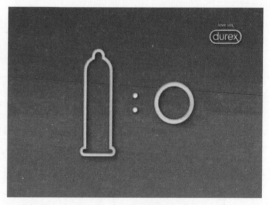

图 3-12 杜蕾斯广告

 课内互动

与传统传播方式相比较，移动互联时代通过"链接"的方式给传播和营销带来了巨大的变化，如表3-1所示。

---

① 叶舟. 好主意是这样想出来. 北京：民主与建设出版社，2003：191-193.

表3-1　移动链接与传统传播的比较

移动链接	传统传播
一对一、广泛链接式的	一对多、广而告之式
依赖忠实粉丝的互动传播	依赖所谓权威媒体的集中发布
抢占市场靠的是有趣、有料、有内涵	抢占市场靠的是知名度
现在用内容沟通吸引的方式	用大喇叭喊密集轰炸的方式
需要静下心来持续传播、持续圈粉	集中一段时间短期爆红
需要做出会说话的产品才能吸引客户	有了知名度就有了客户

你认为移动链接与传统传播还有哪些不同，填到表3-1中。

3. 视角转变与价值转化

奥地利哲学家埃伦弗斯(Christanvon Ehrenfels，1850—1932)在《价值论体系》第二卷中指出："价值可定义为一种对象与主体对它欲求之间的关系。"叶舟在其著作《好主意是这样想出来的》中指出："价值是一种特殊存在形式的内涵，相对于另一种特殊存在的需求所产生的作用。"

以上两个定义告诉我们：价值对于个体来说是因人而异的；价值是变化的，相对的；物质的价值属性是无穷的(无穷大、无穷小)，环境和关系的变化，会带来事物价值的变化。例如，一桶汽油可以是负价值(造成火灾)，可以是0价值(自然挥发)，可以是正价值(作为动力做功)，其正负价值也因其对象不同而不同。同样是一棵白菜，用来喂鸡、用来喂猪、用来做菜(地摊做菜或五星级酒店做菜)……其价值也会因对象的不同而不同。

汽油还是那桶汽油，白菜还是那棵白菜，为何会有如此不同的价值悬殊呢？

因为事物间的关系变化了，这种变化不是事物间关系的自然演化，而是因为人的智力介入使然，是人的智慧使它们的价值得到了张扬。只要我们转变视角，价值是可以转化的。

课内互动

小时候，你在爷爷奶奶、姥姥姥爷家是他们手心里的宝贝，可在学校里往往受到老师的批评或同学的冷落；上大学后你是班里的学霸受到部分同学的推崇，可也有一些同学认为你是个书呆子；你获得了较高的奖项引来同学们的羡慕，可也有个别人对此不屑。你怎么看待这些现象？

(三)因果的世界

引起一种现象的现象就是因，被引起的现象就是果。

向前看，现象是无穷的；向后看，现象是无止境的。因此，我们生存在一个因果的世界里。

如果把思维再放开一些，你会发现因果比我们日常想象的要复杂得多：

有的是一因一果；

有的是多因一果；

有的是一因多果；

有的是多因多果。

因此，因果不是单链的而是纵横交错的立体网状结构。

既然因果是纵横交错的立体网状结构，那么我们站在不同的角度都可以找到引起某一现象的现象，由现象而引出的问题也就随之转化。因此：

没有创意，其实不是创意的问题；

没有市场，其实不是市场的问题；

没有经验，其实不是经验的问题；

没有金钱，其实不是金钱的问题；

官员腐败，其实不是官员的问题；

农民问题，其实不是农民的问题；

教育问题，其实不是教育的问题；

城管问题，其实不是城管的问题；

拆迁问题，其实不是拆迁的问题；

房价问题，其实不是房子的问题。

……

只要我们沿着现象不断寻找产生现象的现象，就会找出产生若干现象最根本的现象（原因）。

辩证逻辑思维是以综合为主的思维，具有思维活动的建构性。所谓综合，就是在思维中把对象的各个方面统一组合起来，从整体上加以把握。所以，辩证逻辑思维具有全面性、综合性。思维的综合性实际上体现了思维的建构性功能。显然，在创新思维活动中是离不开辩证逻辑这种综合的建构性功能的。

(四)辩证逻辑思维在创意过程中的作用

辩证逻辑思维在创意过程中的作用是多方面的，主要包括以下两个方面。

1. 辩证的沟通作用

世界上的万事万物之间均存在着差异，也存在着联系。它们无不在一定的条件下互相联系着，转化着。区别与联系、分割与贯通、隔阂与渗透、排斥和依赖等，都是对立统一的。辩证逻辑思维告诉我们，如何在区别中发现联系，在分割中寻求贯通，在隔阂中窥测渗透，在排斥中探索依赖，在两极中找出中介，在对立中把握统一的方法。

2. 辩证逻辑是创意的思维基础

创意在本质上是在事物复杂的属性中，在运动、发展、变化中激活相干点的新属性。这正是以辩证逻辑的三大规律为理论依据的。创意所主要应用的几种思维方式和思维方法如辐射思维、立体思维、智力激励法、对象属性相干法、组合创意法等，其理论支持也离不开辩证逻辑思维。

请分别用四种不同的身份，即诗人、打工者、土豪、专家，写一个短型自传介绍自己。

第二节　辩证思维的创意思路示例

一、多与少(从一人监督多人到多人监督一人——公园管理创意)

美国纽约有一个著名的植物园，每天吸引大批游客。人们纷纷前往观赏植物园内多姿多彩的花卉和形状奇特的盆景。植物园另一与众不同之处是其园门上方的一块告示牌，上书"凡检举偷盗花木者，赏金200美元。"好奇的游客问管理人员，为何不按通常的习惯，写成"凡偷盗花木者，罚款200美元"？

管理人员不假思索地答道："要是那么写，就只能靠我的两只眼。而现在，可能有几百双警惕的眼。"

思路示例：多与少是一个可以相互转化的概念，有时候换个角度就能让两者换个位置。案例中监管者改惩罚为奖励，立刻将大多数人与自己归于利益一致方，形成多对少的局面。

二、有限与无限

水平线使人联想到广袤的天地，开阔、平静，有静穆、安宁、开阔之感。但图3-13所展示的国外的旅游广告将广袤与开阔放置于一个有限的空间内，是"有限"与"无限""开阔"与"狭窄"的矛盾统一。

图3-13　旅游广告

思路示例：有限与无限，其实并没有明确而具体的界限。有限的空间里可以有无限的存在，一花一世界便是这个道理。

三、美与丑

在图3-14中，将文字"美"与"丑"融合在一起，反映了对立统一的辩证思想。在现实生活中，不是非黑即白，往往是你中有我，我中有你。

图3-14　美与丑

思路示例：*美与丑并非绝对对立，在许多社会生活场景中，存在着内容与形式、内在与外表、品德与形体等方面的冲突与统一。*

四、虚与实

华辰2012春季拍卖会上的一幅作品(见图3-15)，将简洁洗练的虚实乱针绣在白色的真丝底料上，以细、乱、虚、实的针法相结合，色彩明暗相穿插，将京巴狗柔顺的绒毛、湿润的鼻子、可爱的眼神及憨态可掬的形态表现得惟妙惟肖。

图3-15　华辰2012年春季拍卖会作品

思路示例：*虚实关系原本就是绘画中的一组重要关系。虚实对比的关系组合可以将事物表现得栩栩如生。*

五、是与非

一般来说，是非对错有着绝对的界限，而意识形态广告公司为中兴百货所做的平面广告作品(见图3-16)，把人与衣服的关系剖析得如此精辟——"脱掉衣服之后，你不知道自己是谁""脱掉衣服之后，你才知道自己是谁"，将我们传统意义上所认为的是非进行了彻底的颠覆，让我们在更深层次上看待是非问题。

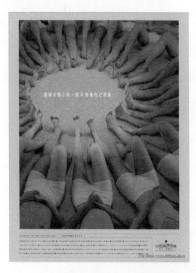

图3-16　意识形态广告公司所设计的广告

思路示例：我们在观察世界，特别是进行广告创意时，一定不能以二元对立的心态观察世界，将事物绝对化，这样会使我们的思路备受局限，无法发现世界多彩变化的一面。

六、繁与简

作品从内容到形式都有繁、简，不同主题的作品所需要的繁简不能划一。

简，即"以一当十"，使个性突出，信息单一，形象鲜明，视觉冲击力强。所谓"删繁就简"，追求"言有尽而意无穷"的境界(见图3-17)；繁，即内容丰富，大的容量，繁缛的铺陈都为主题服务(见图3-18)。多余的东西，再少也是多余；必要的东西，再多也是必要的。

图3-17　少就是多　　　　　　　　图3-18　多不为过

思路示例：多与少的关系是我们在生活中遇到最多的问题。我们本能地在追求多的一面，而忽视多与少的转化，并且忽视少的价值。其实多与少是相对的，选择多少只在于根据环境、情景以及事件本身的需要，不能绝对机械地追求多少。

七、淘金与卖水

19世纪中叶，美国加州发现金矿的消息，使众多淘金者蜂拥而至。17岁的亚默尔也历尽千辛万苦，赶到加州。一时间加州到处都是淘金者，金子自然越来越难淘。不但金子难淘，生活也越来越艰苦。当地气候干燥，水源奇缺，许多不幸的淘金者不但没圆致富梦，反而丧身此处。

亚默尔和大多数人一样，不仅没有发现黄金，反而被饥渴折磨得半死。一天，望着水袋中一点点舍不得喝的水，听着周围人对缺水的抱怨，亚默尔突发奇想：淘金希望太渺茫了，还不如卖水呢。于是，亚默尔毅然放弃找金矿的打算，将手中找金矿的工具变成找水的工具，将远方河水引入水池后过滤，成为清凉可口的饮用水，然后将水挑到山谷一壶一壶地卖给找金矿的人。

当时有人嘲笑亚默尔："千辛万苦地赶到加州，不挖金子发大财，却干起这种蝇头小利的买卖，这种生意哪儿不能干，何必跑到这里来？"亚默尔毫不在意，不为所动，继续卖他的水。结果，大多数淘金者都空手而归，亚默尔却在很短的时间内靠卖水赚到6000美元，这在当时是一笔非常可观的财富了。

思路示例：欲望与需求是市场行为的基本依据，大家都来淘金是因为市场对黄金有需求，淘金者对金钱有需求，同时淘金者还有生存的基本需求，既然淘不到黄金，淘金者的需求就是"金矿"。

八、斯巴达克斯角斗

在一场惊险的团体角斗中，斯巴达克斯的同伴一个个倒下去了，只剩下他一个人要对付三个强敌，就格斗技巧而言，斯巴达克斯胜过他们中的任何一个。可是三个强手对他展开联合攻击，他就寡不敌众，难以招架。此时，斯巴达克斯突然转身逃跑，三个对手在后面穷追不舍。由于这三个对手追赶的速度有快有慢，很快便拉开了彼此之间的距离。这时斯巴达克斯迅速返身战斗，打倒了第一个追上来的对手，接着打倒第二个，过了片刻第三个追到面前，他又打倒第三个。看台上的贵族们原来看见他逃跑，纷纷发出轻蔑的笑声，此时见他运用化整为零、各个击破的计谋，转败为胜，又一致为他鼓掌喝彩。

思路示例：无论是对手还是观众看到的只是斯巴达克斯逃跑，认为这是一种懦弱的表现，他们没有将斯巴达克斯的逃跑放入整个大环境下：一个人无法同时对付三个人，但是对付一个人却绰绰有余，如何才能一次对付一个人，而不被其他两个人干扰？斯巴达克斯想到的是诱敌深入、各个击破的方法。对手和观众只能看到片面的一个呈现，却不能用全面的、发展的眼光看待整个事件，只能在结果出来之后才感叹，但对于三个角斗士而言，为时已晚。

第三节 辩证思维的创意实训导引

一、基础测试

(1) 辩证思维与形式逻辑思维的异同。

(2) 举例说明对立统一规律。

(3) 举例说明质量互变规律。

(4) 举例说明否定之否定规律。

(5) 分析辩证思维中的概念、判断、推理与形式逻辑思维中的概念、判断、推理的不同之处。

二、辩证思维训练

(一)名言警句中的辩证思维分析

1. 体会下列名言中的辩证思维

关于世界最不能理解的事情是：世界是可以理解的。

经济学中的一条金科玉律是：去了解你所不了解的东西。

黎明前夕总是最黑暗的。

最不可能的事情是最有可能的事情。

犹豫不决也是一种决定。

2. 如何看待下列认识

(1) "低头的稻穗，昂头的稗子。"越成熟，越饱满的稻穗，头垂得越低。

(2) 老子说，当坚硬的牙齿脱落时，柔软的舌头还在。柔弱胜过坚硬，谦逊胜过骄傲。

(3) 我们应当学会适当的时候，保持适当的低姿态，这绝不是懦弱和畏缩，而是一种聪明的处世之道，是人生的大智慧、大境界。

(4) 伟人的巨大魅力来自他的平凡。

(5) 免费是世界上最昂贵的东西。

(6) 当你成功的时候，你说的所有话都是真理。

(7) 以前我的生活就是工作，以后我的工作就是生活。

(二)材料分析训练

1. 恐怖的产品

启动问题：如何把握好度？

辩证判断中鲜明地体现了判断的矛盾性，也就是我们常说的事物的一面和它的另一面。

这幅广告似在告诉人们产品吸水功能强大，以至于使鲜葡萄瞬间成为葡萄干，大地绿色瞬间失去生命，如图3-19所示。该产品如果是用于产品的脱水加工设备没有问题，可画面只是比喻，实际上是女性用品和儿童用品。换个角度看：如此强大的吸水能力，人用了会带来怎样的后果呢？你觉得该怎么把握这个度呢？

图3-19　恐怖的产品

2. 别样的读书

启动问题：如何从一个新的角度阐释"读"？如图3-20所示。

为什么对同一件事会有不同的看法？角度变了。

为什么角度变了？社会角色变了。

不同的文化背景、不同的年龄构成、不同的阅历和经历、不同的经济地位、不同的社会地位、不同的价值观、不同的审美观、不同的消费观……于是便有了不同的角度。任何一个概念都有太多的属性，从不同的角度就会发现不同的属性，而每一个属性都在展示着事物不同侧面的风采。

请你以小学生、大学生、农民、司机、教师、家庭妇女等身份，对中国的传统文化问题发表看法。

3. 另类观察

启动问题：如何寻找不一样的观察角度？

图3-21的设计者打破人们熟知和习惯的对鸟的观察角度(仰视)表象，以俯视的角度和大胆的构图给人耳目一新的视觉冲击。作为个体，我们每个人在时间、空间以及所处的关系方面或多或少都存在着局限性，每一种局限都注定了你的角度。因此，我们始终没有看到真正真实的世界，我们只是看到了自己所处角度的世界。

换个角度看世界：躺在地上看楼房、潜在水中看桥梁、登上高楼看行人、从鱼缸底部观鱼游、用高倍放大镜观察蚂蚁、从不同的侧面切开水果看它的剖面……对你的局限做一个小小的突破。

图3-20　世界读书日广告

图3-21　另类观察

(三)启发训练

1. 招聘考题

智威汤逊招聘时曾经有这样一个考题：你怎样将一份吐司推销给外星人。这个题目沿用了很多年，一直没有一个很好的结果。终于有一天，来了一个年轻人，几秒钟内轻轻松松地交了份答卷，主考官看后，当场就把他录用了，你猜他写的是什么？看不懂，奇怪的符号一大堆，这就是答案！

主考官是出于怎样的考虑当场就把他录用了呢？

2. 蝴蝶效应

"一只南美洲亚马逊河流域热带雨林中的蝴蝶，偶尔扇动几下翅膀，就可以在两周以后引起美国得克萨斯州的一场龙卷风。"其原因就是蝴蝶扇动翅膀的运动，导致其身边的空气系统发生变化，并产生微弱的气流，而微弱气流的产生又会引起四周空气或其他系统产生相应的变化，由此引起一个连锁反应，最终导致其他系统的极大变化。

谈谈你对蝴蝶效应的理解，并在现实中寻找这一效应的实例。

3. 福特的知识观

第一次世界大战期间，美国芝加哥某报社对汽车大王亨利·福特妄加评议，称之为"无知的和平主义者"。对此，福特大为光火，即以诽谤罪向法院起诉，控告该报社。报社为自己捅了娄子而苦思对策。他们请来了辩护律师，商定了法庭辩论的周密方案。

开庭之日，报社辩护律师首先提出一连串攻击性的问题，向福特发起咄咄逼人的进攻。

其着眼点，就是企图通过向福特提出大量怪癖的问题，使具有制造汽车专业知识的福特无法回答，使陪审团不得不承认福特是个无知的人，从而证明报社的评议是正确的。所提问题包括：班奈克·亚诺德是什么人，1776年的战争中派来美国的英军士兵死伤人数，等等。诸如此类的诘问，确实使福特疲惫不堪、穷于应付，简直不知从何答起，眼看就要败下阵来。

此时，福特灵机一动，计上心来，他不慌不忙地指着代表报社的辩护律师反问道："前面，你问了我许多无聊又冗长的问题，还要我认真回答，这难道不是强人所难吗？你要知道，我的办公桌上有很多按钮，只要按一下按钮，我的助手就会回答你的问题。我所雇佣的许多助手，都拥有充分的知识，可回答任何问题。可是，你却用很浅陋的问题来问我，不知你的用意何在？"

福特的反问切实有力，逼得对方辩护律师哑口无言。陪审团不得不承认，福特并不是无知的人。只有有教养的人，知道要去问什么人，才能得到自己想要的知识，同时也懂得为了特定的目的，而将有知识的人组织起来。

(1) 请用逻辑思维和辩证思维分别分析"有知识"的含义。

(2) 为什么福特明明不能回答对方律师的问题，但却不能因此说他没有知识呢？

(3) 关于有知识与没有知识的评价标准有多少种？

4. 奥巴马邻居卖房的启示（改变你的思维）

美国前任总统奥巴马上任后不久，就离开芝加哥老家，偕妻子米歇尔和两个女儿入住白宫。面对多家媒体的采访，奥巴马深情地表示，他非常喜欢位于芝加哥海德公园的老房子，等任期结束之后，他还会带着家人回去居住的。这个消息可让比尔高兴坏了，因为他是奥巴马的老邻居。

几年前，比尔曾经和人打赌，他信誓旦旦地说自己到了2010年，一定会成为百万富翁，眼看期限只剩1年了，他的目标还远未实现。现在，机会终于来了。他的房子因奥巴马而身价百倍。能和全世界最著名的人物之一——美国总统奥巴马做邻居，这是多么难得的事情呀！因此，他满怀希望地将自己的房子交给中介公司出售。

为了推销自己的房子，比尔还特意建了一个网站，全方位介绍他的住宅：这幢豪宅拥有17个房间，近600平方米，非常实用舒适。更重要的是，奥巴马曾经多次来此做客，还在他家的壁炉前拍过一个竞选广告。这是一栋已经被载入史册的房子！比尔相信，有了这些卖点，他的房子一定能卖出300万美元以上的高价。

不出所料，这个网站很快就有几十万人点击浏览，然而，让比尔大跌眼镜的是，关注房子的人虽多，但没有一个人愿意购买。到底是什么原因让买家们望房却步呢？

为了弄明白究竟是怎么回事，比尔仔细地查看了网站上的留言。原来，大家担心买了他的房子之后，就会生活在严密的监控之下。是呀，奥巴马和他的妻女虽然都去了白宫，但这里依然有多名特工在保护奥巴马的其他家人，附近的公共场合也都被密集的摄像头所覆盖。只要出了家门，隐私权就很难得到保障。

更要命的是，等奥巴马届满回来之后，各路记者肯定会蜂拥而至。那时，邻居们的生活必将受到更严重的干扰。到那时，每天出入这里，恐怕都将受到保安和特工像对待犯人那样的检查和盘问。这样的居住环境，跟在监狱又有什么区别呢？就连朋友们，估计也会因为怕麻烦而不敢上门了。

就这样，过了1年多，房子依然没卖出去。比尔非常心焦，他此前向家人承诺过，房子卖出后就全家一起去度假，但一直到现在还不能兑现诺言。他和朋友打的赌也眼看就要输了，正在这时，一个叫丹尼尔的年轻人找到了他。丹尼尔告诉比尔想买房的原因，他和奥巴马一样，都有黑人血统。奥巴马是他的偶像，不过，他还从未和奥巴马握过手。如果他买下这里，就有机会见到总统了。

房子终于有买主了，比尔激动得差点掉泪。虽然丹尼尔非常愿意买比尔的房子，但问题是，他支付不起太多的钱。比尔好不容易遇到一个买主，当然不愿轻易放过，他作出了很大的让步，最后，两人签下了如下协议：丹尼尔首付30万美元，然后每月再付30万美元，5个月内共付清140万美元。房子则在首付款付清后，归丹尼尔所有。

比尔很高兴，虽然房子的最终售价远远低于当初他期望的300万美元，但20多年前，他买下此房时，只花了几万美元，因此还是赚了。何况，上了年纪的他早就想落叶归根，搬回乡下的农庄了。拿到首付款后，比尔给丹尼尔留下了自己的账号，然后带着家人出去旅游了。出发那天，他得知丹尼尔将房子抵押给银行，贷了一笔款。等半个多月后回来，比尔发现丹尼尔竟将这栋豪宅改造成了幼儿园。原来，丹尼尔本来就是一家幼儿园的园长，因此，在这里办个幼儿园不是难事。

当房子的用途从居住改为幼儿园之后，那些过于严密的监控就显得很有必要。这个毗邻奥巴马老宅的幼儿园，成了全美最安全的幼儿园。不少富豪都愿意把孩子送到这里来。

为了给幼儿园做推广，丹尼尔还联系到了不少名人来给园里的孩子们上课。这些名人中有不少是黑人明星，他们为奥巴马感到骄傲，也为能给奥巴马家隔壁的幼儿园讲课而激动，再加上这里是记者们时刻关注的地方，来这里与孩子们交流，自然能增加曝光率，因此，名人们都很乐意接受丹尼尔的邀请。

第一个月，丹尼尔用收到的首期学费轻松地支付了比尔30万美元。幼儿园开张两个月后，奥巴马抽空回老家转了一圈，顺便看望了一下他的新邻居们，这一下，丹尼尔幼儿园更加有名。越来越多的名人主动表示愿意无偿来与孩子们交流。更有很多家长打电话，想让自己的孩子来此接受教育，为此多付几倍的学费他们也乐意。

很多广告商也开始争先恐后地联系丹尼尔，他们想在幼儿园的外墙上做广告，这里的曝光率实在太高了，不做广告太可惜了。为此，丹尼尔打算进行一次拍卖广告墙的活动。想来参加竞标的品牌很多，但像烟、零食、酒这样的广告，无论出多少钱，丹尼尔都不允许他们参加竞标。

5个月后，比尔就收齐了140万美元的房款，终于在2010年年末如愿以偿地成了百万富翁。不过，比尔明白，这场交易中，最大的赢家并不是自己，而是奥巴马的新邻居——幼儿园园长丹尼尔。

这个故事对你有什么启示？说说你对机会的看法。

第四章

用形象思考的联想与想象

学习要点及目标

- 掌握联想与想象的概念。
- 了解想象和联想的类型。
- 熟练使用想象和联想的方法。
- 提升运用想象与联想的思维品质。

核心概念

相似联想　对比联想　相关联想　因果联想　有意想象　无意想象　头脑风暴

本章导读

危楼高百尺，手可摘星辰。不敢高声语，恐惊天上人。

——李白

诗人李白晚上登上借宿寺庙的藏经楼，凭栏远眺，借助大胆想象，渲染山寺之奇高，把山寺的高耸和险峻写得很逼真，给人身临其境的感觉，也让我们体会到了联想思维和想象思维的魅力。

第一节　联想、想象及其特点

"故寂然凝虑，思接千载；悄焉动容，视通万里。吟咏之间，吐纳珠玉之声；眉睫之前，卷舒风云之色。"这是《文心雕龙》里一段关于联想和想象的精彩描述。

一、联想概说

(一)联想的内涵

联想是从某一事物的现象和变化，想到另一事物的现象和变化的心理过程，也是记忆的再现过程。许多成功的创意是靠联想获得的。汉末医学家华佗，有一次看到蜘蛛被马蜂蜇后落在一片绿苔上打了几个滚，肿便消失了。他联想到绿苔可用来为人治病，通过试验，消肿解毒良药便问世了。

联想可以唤醒沉睡在意识底层的记忆，把当前的事物与过去的事物有机地联系起来，产生新的观念。美国工程师斯潘塞在做雷达起振实验时，发现口袋里的巧克力融化了，原来是雷达电波造成的。由此，他联想到用它来加热食品，进而发明了微波炉。美国有一位制作农业机械的厂商西拉斯，一年到头研究收割机的技术改造，但效果不佳。一次理发时，他突然有了"将理发推子的原理运用到收割机上"的灵感，于是第一台收割机诞生了。

联想是从某一事物的现象和变化,想到另一事物的现象和变化的心理过程,也是记忆的再现过程;联想可以唤醒沉睡在冰山底部的深层记忆,把当前与过去的事物关联起来,产生新思路、新构想、新观念;联想使我们所学的知识可以由此及彼扩展开去,举一反三,触类旁通,以至产生认识的飞跃,出现创意的灵感。

许多成功的创意是靠联想获得的,创意与受众的良好沟通也要依赖联想的介入。

联想技巧中的关键要素是"焦点"。人们将所要认识和所要解决的问题作为"焦点",然后通过联想的形式,把若干其他对象集中到这个"焦点"上,以便形成新的观念,或寻求到解决问题的最佳方法。

(二)联想的类型

1. 相似联想

人脑受到某种刺激后,会自然而然地想起与这一刺激相似的经验。通俗来说,就是对照类似的事物进行联想,从而得到启发。《庖丁解牛》中梁惠王听了庖丁一席谈,悟出了养生之道。这"养生"与"解牛"本是风马牛不相及的,但梁惠王却从中明白了相似相通的道理。相似思维是普遍存在的,它在我们的工作和生活创意中有着极为广泛的应用。如图4-1所示,是一个孕妇咨询中心的广告创意,作品用一个倒置的问号,形象地传达了机构的性质和业务内容。倒置问号的形象特征很自然地让人联想到孕妇的形象特征。

图4-1 孕妇咨询中心的广告

2. 对比联想

想起与这一刺激完全相反的经验,或者说,把性质完全不同的事物,进行对比对照,进行联想。可以是一正一反,鲜明对比,从去分明;也可以此一彼一,方向相反,是非清晰。例如,在日常生活中,人们从白天想到黑夜,从水想到火,从高想到矮,从大想到小,从真善美想到假恶丑等。某纤体饮料(见图4-2)向人们展示如何从胖到瘦的过程中，巧妙地将自己的产品特性表现出来。

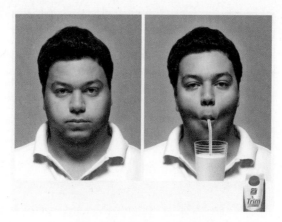

图4-2　纤体饮料，一吸就瘦

3. 相关联想

相关联想是对性质、外形虽不相似但在逻辑上具有某种关联的联想，或者是由一个事物联想到在时间和空间上有关联的事物或经验。世界上的事物都不是孤立存在的，它们总是在空间上或时间上保持着联系。"秋水共长天一色"，就是由于在空间上的接近引起的联想。我们常常一见到公路就会想到汽车，说到杭州就会想到西湖，提到加拿大就会想到美国，这样的联想都来自事物在空间上的接近。"叶落而知秋已至"，这是由于在时间上的接近引起的联想。图4-3所示将香烟捆扎成定时炸弹的样子，自然而然地让人们在抽烟时联想到自杀这种行为。一个人由一个事物联想到另一个在空间上或时间上与之相近的事物，常常能启发思考，扩展思路，拓宽视野，在思想上建立起事物之间新的联系。

SMOKING KILLS

Issued in Public Health Safety by the New Zealand Health Association　NHA

图4-3　吸烟等于自杀

2017年3月23日的中韩足球赛，中国国足在福地长沙1：0小胜韩国。许多企业的广告营销纷纷抓住这次难得的时机促进品牌传播。如图4-4所示将中韩足球1：0事件与自己的品牌关联，创意传播。

图4-4　事件营销广告创意

以上三种联想，用一个简单的例子就可以说明：战争与和平是对比联想；战争与坦克是相关联想；坦克与装甲车是相似联想。如果我们能够熟练地运用联想法则，就会诱发出许多意想不到的创造性设想。

4. 因果联想

因果联想是由事物之间的因果关系而形成的联想。形成因果现象是复杂多样的，有的一因一果，有的多因一果，有的一因多果……就广告而言一般多表现为一因一果。广告表现的因果联想常表现为由作品画面所展示的现象而引导受众对引起该现象的探究式联想。Wonderbr文胸广告中(见图4-5)，白板上好像有些文字不是被黑板擦擦掉的，那是被什么擦掉的？给人无限遐想。

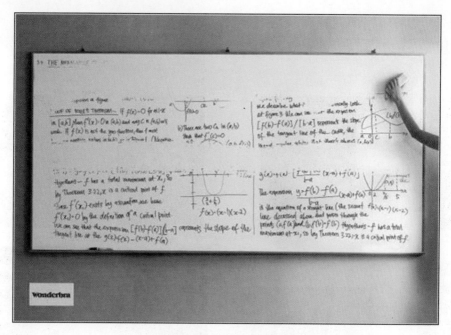

图4-5　Wonderbr文胸广告

　　联想给创意加上双翅、联想出智慧，这已经成为人们普遍接受的观点。妮维雅男士洗面奶广告(见图4-6)，用了该品牌的洗面奶后，脸取代裆部成了运动员保护的重点对象，让人自然想到了该洗面奶的美妙效果。在我们拍案叫绝的同时，也体会到创意联想，这正是智慧的体现。

图4-6　妮维雅男士洗面奶广告

(三)联想思维与创意

联想法是一种在创造过程中运用联想思维的技法，是最富有活力的创造技法。

从心理学方面来考察，联想是由某一事物想到另一事物的心理过程，也是记忆的再现过程。一般来说，人的知识和经验都储存在人的头脑这个记忆库中，时间久了就会变得散乱、模糊甚至"消失"。联想可以唤醒沉睡在底层的记忆，把当前的事物与过去的事物有机地联系起来，产生新观念。

从哲学方面考察，客观世界是一个系统，即各种事物相互联系的整体。各种相互联系的事物反映到人的头脑中，便形成各种联想，从而产生新观念。这就是唯物辩证法关于事物普遍联系的认识论和方法论的观点。联想相干法就是一种把握、研究事物联系的方法。禁烟的宣传不仅简单地告诉抽烟者吸烟有害身体健康，而且要让抽烟者在抽烟时产生强烈的负面联想，如图4-7所示的禁烟广告，让吸烟者联想到"抽烟燃烧的是家人"，是不是更能使抽烟者意识到吸烟影响家人健康。

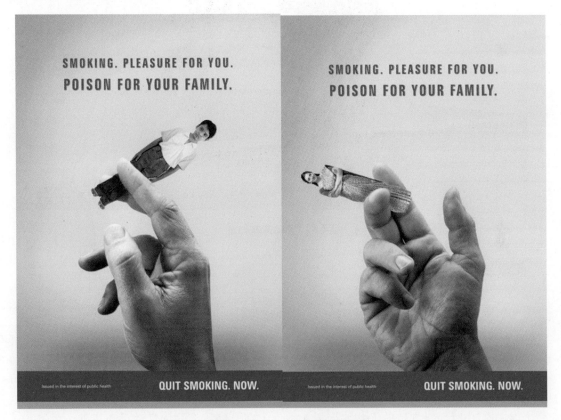

图4-7 禁烟广告——"抽烟燃烧的是家人"

联想中所产生的智慧火花，不是天才的启示，而是刻苦努力、熟练掌握知识的结果。知识面越宽广，越有利于联想。泰勒认为："具有丰富知识和经验的人比只有一种知识和经验的人更容易产生新的联想和独创的见解。"联想给创意加上双翅，联想出智慧，已经成为人们普遍接受的观点。创意联想，正是智慧的体现。在寻求财富的过程中，意愿或欲望所要求的，是对于精神真正的创造性的释放。欲望更倾向于目标，以通过智力所发现的各种规则去达到它。首要的规则是产生的创意直觉。创意不仅仅从属于物质的生物体,它也是精神活动中一种生命的标记和特权。按人们身上的智力努力去这样做,不仅仅是急于产生出人们心中的概念,而且要迅速地产生出一种设想或联想,使人们能够通过智力获得财富。

课内互动

图4-8是如何利用联想来表达诉求的?

图4-8　运动造就神奇

二、想象及其特点

(一)想象及其分类

1. 想象的含义

想象是人脑在原有感性形象的基础上加以重新组合,使其产生新思想、新方案、新方法,创造出新形象的思维过程。它是一种有目的、主动的、创造性的艺术思维活动。

作家在写作时所需塑造的人物的形象,是作家在已经积累的知觉材料的基础上经过加工改造而成的。我们读马致远的《天净沙·秋思》(枯藤老树昏鸦,小桥流水人家,古道西风瘦马。夕阳西下,断肠人在天涯),头脑中就会展现出一幅充满苍凉气氛的"秋暮羁旅图"。这样的景象,我们可能没有经历过,但是,我们的头脑中却储存着"枯藤""老树""昏鸦""小桥""流水""人家"等记忆表象,借助这些表象的重新组合,便可产生上述新的形象(这种形象在不同的读者心中有着明显的个性差异)。

神话故事及传说中的艺术形象如"凤凰""龙""麒麟""孙悟空""狐狸精"等,乍看起来，想象的内容似乎是"超现实"的。其实，任何想象都不是凭空产生的，它是在人的实践活动中，在已有表象的基础上形成的。

想象可以帮助人们在头脑中"见到"无法亲自观察的事物。考古学家、历史学家在很多情况下，是根据有关资料，通过想象的作用，"设想"所研究对象可能的或应有的概略情况，从而作出分析和判断。

中华民族是一个极富有想象力和创造力的民族，中国传统文化超脱、清逸、亲近自然的特性使得它的想象力特别旺盛。比如在创造神的形象时，东西方文化表现出不同的思维和方法，在敦煌壁画中的飞天形象轻盈飘逸，画几笔飞扬的飘带，或者几朵白云，飞天(见图4-9)就自由自在地飞上天了。而西方艺术中的神要飞上天，一定要有翅膀，所以在绘画中为神画上一对巨大的翅膀，这反映出西方的想象力中暗含的逻辑思维要求，有翅膀才能飞，神要飞上天，神就要长翅膀才行。所以相比而言，东方的想象力更广阔自由。

图4-9　飞天

东方式想象是人类想象的奇异文化景观，它产生了灿烂而又神秘的东方文化。远古的神话、老子的天道、庄子的逍遥游、屈原的天问、李白的诗章，以及《山海经》《周易》《淮南子》《西游记》《封神演义》《龙凤人物图》《御龙图》《马王堆一号汉墓帛画》《洛神赋图》等，都是东方想象贡献给人类文化宝库的伟大成果。在人类进入现代社会之后，理性的悖论、实证科学的困境使人们自然地想到东方想象的神奇魅力，21世纪应该是人们重新认识和关注东方思想和东方想象的世纪。

2. 想象的分类

根据产生想象时有无目的意图，可将想象区分为有意想象和无意想象。

(1) 有意想象。有意想象是带有目的性、自觉性的想象。人们在欣赏文艺作品的过程中，或学生在专心听课时所进行的想象，都属于有意想象。有意想象包括再造想象、创造想象和幻想。

① 再造想象：根据他人对某一事物的描述(语言、文字或图样的示意)，在人脑中形成相应新形象的过程，称为再造想象。再造想象的特点是再造性。所谓再造，是指所形成的形象是想象者头脑中原先没有的，是根据感知的材料新造出来的。人们没有读《红楼梦》(或看其影视作品)之前，头脑中是没有林黛玉、贾宝玉、王熙凤等形象的。当人们读了《红楼梦》(或看了其影视作品)后，就会在头脑中"再造"出林黛玉、贾宝玉、王熙凤等形象。

② 创造想象：创造想象是根据一定的目的和希望，不依据现成的描述，而对头脑中已有的表象进行加工改造，独立地创造出新形象的过程。在创造新作品、新技术、新产品、新方案、新理论之前，人在头脑中必先构成该新事物的形象或新形态，这都属于创造想象。新颖、独创、奇特是创造想象的本质特征，它的形象不仅新颖而且是开创性的。

创造想象与创意思维密切相关，因为创造想象源于动机，而创意正是因动机的需求而产生的。创造想象是真正的创造，它不同于再造想象。再造想象中常有创造性的成分。但两者比较，创造想象的创造成分更多，创造想象比再造想象困难得多。创造出一个林黛玉的形象，相比欣赏《红楼梦》作品而再造的林黛玉形象，前者有更大的创造性。

创造想象与再造想象，两者虽有区别(主要表现为创造性程度大小的不同)，但无截然分明的界限。它们都是以感知觉为基础，都是在原有表象的基础上重新改造而形成的新形象，只不过再造想象的新形象必须依赖有关的文字描述或形象示意才能呈现，而创造想象则是不依据现成的描述而独立地创造出新形象。

③ 幻想：属于创造想象的特殊形式，是一种将生活的愿望寄托于未来的想象。神话、童话故事中的形象、科幻中的形象、宗教中的形象都属于幻想。幻想与再造想象不同，不一定是通过别人的描述或示意所引起，它具有一定独创成分。幻想与创造想象也不完全一样，它并不与目前行动直接联系，而是指向于未来的活动。幻想中所创造的形象能够体现个人的愿望，是想象者所向往的事物。

课内互动

你对"看景不如听景"的说法是怎样理解的?

编一个故事，里面出现白雪公主、曹雪芹、鲁智深、秦始皇、葫芦娃、孙悟空、孔子、庄子、奥巴马的形象。

请根据你听到的关于外星人、鬼怪的描述，想象一下他们的模样并把他们画出来。

(2) 无意想象。无意想象是没有特定目的、不自觉的想象。看到石头上的花纹自然而然地想到它像奇蜂、异兽、花卉、人物；看到天上的积云，想到它像生活中所见的某种事物形态，如棉花、动物、海浪等。

梦是无意想象的极端情况，是一种漫无目的、不由自主的奇异想象。梦境的内容大多为生活场景片段的蒙太奇，往往是缺乏生活逻辑的，是过去经历或经验的奇特的组合。但许多有价值的创意灵感，往往是从梦中得来的。

想象，是人类大脑中孕育智慧潜能的超级矿藏。想象力，能使思维充满创造活力。爱因斯坦说："想象比知识更重要，因为知识是有限的，而想象力概括着世界上的一切、推动着进步，并且是知识进化的源泉，严格来说想象力是科学研究中的实在因素。"人的各种有意识的活动都离不开想象的作用。

如果城市的轿车都具备了飞行功能，想象一下会带来哪些变化？

(二)想象思维的特点

1. 形象性

想象思维的操作活动的基本单元是表象，是一些画面，静止的画面像照片，活动的画面像电影。想象是通过对已有表象进行加工而创造新形象的过程，它加工的对象是形象信息，而不是语言或符号。有了想象，我们看小说时就可以见到人物的音容笑貌；看图纸时就有了立体的物体；看设备说明时就见到了设备的外形和结构。想象思维的形象性，使它不同于逻辑思维，想象思维过程和结果丰富多彩、生动活泼、直观亲切。

2. 概括性

想象思维实质上是一种思维的并行操作，即一方面反映已有的记忆表象，同时把已有的表象变换、组合成新的图像，达到对外部时间的整体把握，所以概括性很强。现实中并不存在龙，而龙角似鹿，头似驼，嘴似驴，眼似龟，耳似牛，鳞似鱼，须似虾，腹似蛇，足似鹰。从某种程度上推测，龙可能是人们利用想象概括诸多事物的特征，而形成的一种新事物。

3. 超越性

想象的最宝贵特性是可以超越已有的记忆表象的范围而产生许多新的表象，这正是人脑的创造活动最重要的表现。这方面的例子很多，特别是一些重大的发明创造，都离不开超越性的想象。长生不老曾被人认为是痴心妄想，然后美国公司Google正在努力工作，寻求延长人寿命的办法。2013年，Google 宣布注资了一个名为Calico 的新公司，专注于人类的健康和幸福，从本质上延长人类的寿命。Google CEO 拉里·佩琪希望通过这家公司，解决人类健康方面一些最艰难的问题。希望通过这种努力，这家公司能成为这个领域的领跑者——就算不是——起码也能尽最大的努力来延缓，甚至暂停人类不可逆转的衰老过程。Google经常鼓励员工"10倍狂想"——激励他们提出远比现在要激进、革命性、击穿极限的发明创造。

想象可以超越具体的时空，如《泰晤士报》所强调的那样(见图4-10)，他们的关注和报道使得历史事件和现实事件打破时空的阻隔，建立广泛的联系，发生新的意义。

图4-10 《泰晤士报》：时空交错，我们一直在场

(三)想象思维的培养

想象思维的培养需要在两个方面努力，即克服阻碍因素、养成想象习惯。

1.克服抑制想象思维的障碍

克服抑制想象思维的障碍主要有环境方面的障碍、内部心理障碍和内部智能障碍。环境方面的障碍，如人际关系不协调、学习思考环境恶劣等。心理状态如果处在积极、愉快、兴奋的情况，人就容易进行想象思维；如果处于消极、压抑，甚至悲观、沮丧的状况，那就很难进入良好的想象思维。但是，人的心理状态是可以调整的。德国一名学者曾经说过这样的话："眺望风景，仰望天空，观察云彩，常常坐着或躺着，什么事也不做。只有静下来思考，让幻想力毫无拘束地奔驰，才会有冲动。否则任何工作都会失去目标，变得烦琐空洞。谁若每天不给自己一点做梦的机会，那颗引领他工作和生活的明星就会暗淡下来。"内部智能障碍主要是指思维方法的僵化，也就是思维模式的固定化，即所谓的思维定式或习惯性思维。

2.培养想象思维能力的途径

(1) 强化创新意识。人的目的需要系统决定了人的思维积极性和活跃性。

(2) 学习。学习，包括从书本上学习，也包括从实践中学习，还包括向一切有知识、有经验的人学习。

(3) 静思。人有时需要交往，需要热闹，需要和别人产生思维碰撞，但有时也需要孤独，需要沉静的思考。诸葛亮说："淡泊以明志，宁静以致远。"

翻开人类的历史，你会发现人类的许多知识、意识、认知都是靠知识的联想和想象获得的：原始人靠知识的联想和想象创造了动人的神话，《山海经》向我们展示了一幅幅扑朔迷离的画卷；宗教靠知识的联想和想象不仅创造了梵天境界、理想天国，还创造了阴森可怕的地狱；中国文化中的雷公、电母、风婆、花神、月亮上的嫦娥、蓬莱八仙、海中龙王、凌霄宝殿中的玉皇大帝以及龙凤的形象等，都是靠人间的知识联想和想象获得的。

西方现代物理学玻尔的原子结构图受中国阴阳哲学象征的启示。

电子计算机也是受中国《周易》二进位法的启示创造出来的。

笛卡尔曾用音乐的知识联想、想象宇宙的和谐，创立了机械论的宇宙观。

……

在艺术创作的过程中，想象力的发挥要注意把握以下几点。

(1) 想象的准确性。应尽可能使表达的主观思想、观念或产品属性与社会观念、社会惯性、市场需求、社会心理等方面准确地加以协调。

(2) 想象的自然性。艺术创作中的想象应当遵循大众的思维方式、思维轨迹、思维规律去发掘想象中的积极方面，避免消极方面。

(3) 想象的巧妙性。艺术中的想象不像科学想象那样，尽量排除想象者主观因素影响的过程，而是有着强烈的主观色彩。但应当既在情理之中，又在意料之外，以求出奇制胜的效果。

第二节　联想、想象创意的思路示例

一、乔羽的联想

你从哪里来我的朋友
好像一只蝴蝶飞进我的窗口
不知能作几日停留
我们已经分别太久太久
你从哪里来我的朋友
你好像一只蝴蝶飞进我的窗口
为何你一去便无消息
只把思念积压在我心头
难道你又匆匆离去
又把聚会当作一次分手

许多人都听过《思念》这首歌，这首歌曲的创作过程体现了联想的魅力。歌曲作者乔羽曾说，这首歌并非针对有意义的人和事而作，只是一次偶然。当时乔羽住在北京边远郊区，四周全是农田，满地都是金黄色的油菜花。那天，孩子们都出去玩了，就他一个人在屋里。就在这时，一只美丽的蝴蝶从敞开着的窗口飞了进来，乔羽惊奇的目光始终跟着它，观察它，看它要往哪儿飞，这只蝴蝶先是在屋里贴着墙飞，似在歌，似在舞，飞了几分钟后又飞出了窗口，飞到菜花地的深处。它刚飞走，乔羽的灵感和创作的激情就一下子冒了出来。

思路示例：这是一种相关联想，作曲家乔羽由一只蝴蝶的来去，想到了自己与朋友的相聚与离别，从而心中涌出无限感慨，借景抒情，将对友人的感情抒发于作品中。

二、雕塑穿上衣服会怎样

有没有想过给雕塑穿上衣服？听起来匪夷所思，但穿上衣服的雕像们(见图4-11)，顿时就有了生气，仿佛从虚拟的世界走入我们的现实生活，给人不一样的体验。

图4-11　穿上衣服的雕塑

思路示例：我们所熟知的西方雕塑大部分是裸体的，从中我们可以体味出人体或阳刚之美或阴柔之美。想象给原有的雕塑穿上衣服是一种再造想象。这种想象可以展现一种不同的效果，使得雕塑更具有社会性。

三、奇怪的倒影

对于一则汽车广告(见图4-12)，我们可以有多种多样的联想。广告在展示汽车的神速，以至于倒影尚在、车已远去？还是水对爱车的留恋？或许还有其他的解读？在联想中，汽车的形象得以丰富，魅力得以彰显。

图4-12　汽车广告

思路示例：联想作为暂时神经联系的复活，它是事物之间联系和关系的反应。本案例便是将车与速度、车型等进行关联，让消费者自行联想、想象，引导消费者对车形成自己的认识，如此反而比生硬地表现优点更能打动消费者。

四、治癣药膏广告

在一则治癣药膏广告中(见图4-13)，广告创意用两条鱼制成拖鞋鞋底的怪诞图像，让人想到踩在上面湿滑、肮脏，透着腥味，这种强烈的不适让人切身体会到脚上起癣所带来的困扰与烦躁，一连串蒙太奇的画面意象，全然在观者脑海中形成，创意巧妙。

图4-13　治癣药膏广告

思路示例：联想的表现手法就是话不说尽要留给观者足够的空间，这种空间建立在所展示事物与所传达意义的关联之上，恰当的表现会增强观者的参与度，也使得所传达的信息能为观者牢记。

五、深山藏古寺

宋徽宗赵佶喜爱书画,常出题考画家。有一次考试,宋徽宗出的题目是"深山藏古寺"。有位高明的画家,根本就没有画古寺,却赢得了皇帝的称赞。原来,他画的是崇山峻岭之中,一股清泉飞流直下,跳珠溅玉。泉边有个老态龙钟的和尚,一瓢一瓢地舀了泉水倒进桶里。就这么一个挑水的和尚,就把"深山藏古寺"这个题目表现得含蓄深邃极了。

思路示例:和尚挑水,当然是用来烧茶煮饭,洗衣浆衫,这就叫人联想到附近一定有庙;和尚年近,还得自己来挑水,可以想象到那庙是座破败的古庙了。庙一定是在深山中,画面上看不见,这就把"藏"字表现出来了。这幅画比起那些画庙的一角或庙的一段墙垣的,更切合"深山藏古寺"的题意。

六、相似联想故事

(1) 响尾蛇导弹的由来。生物学家知道响尾蛇的视力很差,几十厘米近的东西都看不清,但在黑夜里却能准确地捕获距离十多米远的田鼠,其秘密就在于它的眼睛和鼻子之间的颊窝。这个部位是一个生物的红外感受器,能够感受到远处动物活动时由于热量产生而发出的微量红外线,从而实现"热定位"。美国导弹专家由此产生联想,若用电子器件制造出与响尾蛇的生物红外感受器类似的"电子红外感受器",用于接收飞行中的飞机因发动运转发热面辐射的红外线,则可以通过这种"热定位"来实现对目标的自动跟踪。正是根据这种联想,他们设计出了红外跟踪响尾蛇导弹。

(2) 钢盔的发明。第二次世界大战期间,由于武器越来越先进,伤兵也越来越多。一天,一位将军看望伤兵,一位伤兵对他讲述了受伤的经过。在地方炮击时,这个士兵正在厨房值日,炮弹打过来,弹片横飞,他在匆忙中将铁锅举起来扣在头上,结果很多同伴都被炸死了,而他只受了点轻伤。将军由此联想到如果战场上人人都有一顶铁帽子不就可以减少伤亡了吗?于是,他立即安排专人研究,制成了钢盔。钢盔也在历次战争中挽救了无数士兵的性命。

(3) 隐身衣的由来。苏联卫国战争期间,列宁格勒遭到德军的包围,经常受到敌机的轰炸。有一次,苏军伊凡诺夫将军视察战地,看见有几只蝴蝶飞在花丛中时隐时现,令人眼花缭乱。这位将军随即产生联想,并请来昆虫学家施万维奇,让他们设计出一套蝴蝶式防空迷彩伪装方案。施万维奇参照蝴蝶翅膀花纹的色彩和构图,结合防护、变形和仿照三种伪装方法,将活动的军事目标涂抹成与地形相似的巨大多色斑点,并且在遮障上印染了与背景相似的彩色图案。就这样,苏军数百个军事目标披上了神奇的"隐身衣",大大降低了重要目标的损伤率,有效地防止了德军飞机的轰炸。

思路示例:这些故事反映了联想思维中侧向思维的具体运用。侧向思维体现的是一种触类旁通的思考方法,从其他事物中发现一些规律和功能,然后将其运用到相似的事物中,以一种移入的方式进行创意。

第三节 联想、想象思维的创意实训导引

一、基础测试

(1) 联想与想象的含义及其区别。

(2) 总结一下相似联想、对比联想、相关联想、因果联想各自的特点。

(3) 说出有意想象和无意想象的含义。

(4) 指出再造想象、创造想象、幻想的联系和区别。

(5) 在工作或生活中你的联想力或想象力够强吗？如果答案是否定的，请制订一个联想力或想象力的训练方案并有计划地实施。

二、联想思维的训练

联想力的高低主要表现在两个方面，一是联想的速度，二是联想的数量。人人都会发生联想，但高联想力并不是人人都具备的。只有经常进行专门的联想训练，才会提高联想力，为创造性思维打下基础。

(一)提高联想速度训练

1. 分项练习

(1) 相似联想训练。相似的事物有哪些？相似的精神品质有哪些？

 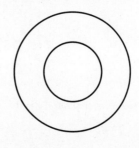

(2) 相关联想训练。

与春有关的季节、概念、情感？

有狗有关的事物、概念、情感？

与中秋节有关的事情、概念、情感？

(3) 对比联想训练。

与高兴相反的情感？

与黑暗相反的词语？

与崇高相反的品质？

2. 综合练习

对给定的两个词或两个物，通过联想在最短的时间里由一个词或物想到另一个词或物。

例如，天空、鱼，那么其间的联想途径可以是：天空—地面(对比联想)；地面—湖、海(相关联想)；湖、海—鱼(接近联想)。

(1) 猫—西瓜；

(2) 人—机器；

(3) 茅草—高粱；

(4) 老鼠—篮球；

(5) 算盘—计算机；

(6) 月亮—篮球。

(二)提高联想数量训练

给定一个词或物，然后由这个词或物联想到其他更多的词或物，在规定的时间内，想得越多越好。

(1) 请在1分钟内尽可能多地说出与"运动"相关的事物的名称。

(2) 请在1分钟内尽可能多地说出发光的东西。

(3) 请在1分钟内尽可能多地说出与"温暖"相关的词语。

(4) 请在1分钟内尽可能多地说出与"冷漠"相关的词语。

(5) 请在1分钟内尽可能多地说出与"坚硬"相关的词语。

(6) 请在1分钟内尽可能多地说出与"柔软"相关的词语。

(7) 请说出与"微信"有关的概念。

三、想象思维训练

(一)平常想象训练

闭上眼睛，做下列想象清晰性联系(想象的形象越清晰越好)。

1. 想象一张熟悉的脸

小孩的脸 —少年的脸—青年的脸—中年的脸—老年的脸。

2. 想象一匹正在飞奔的马

一匹马开始奔跑—越跑越快—蹄下尘土飞扬—风驰电掣—开始减慢速度—小跑—越来越慢—原地踏步—停下来。

3. 想象一朵玫瑰花苞

花苞绽开一点—逐渐开放—完全开放。

4. 想象云中的月亮

云中月亮露出一点—露出半个—露出大半个—全部露出。

(二)无意想象训练

第一步，精神放松。手机设置一下，10分钟后提醒自己。以自己喜欢的方式，或坐或躺，或停或走，任思绪飞扬。

第二步，注意力集中。彻底放松之后，不要刻意想某一事物，不约束自己的思维，安心享受这个过程。

第三步，记录结果。手机提示后，停止下来，恢复正常状态，立即用笔把刚才头脑中闪过的形象、事物、词语等记录下来。

第四步，分析结果。分析自己为什么会想到这些东西，这些东西对自己解决问题有怎样的帮助。

(三)再造性想象训练

再造性想象是根据外部信息的启发，在人脑中形成新形象的过程。阅读后，立即把自己头脑里想象的东西记录下来。

1. 关于太阳能的想象训练

想想太阳能已经在哪些领域运用，如果太阳能代替了其他能源，我们的生活将出现怎样的变化？

2. 关于恶劣天气的想象训练

结合自己所经历的暴雨、沙尘暴、雾霾等极端恶劣天气，思考如果环境进一步恶化，我们的生活将会出现什么问题？

3. 关于传播工具的想象训练

联系QQ作为一种传播工具在人们日常生活中所起的作用，思考微信将对人们的生活造成怎样的影响？基于我们对未来传播的期待，下一个传播工具是怎样的？

4. 关于诗词的想象训练

读蒋捷(宋)的《虞美人》，体会词中的意象与世事沧桑带来的心绪变化。
少年听雨歌楼上，
红烛昏罗帐。
壮年听雨客舟中，
江阔云低，
断雁叫西风。
而今听雨僧庐下，
鬓已星星也。
悲欢离合总无情，
一任阶前，
点滴到天明。

5. 关于灯泡和插座的想象训练

从图4-14所示的灯泡和插座展开想象，能够获得什么启发？

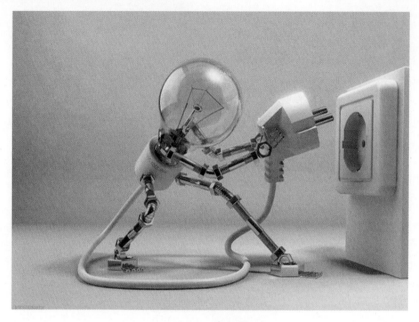

图4-14　灯泡与插座

(四)创造性想象训练

创造性想象通过对已有记忆表象的加工、改造、重组以产生出新的形象。几乎所有的创新活动都离不开创造性想象,所以,创造性想象的训练是十分重要的。

以下思考题,要在所给出的信息的基础上,大胆想象,形成新的形象,并提出解决问题的方法,将想象的结果记录下来(时间控制在6分钟之内,想法越多越新越好)。

(1) 房价居高不下,你有什么办法保证普通民众都能买上心仪的房子吗?

(2) 衣服穿一段时间就变脏,你有什么办法能让衣服一直干净整洁吗?

(3) 你的钱包丢了,除了报警,还有其他办法帮你找回钱包吗?

(4) 天冷了除了多穿衣服御寒,你还能想到更好的办法吗?

(5) 如何提高一个新产品的知名度,你能提出什么新的策略?

(6) 春节出行难是一个令人头疼的问题,你有什么好的办法缓解这一难题吗?

(7) 网络的普及方便了我们获取信息,但是一部分不负责任的谣言也对我们的日常生活造成了影响,有人认为要加强网络管理打击谣言,但也有人认为这样会影响信息公开,你有什么好办法既能解决网络谣言问题又不影响信息公开吗?

(8) 如果地球变成了一个100个人居住的小村庄,你能想象那时的场景吗?

(五)幻想性想象训练

幻想性想象可以看作创造性想象的一种极端形式,其特点是幻想的结果远远超出了现实的可能性,甚至是很荒谬的,其中就包含创造的成分,或者是创造的先导。从这个意义上说,没有幻想就没有创造。

以下思考题,要在明确问题之后,大胆地进行想象,不要顾及是否能实现,也不要担心答案是否完整,只要想到,就用简单的文字记录下来。

(1) 假如古代有手机？

(2) 想象一下你在月球待三天，你会做什么事情？

(3) 如果真的出现世界末日你要做什么？和谁在一起？

(4) 孔子带着弟子和翻译去美国、俄国、英国、日本、巴西、埃及、朝鲜讲学，会遇到怎样的"礼遇"？

(5) 近年宫廷戏非常流行，许多演员扮演皇帝角色体现出不一样的形象，你能想象如果是皇帝本人扮演自己，会有哪些故事发生呢？

(6) 世界能源危机是个热门话题，如果光能、空气能开发成功，世界会变成什么样子？

四、想象联想思维综合训练

(一)阅读神话故事

神话是反映古代人们对世界起源、自然现象及社会生活的原始理解，并通过超自然的形象和幻想的形式来表现的故事和传说。阅读《山海经》中的神话故事，体会其中的想象力。

(二)想象没有网络的生活

媒体报道，加拿大圭尔夫市的某个家庭决定在生活中摒弃所有1986年以后的科学技术，时间为一年，以此作为一种社会体验。这家人将没有网络，也没有24小时的新闻频道。他们只有一台放在木柜里的1980年的老古董电视，和一台播放着怀旧老歌的卡带式录音机。他们扔掉了手机，邮寄真实的信件而不是E-mail，去敲别人家的门而不是在微博上互粉，使用胶卷照相机，用真实的地图导航而不是GPS。男主人说："我们以我们曾经被养育的方式来养育自己的孩子一年，看看到底会怎样。我当然不反对科技，它提高了燃油效率和医疗保健水平。我不反对科学，只是想体验一下，想让孩子们体验下如果没有科技会怎样，看我们是否能做到。"

想象一下，自己在一个没有网络也没有手机的环境中生活会怎样？

(三)如何度过余生

假如你不必为了生计而工作，你愿意做什么？假设你有100万美元不必缴税，你首先用这笔钱做什么？假设你被告知只剩下6个月的生命，你会如何度过余生(在6个月中身体是健康的)？

(四)如果下面的假设发生会有怎样的故事

想象一下如果古代也有互联网(见图4-15)，将会是怎样的？

除了皇宫里面可能发生的这些事儿，你还能想象网络出现在古代还能带来什么样的变化吗？

想象一下如果当代掌握了光速旅行技术，人类社会将在哪些方面发生怎样的变化？

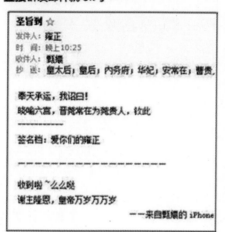
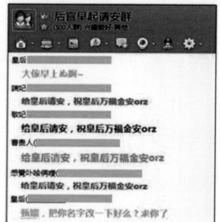

图4-15　古代的互联网

(五)奇思妙想的组合

思考图4-16中所蕴含的想象力。

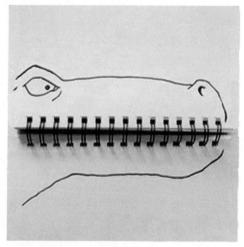

图4-16　奇思妙想的组合

五、头脑风暴法训练

(一)概念

头脑风暴法又称智力激励法、BS法、自由思考法,是由美国创造学家A. F. 奥斯本于1939年首次提出、1953年正式发表的一种激发性思维的方法。

(二)过程

(1) 确定所要思考的主题。

(2) 选择经验丰富的人作为主持人，主持人负责介绍主题，控制时间，保障讨论的进行。

(3) 成立5～10人的讨论小组。

(4) 针对主题进行讨论。

在讨论过程中主持人一定要提示参与者把握下列原则：禁止批评和评论，也不要自谦；目标集中，追求设想数量，越多越好；鼓励巧妙地利用和改善他人的设想；与会人员一律平等，各种设想全部记录下来；不强调个人的成绩，应以小组的整体利益为重，注意和理解别人的贡献，人人创造民主环境，不以多数人的意见阻碍个人新的观点的产生，激发个人追求更多更好的主意；提倡自由发言，畅所欲言，任意思考；主张独立思考，不允许私下交谈，以免干扰他人思维。

(三)训练主题

(1) 如何解决贫富悬殊问题？

(2) 如何解决饥饿问题？

(3) 如何解决贫困问题？

(4) 如何解决性别歧视问题？

(5) 如何解决食品安全问题？

(6) 如何解决节假日道路拥挤，民众出行困难等问题？

(7) 如何解决与同事、同学相处问题？

(8) 如何解决自己最近遇到某一难题？

(9) 如何解决贪腐问题？

(10) 如何解决农民的土地不被侵占问题？

六、焦点法训练

(一)概念

焦点法是美国C. H. 赫瓦德创造的强制联想的方法，需要以一定的事物为中心和焦点，依次与罗列的各个元素一一构成联想点，以寻求新产品、新技术、新思想、新形象的产生和出现。

(二)过程

(1) 确定一个需要解决的目标——甲。

(2) 随意挑选与甲没有任何关联的事物乙作为刺激物，乙可以从字典中获得，可以从眼前事物中挑选，也可以从电视中获得。

(3) 列举事物乙的所有属性。

(4) 以甲为焦点，强制性地把乙的所有属性与甲联系起来产生强制联想。

(三)案例(见表4-1)

表4-1   "威士忌与鞋"的联想

	鞋的属性	与威士忌的联系
形态	各种尺码	与年代相称的威士忌
	材料各不相同(皮革、人造革、塑料)	上等麦芽
	失去原形的情况	溶解了的威士忌
功能	在日本,要先脱鞋再进入室内 保暖的——长筒靴 风凉的——凉鞋 轻便的——轻便运动鞋 重的——安全靴	畅饮的威士忌 热的威士忌 冰山上的威士忌 午后用的威士忌苏打 不兑水的纯威士忌

(四)训练主题

(1) 汽车—袜子;

(2) 图书—手;

(3) 水—铅笔;

(4) 男人—月球。

第五章

反其道创意的逆向思维

- 了解逆向思维的概念。
- 了解逆向思维的哲学依据。
- 掌握逆向思维的方法。

核心概念

新颖性　批判性　反转型　逆向转换型　逆向缺点逆用

本章导读

假如生活欺骗了你，不要悲伤，不要心急。忧郁的日子里需要镇静：相信吧，快乐的日子将会来临。心儿永远向往着未来，现在却常是忧郁；一切都是瞬息，一切都将会过去。而那过去了的，就会成为亲切的怀念。

——普希金

人生漫漫，必然会遇到许多艰难困苦。不一帆风顺的人生才是真实的人生，面对生活的挫折与不公，多数人总是埋怨，其实换个角度，从反面看，你会看到不一样的景象。这便是逆向思维，逆向思维本质上是发散思维的一种具体思维方法，由于其适用范围广泛，创新效果突出，这里专门独立成章，以便更好地掌握和利用这种创意思维方法。

第一节　逆向思维及其特点

一、逆向思维的含义

在谈逆向思维前，我们有必要先了解一下正向思维。正向思维技法是指人们在思考问题时，按照惯有的、常规的经验和思路，去认识问题、解决问题的一种思维技巧。

正向思维从思维起点，即现有条件出发，据此步步导向目标，沿着事物发展的正方向去思考问题并寻求解决办法。然而我们所习惯的正向思维，极易成为惯用的、格式化的思考模型，当面临外界事物或现实问题的时候，我们能够不假思索地把它们纳入特定的思维框架，并沿着特定的思维路径对它们进行思考和处理，这就成为思维定式。对于某些问题，尤其是一些特殊问题，从结论往回推，倒过来思考，从求解回到已知条件，反过去想或许会使问题简单化，这就需要逆向思维。

所谓逆向思维，从逆向去探求，从相反的方向、相反的属性、相反的状态等方面去思考。通俗来讲就是"反其道而行之"的思维方法，正是这种思维方式改变了人们通常从正面去探求的习惯。从反面去认识事物，容易引起新的思索，往往产生超常的构思和不同凡响的新观念及新方法。

案例5-1

某公园针对游人经常折花而管理人员不足的监督困难现状，一反对违者罚款的一般管理方法，实行举报奖励的办法。这一改变由原来的一个人(管理者)管理上百人(游人)变为上百人(游人)管理一个人(违章者)，成效显著。

案例5-2

在一次欧洲篮球锦标赛上，保加利亚队与捷克斯洛伐克队相遇，当比赛剩下最后8秒钟时，保加利亚队以2分优势领先，但是比赛采用的是循环制，保加利亚队必须赢球超过5分才能出线。

在最后的8秒钟再赢3分以上，谁都不抱希望，这时，保加利亚队的教练叫了暂停。许多人对此付之一笑，认为保加利亚队大势已去，教练纵有回天之力，也很难力挽狂澜。

比赛继续进行，这时，球场上出现了令人意想不到的事情，只见保加利亚队拿球的球员突然运球向自家篮下跑去，迅速起跳投篮，篮球应声入网！全场目瞪口呆，这时，比赛时间到，双方打平，裁判宣布进入加时赛。

所有人都恍然大悟，保加利亚队用这出人意料的做法，为自己创造了一次起死回生的机会，加时赛的结果，保加利亚队赢了6分，如愿出线。

保加利亚队教练不是在最后8秒钟内想方设法得分，而是通过输给对方2分的方法赢得加时赛。这是一次逆向思维解决问题的"完美的创意"和"完美的实施"的经典案例。

正反向思维起源于事物的方向性，客观世界存在互为逆向的事物，由于事物的正反向，才产生思维的正反向，两者是密切相关的。有两点需要注意：一方面，逆向思维是一种与大多数人思考方向相反的思维，所以正向思维与逆向思维只是相对的概念；另一方面，逆向思维只是手段，不是目的，它不同于单纯追求逆反心理刺激的故弄玄虚。如果无视具体情况，一味"唯逆是求"，容易弄巧成拙。某企业看到王老吉做的广告"怕上火，喝王老吉"效果非常好，就想借助这种语言形式，反其道而行之，打出广告语"不上火，喝××"，结果却没有如预期那样打开市场。既然人们不上火，就没有必要再喝这种饮料。所以人们解决问题时，一定要根据实际需要，将正向思维和逆向思维结合起来，采取最有效的思维形式，以达到解决问题的目的。

许多高校禁止在课堂上使用手机，并作为纪律要严格遵守。但是今天的智能手机作为新媒体终端，其功能不仅仅是打电话，同时还是学习的工具。可以用手机随时拍下老师播放的课件，对课上不明的概念"百度"查询，清华大学开发的"雨课堂"软件通过微信平台还可以完成课前预习、作业练习、考试、点名、课上互动等功能。问题：我们要不要禁止课堂上使用手机？如果可以用该如何使用？要有怎样的规范？

二、逆向思维的特点

不同于常规的观察和思考角度，逆反思维常常表现出一种新颖性的特点，这种新颖的特点与其批判性特性有关，还广泛存在于众多领域。具体而言，逆向思维具有以下特点。

(一)新颖性

循规蹈矩的思维与按传统方式解决问题虽然简单，但容易使思路僵化、刻板，摆脱不掉习惯的束缚，得到的往往是一些司空见惯的答案。其实，任何事物都具有多方面属性。由于受过去经验的影响，人们容易看到熟悉的一面，而对另一面却视而不见。逆向思维创意能克服这一障碍，往往出人意料，给人耳目一新的感觉。

一对夫妻在鄂尔多斯市从事建筑生意。2011年前后，全国房地产形势不好，鄂尔多斯形势更糟，老板跑路，楼盘停工，到处是没有完工的住宅小区。在许多地方，即使是完工的小区也没有多少人居住，结果晚上漆黑一片，鄂尔多斯也被称为"鬼城"。因为钱要不回来，许多从事建筑生意的人纷纷离开鄂尔多斯。在这种情况下，这对夫妻也面临着走与留的问题。夫妻俩合计，虽然整体环境不好，如果走了，前期投入的资金也要不回来，不如留下。因为很多人都走了，能做建筑生意的人少了，竞争会变小，留下来机会更大。经商量后，他们决定留下。虽然整体市场依旧不景气，但是竞争少，工程量变大，赚钱反而更容易。逆向思维可以使思考者看到常规思考者看不到的新情况，发现新机遇。

(二)批判性

与正向思维常规的、常识的方式不同，逆向思维是对传统、惯例、常识的反叛，也是对常规的挑战。这种不同反而有助于逆向思维者克服思维定式，破除由经验和习惯造成的僵化的认识模式。

古今中外的生意经都奉行"薄利多销"的经营招数，许多企业为了多销，拼命压低成本、降低价格，以求通过扩大销量来增加利润。这种招数在我国各个领域竞相上演，蔓延到互联网领域，便是近几年屡屡上演的电商大战，虽然结果是多败俱伤，但是许多厂商还是把这种手段当作一种常规武器，价格大战更是频频上演，竞争总是逃不脱这样的恶性循环！然而犹太人却没有采取我们认为常规的经营手段。他们认为进行薄利竞争，如同把脖子套上绞索，愚蠢之至。而且同行之间进行薄利多销的战争等于同归于尽，如果大家都以低价促销，厂商怎么能维持长久经营？何况市场是有限的，消费者已买够了商品，价格再低也很少有人要了。犹太人的"厚利适销"营销策略，是以有钱人作为着眼点的。为了避免其他商人"薄利多销"的冲击，他们宁愿经营昂贵的消费品，不经营低价商品，如名贵的珠宝、钻石、金饰等。虽然价格昂贵、销量有限，但是一方面昂贵的价格，保证了销售者的高利润率；另一方面，奢侈品消费有向下传导的趋势，许多中低消费者，为获得心理上的满足，设法购买奢侈品，如此昂贵的商品也会成为社会流行品，销量逐步增多，利润自然丰厚。在我国，日益增多的钻石消费已经证明了这一点。可见，对于固有模式的挑战，在符合规律的基础上，一样可以获得成功。问题的关键是敢于挑战，敢于突破僵硬的思维模式，对任何问题都应该有审慎的批判态度。

(三)普遍性

逆向性思维在各种领域、各种活动中都有适用性，由于对立统一规律是普遍适用的，而对立统一的形式又是多种多样的，有一种对立统一的形式，相应地就有一种逆向思维的角度，所以，逆向思维也有无限多种形式。例如，性质上对立两极的转换——软与硬、高与低等；结构、位置上的互换、颠倒——上与下、左与右等；过程上的逆转——气态变液态或液态变气态、电转为磁或磁转为电。同一辆自行车可以被设计成骑向相反的方向(见图5-1)，骑行者可以体验相反的感受；房屋也可以被建造成头朝下"倒立"的形状(见图5-2)，总之不论哪种方式，只要从一个方面想到与之对立的另一方面，都是逆向思维。

 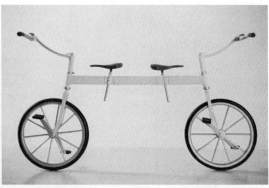

图5-1 双向折叠——自行车

图5-2 逆向思维的建筑师作品

你在初中、高中时有过逆向思维的举止吗？请说说逆向思维与逆反心理的区别。

三、逆向思维的哲学依据

世界上一切事物总是由对立着的两个方面构成：天与地、阴与阳、雌与雄、上与下、内与外、大与小、正与负、冷与热、虚与实，等等，它们相反相生、相辅相成、相互依赖、相互贯通，处于一体化之中，组成了绚丽多姿、光怪陆离的大千世界。逆向思维方法的理论基础，就是这种相反相生、对立统一的哲学思想。

依据矛盾的对立面互相依存的原理，可以进行反传统习惯性思路的反向思考。许多广告主挖空心思把尽可能多的信息放入广告中，而电影《偷书贼》买断《纽约时报》两个整版页面，却只在底部以很小的12号字体打出了网站链接，让我们"想象一下一个没有文字的世界"(见图5-3)。如果通过常规的方法，用很多文字证明一下没有文字的世界，很多人可能熟视无睹，不如反其道而行之，通过反常规的留白来引人关注，留给人想象的空间，直接让人们自己体会没有文字的世界，这时少便成了多。

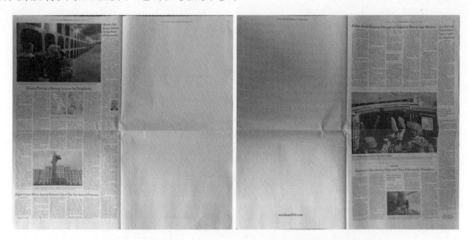

图5-3　《偷书贼》广告：想象一下一个没有文字的世界

又如依据矛盾的对立面互相转化的原理，可以"以毒攻毒"，出奇制胜。如蜈蚣和蝎子有剧毒，但也有清热、散风、镇痉的功效，中医用它来主治惊风抽搐、口歪眼斜。研究癌的科学家最近宣布，癌细胞既有置人于死命的一面，也有救死扶伤的一面。从癌细胞中提取一种叫TPA的蛋白质注入患有心肌梗死、危重病人静脉中，血管中的血栓竟然得到化解，血液循环再无障碍，病人也起死回生了。对震人耳膜的噪声，科学家设计制造音叉(见图5-4)，利用共振理论，音叉可以将反复出现的间歇性噪声转换为令人高兴的音乐。

再如依据矛盾的对立面在一定条件下可以融合为一个更高层次的新事物的原理，我们可以有意识地将两种相反的东西结合起来。自由和不自由是相对的两种状态，如何使得既有自由又没有自由？电子侦测器，它安装在假释者脚上后，假释者既获得了自由又同时被限制着行动。如何既能挡着不让进来，又欢迎让其进来？玻璃挡住风雨，迎来阳光；蚊帐挡住蚊子，迎来空气，等等。

图5-4　转化噪声的音叉

四、逆向思维的三种方法

常见的逆反法表现为思维求异，这是与思维求同相对而言的。思维求同，是从已知的条件和目的中寻求唯一答案的思维方式。思维求异，则是从多种多样的假设和构思中寻求与众不同的答案的创造性思维方式。

(一)反转型逆向思维法

反转型逆向思维法是指从已知事物的相反方向进行思考，产生创意构思的途径。"事物的相反方向"常常从事物的功能、结构、因果关系等三个方面进行反向思维。我们知道复印机的功能是复印，也就是将空白的纸印上内容。但是如果功能相反呢，能否将有内容的纸变成空白的纸？同样雨伞正常情况下被人用来防雨，而一旦雨伞被风吹翻，结构发生反转，也有非同寻常的妙用，如图5-5所示。

图5-5　雨伞反用的妙处

平时用的雨伞在雨天给我们带来方便的同时也给我们带来了不少麻烦,比如进屋后伞面上的雨水顺伞流下弄湿地板、湿伞面在外打湿衣服、上下车收伞时卡在车门不方便等。现在市面上有一款反向雨伞(见图5-6和图5-7),打破传统雨伞的设计理念,改变雨伞伞巢与伞骨的设计,伞巢由上下两个滑动元件控制,上下元件靠拢,伞骨就收伞;上下元件分开,伞骨就开伞。这种反向收合的方式,使收伞时雨水淋湿的一面被兜住,彻底解决了传统雨伞雨天带来的不便。

图5-6　反向收纳的雨伞(一)

图5-7　反向收纳的雨伞(二)

(二)转换型逆向思维法

转换型逆向思维法是指在研究某一问题时,由于解决某一问题的手段受阻,而转换成另一种相反的手段,或转换思考角度思考,以使问题顺利解决的思维方法。新买的鞋子意外破了一个洞,缝补后就变成了旧鞋,那就干脆再人为地制造几个洞,让它变成一种新款式。肮脏的泥土不好处理怎么办?换个角度考虑一下,不好去除,那就美化。艺术家萨拉·罗萨采用逆向思维,利用肮脏的泥土进行创意插画作品(见图5-8)的创作,变废为宝,给人美的感受。

(三)缺点逆用思维法

缺点逆用思维法是一种利用事物的缺点,将缺点变为可利用的东西,化被动为主动,化不利为有利的创意方法。这种方法并不以克服事物的缺点为目的,相反,它是将缺点化弊为利,找到解决方法。小孩子们总有许多天马行空、无边无际的想象,很多时候他们也乐于将这些以画笔涂鸦的方式展现出来，但代价往往是墙壁也成了他们的"画布"，让父母们感到头疼。因此，美国壁纸公司Cavern推出了"我看见你了(I See You)"涂鸦壁纸(见图5-9)。壁纸上是一对对从各个角度无孔不入盯着你的可爱的眼睛，它引导和鼓励小朋友们拿起画笔，充分发挥自己的想象力将它们变成活灵活现的小人物，从而让小朋友们的想象力不再受到家居空间的限制。

图5-8 艺术家萨拉·罗萨的创意插画作品

图5-9 涂鸦壁纸

大禹治水，改堵为疏——寻找我们在管理上需要用逆向思维改进的工作。

变废为宝、化腐朽为神奇——说说我们生活中有哪些方面是可以通过逆向思维的创意而使生活添色的。

第二节　逆向思维创意的思路示例

一、用赞美"教训"你

在非洲的巴贝姆巴族中，至今依然保持着一种古老的生活仪式。当族里的某个人因为行为有失检点而犯错的时候，族长便会让犯错的人站在村落中央，公开亮相，以示惩戒。每当这时，整个部落的人都会放下手中的工作，从四面八方赶来，将这个犯错的人团团围住，用赞美来"教训"他。

围上来的人们，会自动分出长幼，然后从最年长的人开始发言，依次告诉这个犯错的人，他今生曾经为整个部落做过哪些好事。每个族人都必须将犯错人的优点和善行，用真诚的语言叙述一遍。叙述时既不能夸大事实，也不允许出言不逊，而且不能重复别人已经说过的赞美。整个赞美的仪式，要持续到所有族人都将正面的评语说完为止。

思路示例：巴贝姆巴族人是智慧的，他们对待犯错人的态度是"尽管你犯了错，有了缺点，但我们依然爱护你、关心你、接纳你"。既然你曾为整个部落做过那么多的好事、善事，有那么多的优点，那么，请你认真地反思，然后心悦诚服地改正自己的错误。

二、饥饿营销

在日常生活和工作中，我们常常碰到这样一些现象，买新车要交定金排队等候，买房要先登记交诚意金，甚至买iPad还要等候，还常常看到"限量版""秒杀"等现象。在物质极大丰富的今天，为什么还存在大排长龙、供不应求的现象呢？这是饥饿营销造成的。

所谓"饥饿营销"，是指商品提供者有意调低产量，以期达到调控供求关系、制造供不应求的"假象"、维持商品较高售价和利润率，也达到维护品牌形象、提高产品附加值的目的。

小米手机的销售就采取了饥饿营销的办法。小米手机先在各大论坛、网站等媒体宣传其即将上市的新产品(见图5-10)，引起大家的关注与热议，然后借口生产环节复杂，供货紧张，在一个月份只有1.2万人才能拿到真机，其余用户只能预订，然后继续等待，造成"一机难求"的热销场面。

图5-10　小米手机的发售页面

思路示例：小米手机通过人为地控制产品的出货量，造成一机难求的热销局面。其实就是利用"物以稀为贵"的心理，将自己积极卖产品转换成消费者主动抢产品。如此一来，卖方小米手机便占据了主动位置，可以从容地进行自己的商业行为。

三、抽烟的孩子

　　在你抽烟时，有一个可爱的孩子手里拿着一支烟(见图5-11)，向你借打火机时，你会有怎样的反应？你一定不会借给她，而且会告诉她吸烟有害身体健康，小孩子一定不能抽烟。只是你忘了自己也在抽烟，这时孩子突然给你一张字条，上面写着"你不必担心我，你倒不如关心一下你自己"，看到这里你会不会立刻把烟扔掉，一个反吸烟广告就以这种形式告诉我们：不要再吸烟了。

图5-11　禁烟公益广告——抽烟的孩子

　　思路示例：吸烟有害健康的广告多以吸烟危害的严重性作为诉求核心，对抽烟者进行抽烟有害身体健康的说服，这种来自外部的劝服对于瘾君子来说往往效果不大，抽烟者通常会为自己的抽烟找各种借口。而本案例的出色之处就在于能让抽烟者从另一个角度思考问题，自己主动指出吸烟有害健康，说服别人放弃抽烟。

四、占卦

　　国会议员的竞选开始时，穆勒曾为是否参加竞选的问题发愁了很久。想来想去拿不定主意，最后穆勒想决定于天命吧。于是他请教于两位高明的算命先生，他们分别作了回答。A讲完他的预测之后，说："我所说的只有60%正确。"B讲完他的预测之后，说："我所说的只有30%正确。"于是，穆勒就参照B占卜的结果去办了，为什么呢？

　　思路示例：30%和60%相比，谁的正确率更高，结论十分明显。可是任何事情都应该看到相反的一面，这样考虑问题才会更周全。B先生的判断自称只有30%正确，那么判断的结果就有70%脱离实际。如果穆勒按B所说的相反结果行事，就有70%的正确率，出于70%大于60%的考虑，穆勒当然会按照B所说的反面去做。

五、畅销的丑陋玩具

有一次，美国艾士隆公司董事长布希耐为公司陷入困境而束手无策。心烦意乱之时，他驾车到郊外散心，看到几个孩子在玩一只肮脏而且异常丑陋的昆虫，简直到了爱不释手的地步。布希耐意识到，某些丑陋的玩物在部分儿童心里占有重要位置。于是他机敏的头脑产生了灵感，立即研制出一套"丑陋玩具"，迅速推向市场。果然一炮打响，从此美国掀起行销"丑陋玩具"的热潮，并且一浪高过一浪。

从此，艾士隆公司开发的新品种极尽丑陋之能事，如"病球""粗鲁陋夫"，臭得令人作呕的"臭死人"。"狗味""呕吐人"，售价也超过了正常玩具的水准。但出乎人们预料的是，这些玩具问世以后一直畅销不衰，其中仅"病球"一种就销售近千万个。"丑陋玩具"不仅使艾士隆公司扭亏为盈，而且带来了巨大的利润。

思路示例：开拓市场的关键是洞察消费者，消费者的多元性是不可忽视的一个要素，特别是针对一些亚文化群体的关注，研究他们的价值观、消费观、审美观，是新产品开发和精准推销的基础。

六、"笼子"中的人

在传统的动物园内，无精打采的动物被关在笼子里让人参观。然而有人反过来想，把人关在活动的"笼子"里(汽车中)，不是可以更真实地欣赏大自然中动物的面貌吗？于是野生动物园应运而生。

思路示例：如同电梯的原理一样，可以人不动，路动，人相对走；画面不动地铁动，形成动画效果。正如同你不幸遇到了一个粗暴任性难以忍受的上司，从消极和简单的角度处理多数人的想法是辞职离开他。其实换一个角度，跳出原有的模式，也可以设法让他离开你，比如请猎头公司让他高高兴兴地跳槽。

七、七步诗与反七步诗

煮豆燃豆萁，豆在釜中泣。
本是同根生，相煎何太急！
这是曹植写的一首《七步诗》，千百年来广为流传，人们对釜中之"豆"寄以深切的同情，而对"豆萁"则无不抱怨、指责。
郭沫若先生却想到了问题的另一方面："站在豆的一方面说，固然可以感觉到萁的煎迫未免过火；如果站在萁的方面看，不又是富于牺牲精神的表现吗？"于是，他打破了千百年来人们的传统看法，别出心裁地写了一首《反七步诗》：
煮豆燃豆萁，豆熟萁已灰。
熟者席上珍，灰作田中肥。
不为同根生，缘何甘自毁？
思路示例：任何问题的答案都不是唯一的，因为事物的属性是无穷的，认识事物的视角是多元的，有时从正面看待问题，有时从反面看待问题也会发现不一样的价值。

八、天猫的内裤

天猫在2013年"双十一"当天发出了一条"内裤卖出两万条，连起来有3000公里长"的微博。随后江宁公安的微博指出该条微博的错误，如此算来，一条内裤长达1.5米，引发了全民吐槽。本来这是一件不算多大的事情，天猫解释是一盒内裤，一盒内裤有好几条，再道个歉就可以了，但天猫却进行了有趣的回应。

上午正忙呢，一眼看见马总到我们这里四处转悠，小编心想，当董事长的就是悠闲啊。冷不丁马总突然走到我们这里开始跟我们闲聊起来。以下是对话实录：

马云："双十一"那天天猫微博说1.5米内裤的那条是谁发的？

小编：我，马总，是我发的。

马云：这数是谁算出来的？

小编：也是我……

马云：我靠，你太牛了！你这1米5分分钟把350亿干趴下了啊。哎，你说说你怎么算的？

小编：我打草稿算的。

马云：……你把草稿打哪儿了？我看看。

小编：马总你别看了，看了你也看不懂的。

马云：呵呵，你说你数学这么差，居然算出跟你身高一样的内裤长度！

小编：对了，马总，都说你当年数学考过1分，这是真的吗？

马云：今天杭州天气不太好啊！(抬头看天状)

小编：对了，马总，听说你当年面试警察，去了六个人，就你没录取，其他五个全部录取了，是吗？

马云：咳咳咳，小伙子你是哪年进公司的啊？

……

思路示例： 天猫方面没有选择亡羊补牢的传统做法，而是自己钻出这个洞和用户打成一片。天猫将马云搬了出来，把马云数学不好之类的事情拿出来自黑。首先，马云在中国一直是很高大的形象，而天猫此微博一发，直接改写了马云有史以来的形象，变成一个有血有肉甚至有点傻有点憨的人，与公众共舞。其次，阿里一直以来的高大强硬的公众形象也得到极大的软化，更有亲和力。这种卖萌俏皮的行为不仅没有让用户反感，并且博得了用户的欢心。

第三节　逆向思维的创意实训导引

一、基础测试

(1) 用自己的话描述什么是逆向思维。

(2) 举例说明什么是反转型逆向思维。

(3) 举例说明什么是缺点逆用型逆向思维。

二、实践训练

(一)日常行为训练

将自己的一些行为、思考等进行反向操作看看效果，培养自己逆向思维的意识。

(1) 左手写字，左手用鼠标，左手接电话(左撇子用右手)。

(2) 倒立观察世界，体会一下与平时所看到的不同。

(3) 上课前走到讲台，说出你一个异乎寻常的创意，事后了解同学们对这个创意的看法。

(4) 尝试倒着走路，并描绘倒行时你所看到的风景与正行时的不同。

(5) 到人行道逆行，观察行人为你让路时的表情，说说你的感受。

(6) 从后视镜里看人。

(7) 到安静的咖啡屋高声朗读一首诗，体会大家异样的目光带给你的感受。

(8) 刀削铅笔，刀动笔不动，采用逆向思维，笔动刀不动，于是有了旋笔刀；人上楼梯，人动梯不动，采用逆向思维，梯子动人不动，于是就有了电梯——请仔细观察一下你身边的事物，举出五个这样的例子。

(二)反转型逆向思维训练

1. 名言名句的另一面

名言名句都有一定的哲理性，时间久了也容易在人们头脑中形成定式，产生本来如此的固有看法。然而许多时候名言或谚语是靠不住的。因为任何名言和谚语都是归纳的结果，而相反的名言和谚语同样可以在归纳中产生。请你对下面的名言警句进行分析，论证要合理，要有说服力。

俗话说"逆境出人才"，请举例说明"顺境出人才"。

常言道"忠言逆耳利于行"，请举例说明"忠言顺耳利于行"。

有人说"没有规矩不成方圆"，请说出"破旧立新"的可贵之处。

都说"不想当将军的士兵不是好士兵"，请从反面论述"只想当将军的士兵不是好士兵"。

说一说"当一天和尚撞一天钟"的正面价值。

"墙倒众人推"在什么情况下也是一种好的行为？

"东施效颦"有没有合理之处？

"杞人忧天"对生活有怎样的帮助？

2. "坏事"的积极因素

请找出下列事物观念的好处和积极因素，找出的项目越多越奇特越好。

买不起汽车有哪些好处？

电脑病毒有什么正面价值？

中小学生上网有哪些好处？

战争的正面价值是什么？

贫困对大学生成长有什么益处？

失恋给你带来哪些好处？

离婚对人的成长有什么好处？

生病对人的身体有什么益处？

你认为做"剩男""剩女"的好处在哪？

3. "好事"的消极因素

请找出下列事物和观念的坏处和消极因素，找出的项目越多越奇特越好。

买彩票中了50万元。

自己被保送上了大学。

父亲被公司委以重任，工资翻了两番。

路不拾遗，夜不闭户。

社会和谐，天下无贼。

蔬菜、鸡蛋的价格暴跌。

抽奖得了一辆豪华轿车。

从科长破格提拔为厅长。

在网吧打游戏机练就了一手熟练的键盘操作技能。

他乡遇故知，久旱逢甘雨。

每个人都可以挑选任何一种职业。

中小学生可以领到工资。

有一种"记忆芯片"贴近大脑后，10分钟可掌握一门外语。

掌握一种魔法，可以心想事成。

4. 正反两面看问题

"塞翁失马"的故事我们耳熟能详，你能找出生活中类似的两个故事吗？

大清早被闹钟吵醒有人觉得烦躁，有人乐于接受，因为这说明自己还活着，你怎么看？

不得不从被窝里爬起来上班上课，有人认为生活很无奈，有人觉得这说明自己没失业，应该感觉很幸福，你如何看待？

很想休息但没被批准，有人在心里抱怨，有人觉得这证明你的重要性，因为还有位置离不开你，你怎么想？

听到别人说的刺耳的话，有人要反唇相讥，有人闻过则喜，因为这说明有一个真心关心你的朋友，你怎么看？

关于新媒体所带来的影响，有人认为新媒体带来了更多参与的机会，也有人认为新媒体带来了"信息焦虑"，你怎么看待这一问题？

(三)转换型逆向思维训练

1. 瓶口等距的设计

有这么一道题：四个相同的瓶子，怎样摆放才能使其中任意两个瓶口的距离都相等呢？

2. 奇妙的广告语

瑞士一家钟表公司其广告用语是：本公司在世界各地的维修人员闲得无聊。请思考其中的逆向思维运用。

(四)缺点逆用型思维训练

1. 面对失事飞机的不同处理

1988年4月27日，美国阿波罗航空公司一架波音737客机从檀香山起飞后不久失事，在这场事故中除一名空姐被气浪从舱顶抛出殉职外，89名乘客全部平安生还，无一伤亡。在常人看来，这一不幸事故的发生，会对波音公司的声誉产生不利的影响。但波音公司却在全国各地电台及宣传媒介上广为宣传，此次事故系飞机太旧、金属疲劳所致，该机已安全飞行了20年，起落过9万次，大大超过了保险系数，尚无一名乘客身亡，此乃我们的荣幸——将其作为进行产品自我宣传的最佳契机。此信息很快传遍了世界各地，仅5月份一个月，波音公司收到来自世界各地的订单竟达70亿美元，而第一季度全部订货只有47亿美元，企业不仅没有因此陷入困境，反而名声大振，声誉更好。

飞机失事从哪个方面说都是件憾事，并且从很多方面都大有反面的文章可做。波音公司为挽回企业形象也可采取正面致歉、承诺强化质量管理、加强安全检测等方法。公司却"逆向"思维——化弊为利：事故的结果恰恰说明飞机质量过硬。在许多"属性"中只选取这一点，而这一创意也正合于实践目的。

请分析处理该事件中正、逆向思维的不同，会导致哪些不同的结果？

2. 化腐朽为神奇

某时装店的经理不小心将一条高档呢裙烧了一个洞，其身价一落千丈。如果用织补法补救，也只是蒙混过关，欺骗顾客。这位经理突发奇想，在小洞的周围又挖了许多小洞，并精于修饰，将其命名为"凤尾裙"。"凤尾裙"销路顿开，该时装店也由此闻名。由此启发，试发现你生活中的某些缺点，并将其转化为优点。

3. 巧用地沟油

地沟油成为中国人餐桌上一种最让人讨厌的东西，有人想到利用地沟油做航空燃油，你还能想到其他对地沟油的有利利用吗？

第六章

深度创意的纵向思维与拓展创意
的横向思维

学习要点及目标

- 掌握纵向思维与横向思维的概念。
- 掌握纵向思维的方法。
- 掌握横向思维的方法。
- 掌握利用横向思维突破思维定式。

核心概念

抽象与概括　因果探寻　辩证分析　广泛涉猎　打破定式

本章导读

涉浅水者见虾，其颇深者察鱼鳖，其尤甚者观蛟龙。

思考问题也是如此，由浅入深，纵向挖掘，横向拓展，才能有大收获。

第一节　纵向思维与思维深度的开掘

一、纵向思维及特点

(一)纵向思维的内涵

所谓纵向思维，是指在一种结构范围内，按照有顺序的、可预测的、程式化的方向进行的思维形式，这是一种符合事物发展方向和人类认识习惯的思维方式，遵循由低到高、由浅到深、由始到终等线索，因而清晰明了，合乎逻辑。我们平常的生活、学习中大都采用这种思维方式。它与横向思维相对应。如果说横向思维是指在不同地方挖不同的井，纵向思维则是在同一个地方不断地把井挖深(见图6-1)。至于哪种思维方式更好，需要根据实际情况决定。

(二)纵向思维的特点

1.目标性明确

纵向思维有着明确的目标，执行时就如同导弹根据设定的参数锁定目标一样，直到运行条件溢出才会终止。一旦条件满足时机成熟就会重新启

图6-1　横与纵——不同的挖井方式

动,不达目的不罢休。

2. 清晰的阶段性

纵向思维考察事物背景从量变到质变的特征,能够准确把握临界值,清晰界定事物的各个发展阶段。例如,将商品按照自然规律进行考察,分为新生期、成长期、兴盛期、衰落期,有利于我们根据每个时期的特点有针对性地进行把握。

3. 良好的稳定性

运用纵向思维,人们会在设定条件下进行一种沉浸式的思考,思路清晰连续单纯,不易受干扰。例如,情感上呈现阶段性的平淡,但因为中心不变,随着时间的推移日久弥坚,越陈越香。

4. 由轴线贯穿的思维进程

当人们对事物进行纵向思维时,会抓住事物的不同发展阶段所具有的特征进行考量、比照和分析。事物体现出发生发展等连续的动态演变特性,而所有片段都由其本质轴线贯串始终。某报纸宣传自己力图透析现象后面的本质,朝纵深处思考,找出历史事件的发展脉络,体现自己在深度报道方面的优势(见图6-2)。

图6-2 我们进行深度报道——某报纸广告

5. 强烈的风格化特点

纵向思维本身的专精特质,决定了其具有极高的严密性和独立性,其个性突出,难以被复制广泛流传。与他人性情方面显得泾渭分明,甚至格格不入,很多专家都是这种思维性格。

二、思维深度的开掘

思维的深度是指思维的深刻性,能透过现象抓住本质,以敏锐的洞察力把握事物的发展趋势。思维的深度主要表现为对事物现象的抽象、概括的程度,对现象间多链交叉因果探寻的能力和对事物现象的辩证分析几个方面。

(一)抽象与概括

抽象是人脑以概念、判断、推理等形式对事物概括性的反映，它使人对事物的认识由外部的表面特征深入到内在联系，由感性上升到理性。例如，人民币抽象为货币，货币抽象为商品，商品抽象为物品，层层抽象，从而发掘人民币的本质。由于具体的事物属性丰富，所以它对人们思维的束缚相对较大。如果我们能够对具体的事物加以抽象概括，思维往往会获得解放，更容易发挥创造能力。我们都知道司马光砸缸救人的故事：一个小孩掉进了水缸，多数小朋友想的是把他从水缸里拉出来，可水缸太高，里面有水够不着。司马光却急中生智，砸破水缸让水流走，水缸里的小孩因而得救。要救孩子，无非就是将孩子和水分开，多数小朋友想的是"使人离开水"，司马光将它颠倒过来考虑，"使水离开人"。"将孩子和水分开"的抽象救了孩子的命。

研究市场营销、广告策略同样需要抽象能力，从顾客方面，他购买的表面上看是具体的商品，但从深层次上看，他购买的是自己某种需要的满足；从经营方面看，商家推销的是商品，争夺的是市场，而从本质上看是在争夺消费者，具体地讲是在争夺人心。可口可乐在一则广告中(见图6-3)，利用抽象的图像生动地传递出可口可乐所营造的分享精神，以期赢得消费者的好感。基于这种认识，营销或广告策略就会站在一个更为长远的基点上，使企业的发展更有后劲，而非打一枪换一个地方的"流寇"策略。

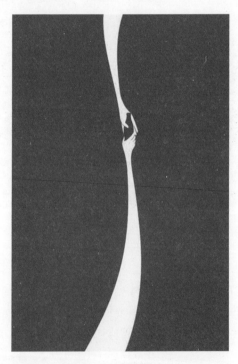

图6-3　可口可乐形象广告《可乐手》

(二)因果探寻

从某种意义上说，这个世界是由因果构成的，我们生活在一串又一串的因果链中。在因果的若干特性中，它的连锁性和复杂多样性是需要重点把握的。连锁性是讲，同一现象既是前一现象的结果，同时又是后一现象的原因。

例如，名不正则言不顺，言不顺则事不成。事不成则礼乐不兴，礼乐不兴则刑罚不中，刑罚不中则民无所措手足。(《论语·子路》)

每个具体事物的因果链条都是无限的系列，朝上是无限的，朝下也是无限的。但是，人们在日常思维活动中，往往只截取其中一段，对于超出这一段之外的原因或者结果，就很少追究了。如果我们能够延伸思维的深度，沿着某一根因果链条朝上或者朝下穷追不舍，就会有新的发现。例如：

人有祸，则心畏恐；心畏恐，则行端直；行端直，则思虑熟；思虑熟，则得事理。行端直，则无祸害；无祸害，则尽天年。得事理，则必成功。尽天年，则全而寿。必成功，则富与贵。全寿富贵之谓福。而福本于有祸。故曰："祸兮福之所倚。"(韩非子《解老》)

上述因果链结构如下：

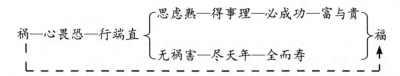

以上反映了一因多果和多果一因。又如：

人有福，则富贵至；富贵至则衣食美；衣食美则骄心生；骄心生，则行邪僻而动弃理。行邪僻，则身死夭；动弃理，则无成功。夫内有死夭之难而外无成功之名，大祸也，而祸本生于有福。故曰："福兮祸之所伏。"(韩非子《解老》)

该因果链结构如下：

$$福—富贵至—衣食美—骄心生\begin{cases}行邪僻—身死夭\\动弃理—无成功\end{cases}大祸$$

每一种事物和现象都有其得以产生的原因，也都会引出一系列的结果。沿着任何一个事物往上追溯，我们能够发现它的原因、它的原因的原因，等等。如果往下追溯，我们能够找出它的结果、它的结果的结果，等等。比如，在许多单位有这种现象：一栋设计合理装饰漂亮的建筑物建成投入使用后，原来根据防火、通风、人员疏散等要求而设计的许多门都被锁上了，上千人出入、工作的大楼只有一个门开着。从表面上看，造成这种现象的原因是为了管理方便、防盗等，如果我们再深究一下，你也许会看到积淀在人们思想深处的封闭的文化心态或保守的封建意识。

因果联系的复杂多样性表现在：一个原因可以引起一种结果，也可以引起多种结果；有些结果由一种原因引起，有的则由多种原因引起；有时，多种原因纠合在一起，还可以产生多种结果。有些因果在一定条件下，还可以互相转换，互为因果，我们平时讲的"良性循环"或"恶性循环"，就是因果在一定条件下相互转换、互为因果的现象。如经济发展促进科学进步，科学进步又促进经济发展。相反，经济落后，科学得不到发展；科学不发展，又会导致经济落后。看到因果联系的复杂多样性，并在寻找现象间因果关系时将多方面的因素考虑进去，可使我们的思维避免片面性和简单化。

(三)辩证分析

对事物现象的辩证分析，也是思维具有深刻性的前提条件。形式逻辑只能反映事物静态的、相对固定不变的模式，它不可能驾驭整个世界万事万物的运动变化。而辩证思维认为世界的统一性在于其物质性，意识是对物质的反映，对立统一规律是其根本规律，对立面之间既统一又斗争，由此推动事物的运动和变化；认识的真理性只有在实践中才能得到检验和证明。辩证思维强调事物的联系、运动、变化及其发展。

案例6-1

2013年10月，央视的一个关于星巴克咖啡价格的报道引起媒体的热议。根据央视报道，对比北京、伦敦、纽约、孟买等城市同一款星巴克354毫升拿铁咖啡售价，北京27元、伦敦24.25元、芝加哥19.98元、孟买14.6元。报道援引上海咖啡专业委员会会长王振东的统计，一杯中杯拿铁咖啡的物料成本不足4元，由此认为星巴克在中国及亚太地区赚取暴利。对此《国际先驱导报》发表署名梅新育的文章《星巴克价格之争存在误区》，星巴克咖啡的价格构成不能仅仅依据它的物料成本，文章指出：

第一，星巴克咖啡在不同的国家物料成本存在较大差异。中国本土生产开发豆不多，消费的咖啡豆大部分需要进口，为此需要缴纳进口关税及进口环节增值税。相反，印度是较大的咖啡豆生产国，省去了缴纳进口关税及进口环节增值税，英国和美国虽然国内不生产咖啡豆，但对许多国家的咖啡豆等农产品实行零关税。

第二，星巴克咖啡售价不可能单纯由物料成本构成，因为咖啡厅销售的主要不是货物，而是服务。物料成本只是小头，大头是房租、装修、网络、人工等成本。

第三，由于星巴克咖啡厅卖的主要是服务，貌似同样的一杯星巴克咖啡，在不同国家包含的服务内容和质量可能存在差异。中国的星巴克咖啡店提供免费无线上网服务，这项服务增加了星巴克对消费者的黏性，中国的消费者往往在咖啡店一坐就是很长时间，提高了星巴克的成本。在其他国家的星巴克门店就未必有这样的服务。

第四，中国与美国、英国、印度星巴克售价的差异相当一部分应该是汇率变动的结果。由于人民币多年来对美元、英镑持续升值，印度卢比则对美元大幅贬值，这样，在以前制定的星巴克咖啡人民币价格就会相对于美国、英国、印度价格明显上升。

如果我们对星巴克咖啡的价格给以全面的分析解读，而不是仅仅停留在表面的物料成本上，就会对此有一个全面客观的判断。

从现代营销角度看，星巴克卖的不仅仅是产品，还是一种文化、情调和身份。去星巴克的消费者消费的不仅仅是咖啡，而是要通过消费星巴克咖啡来体验异域的环境与文化，体现自己的品位。所以价格高的产品有时不但不会成为人们购买的障碍，反而会吸引那些希望满足相应欲望的群体前往消费。

据说美国的一些酒吧免费提供下酒小菜，而清水却是收费的，为什么采取这种销售策略呢？这是因为在提供花生等下酒小菜的时候，人们喝酒的概率会变大，而水喝多了喝酒的概率就会降低。简单来说，下酒小菜和酒是辅助共生关系，而清水和酒则是竞争关系。酒吧的老板通过过去丰富的经验，一直采用这样的销售策略。

创意思维其实质就是一种辩证思维，它强调思维的多维性和发散性，要求思维者努力摆脱固有模式的束缚，克服传统思维方式的定式，根据客观实际的发展变化而寻求全新的构思和创意，其关键在于敢于破格，敢于创新。它是辩证思维在人的心理活动的不同侧面、不同层次、不同状态下的体现，因此离开辩证思维就无所谓创意思维。水与火本来是相对立的一组事物，常理来讲水被用来灭火，然而创意者却克服思维定式的影响，用水来体现火苗的形状，展现一种异样的魅力，如图6-4所示。

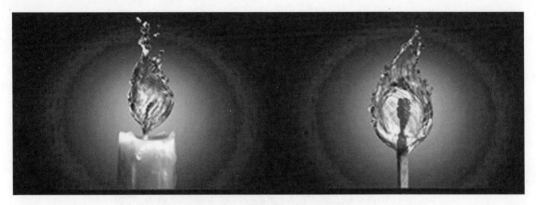

图 6-4　用水体现火苗的形状

第二节　横向思维与思维广度的拓展

一、横向思维概说

(一)横向思维的内涵

横向思维，顾名思义，是指这个人的思维有横向发展的特点。具有这种思维特点的人，思维面广，且善于举一反三。有一个形象的比喻，这种思维就像河流一样，遇到宽广处，很自然地就会蔓延开来，但欠缺的是深度不够。横向思维是爱德华·德·波诺教授针对纵向思维——即传统的逻辑思维——提出的一种看问题的新程式、新方法。他认为纵向思维者对局势采取最理智的态度，从假设—前提—概念开始，进而依靠逻辑认真解决，直至获得问题的答案；而横向思维者是对问题本身提出问题、重构问题，它倾向于探求观察事物所有不同的方法，而不是接受最有希望的方法，并按此方法去做。这对打破既有的思维模式是十分有用的。

德·波诺这样解释横向思维与纵向思维的区别：纵向思维是分析的，横向思维是启发的；纵向思维按部就班，横向思维可以跳跃；做纵向思维时，每一步必须准确无误，否则无法得出正确的结论，而横向思维旨在寻找创造性的新方法，不必要求思维过程的每一步都正确无误；在纵向思维中，使用否定来堵死某些途径，而横向思维中没有否定。他打比方说，纵向思维是在挖一个洞，横向思维是尝试在不同的地方挖洞。把一个洞挖得再深，也不可能得到两个洞。因此，纵向思维是为了把一个洞挖得更深的工具，而横向思维则是用来在别的地方另外挖洞的工具。

案例6-2

英国奥美集团副总监Rory Sutherland讲过这样一个例子，英国工程师遇到了一个问题，那就是如何改善伦敦到巴黎的旅程？工程师提出了一个办法，花费60亿英镑建设全新的轨道，将旅程的3个半小时减短40分钟。而作为广告人他认为这样做是缺乏想象力的，还可以想别的办法解决问题。他认为问题的核心是乘客的心理感知，建议雇用所有世界顶尖男女名模，让他们走进车厢供乘客观摩，而且还免费赠送红酒。这样一来乘客可能还会要求火车慢点儿开，这种创意思维已经在许多列车上运用(见图6-5、图6-6)，效果非同凡响。

图6-5　外国模特在向莆铁路动车上走秀

图6-6　模特在德国柏林地铁的列车上展示时装

(二)横向思维的方法

爱德华·德·波诺(Edward de Bono)提出了一些促进横向思维的方法。

第一，对问题本身产生多种选择方案。

第二，打破定式，提出富有挑战性的假设。

第三，对头脑中冒出的新主意不要急于判断是非。

第四，反向思考，用与已建立的模式完全相反的方式思维，以产生新的思想。

第五，对他人的建议持开放态度，让一个人头脑中的主意刺激另一个人头脑里的东西，形成交叉刺激。

第六，扩大接触面，寻求随机信息刺激，以获得有益的联想和启发(如到图书馆随便找本书翻翻；从事一些非专业工作等)。

二、思维广度的扩展

广度是一个范围和数量概念，所谓思维的广度，是指当头脑在思考一个事物、观念或者问题的过程中，能够在多大范围内联想起别的事物、观念和问题，以及联想的数量有多少。因此，限制思维广度的因素主要有各种思维定式对联想范围的束缚，这就要求我们在思考过程中做到以下两点。

(一)突破各种思维定式的束缚

思维定式是一种严重的创意障碍，其危害的最大之处在于顽固性，人的思维模式一经建立，改变起来就比较困难。由于思维定式是一种普遍存在的障碍，所以，克服思维定式是开发创意能力的重要途径。

如何才能突破思维定式呢？对于个人来说，除了增强创意意识，学习创意技法及经常参加创意性的解题实践外，还可以从以下几个方面加以强化。

1. 强化非逻辑思维和模糊性思维

逻辑思维作为含有概念、判断、推理的思维，它的最大特点是对思维确定性的规范。因此，它是关于思维形式确定性的知识，其主要特征是遵从"无矛盾"法则，即凡事总要说出个道理来。然而逻辑思维也有其局限性。在现实中我们经常会看到这样的奇怪现象：符合逻辑的(即思维形式正确)不一定是真的，真的(结论真实)思维形式却不一定是对的，不合逻辑的却是存在的，错的却是合理的，等等。造成这些现象的原因是多方面的，主要还是因为这些现象都是超逻辑的或者非逻辑的。席勒认为，逻辑从希腊学校、机会以及法庭中的辩论发展而来，逻辑学服务于取胜的目的。他曾不无激进地说道："科学家越推崇逻辑，他们推理的科学价值就越低，这样说是绝不过分的。"然而，使社会感到幸运的是：绝大多数伟人幸而对逻辑传统概念一无所知。许多逻辑学家慎重地指出：逻辑学所关心的是正确性与确实性，与创造性思维完全无关。我们不能因此否定逻辑学在人类文明发展中的重要价值，但也要对逻辑思维有较为清醒的认识：生活中的许多问题如果一定要用逻辑思维方式去解答肯定是行不通的。如果说司机在酒后驾驶，是酒在控制而不是人控制，听起来不符合一般逻辑，因为明明是人在操作。其实弱化一下逻辑，司机在酒精的影响下驾驶，实质上就是酒在控制汽车的行驶，如图6-7所示。

很多情况下，创意的胚芽往往生发于逻辑的中断处，因此要想找到这种创意的胚芽，就必须大胆地涉足于弹性较强的非逻辑思维的大海中去。非逻辑思维主要是指直觉、想象、灵感、顿悟等不依照一定的严格程序就能直接把握事物本质的能力。如西班牙超现实主义画家达利经常把梦境的主观世界变成客观而令人激动的形象方面,如图6-8所示。

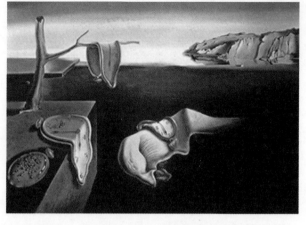

图6-7　酒驾——禁酒广告　　　　图6-8　记忆的永恒——达利的非逻辑思维

　　人脑的思维习惯总是追求清晰、明白,模棱两可是经常被排斥的。事实上,模糊性思维是人类思维中不可或缺的一部分,正是清晰与模糊的对立统一,才推动了人类思维的发展。世界本身是模糊的,人脑的思维机制本身也是模糊的,思维的极致不是精确而是模糊,不精确处蕴含着极大的活力和创造性。电脑之所以没有创造性,就在于电脑只能按照人编好的程序进行确定性的理性思维。当你的思维处于模糊状况时,意味着你已进入一个过去从未涉足或较少涉足的领域,这种模糊的状态下产生的一些模糊观念、模糊想法会激发你的想象力去突破原有的观念和思路,产生新的创造性思维的胚芽。

　　2. 摆脱知识的锁链,勇敢地向规则挑战

　　规则和知识是前人正确的认识成果,当然在一定时间内应当遵守和接受。但任何认识都是相对的,随着事物的发展、实践的深入和认识的不断深化,以往的认识会过时、陈旧甚至错误,当它在实践中失去了一般意义或与实践相悖谬时,就应大胆地舍弃。有时候突破规则,反而可以找到解决问题的捷径,如图6-9所示。

　　在科学创意中,如果我们能根据事实,勇敢地向尚未抛弃的知识大胆质疑而提出挑战,我们的思维定式就会一扫而光,我们的思维广度从量上或范围上都会有一个飞跃,也许因此还会产生新的创意。要想打破思维定式,就必须注意不要被已有的知识链缠住。历史在这方面给我们提供了不少经验和教训。

图6-9　突破规则

案例6-3

　　19世纪,一些有胆识的人开始认真探索怎样实现人类上天飞行的心愿,可是有些蜚声当时科技界的名流却站出来横加阻挠。

最早用三角方法测量月亮和地球之间距离的著名法国天文学家勒让德，就是最早的反对派之一。他认为制造一种比空气重的装置去飞行是不可能的。

德国大发明家西门子也发表了类似的看法。

能量守恒原理发现者之一、德国物理学家赫尔姆霍茨从物理学的角度论证了机械装置要飞上天纯属空想。

美国天文学家纽康根据科学数据做了大量的计算，证明"飞机"甚至无法离开地面。

这些声名显赫的大学者们虽然在某个与飞机原理不无关系的领域里堪称专家，可是这些专家僵化的思维，却给不久就将变成现实的发明设置了重重障碍。

与此相反，美国名不见经传的莱特兄弟，思想活跃，勇于探索未知领域，虽然他们没有上过大学，却凭着业余时间刻苦自学，仔细观察揣摩各种鸟类的飞翔动作，再运用数学和空气动力学的知识进行创造研制，历经艰辛，终于于1903年研制成了飞机。

例如，我们经常碰到订书机用着用着就没钉子的问题，一般情况下会习惯性地找钉子换上，并没有觉得有什么不妥之处。如果有人告诉你让钉子自己说话，提醒我们没钉子了，你会觉得这是个高科技的事情。其实只要把最后几个钉子涂成一种明显的颜色(见图6-10)，钉子就可以提醒我们了。之所以没想到这些，就在于人们在许多时候都受习惯的束缚。

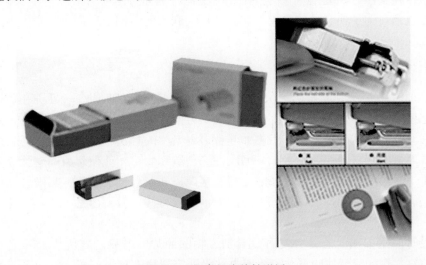

图6-10　订书钉也能够说话

3. 大胆假设，多方位探寻

思维定式的重要特点之一，就是它的确定性和单一性，这就排除了多样性。而事物的发展总是指向多样化、复杂化的方向。大胆假设，多方位探寻有助于打破思维定式的确定性和单一性。尽管假设不一定会直接创造成果，却可以振起想象的翅膀，从而找到创造的细胞。假设的最有效之举，就是把现有事物推向极端，引出新的矛盾或问题。这时，思维定式就不起任何作用了。例如，假如全球的计算机被某种病毒感染，全部瘫痪，世界将会怎样？假设地球突然失去引力，假设计算机有了创造性思维，假设宇宙飞船的速度与光速相同，等等，都会激起人脑无尽的遐想，思维定式便会无藏身之地。如果我们能主动地寻找多种答案，而不是一种结果，同样可能帮助我们克服思维定式，达到全方位多角度地看问题，获得更多的创造成果。法国哲学家查提尔曾说过："当你只有一个点子时，这个点子再危险不过了。"

(二)扩大联想的范围

思维的广度与联想的范围有着直接的关系，人一旦失去了想象力，人的创意也就随之枯竭了。爱因斯坦认为："想象力比知识更重要，因为知识是有限的，而想象力概括着世界上的一切，推动着进步，并且是知识进化的真正源泉。"扩展思维的广度，也就意味着思维在数量上的增加，增加可供思考的对象，或者得出一个问题的多种答案，等等。从实际的思维结果上看，数量上的"多"能够引出质量上的"好"，因为数量越大，可供挑选的余地也就越大，其中产生好创意的可能性也就越大。谁都不能保证，自己所想出的第一个点子，肯定是最好的点子。因此扩大联想的范围与集中精力解决问题并不矛盾，它们是辐射和聚合的前提和基础。

从创意思维对象方面来看，由于对象的无穷、对象具有属性的无穷，对象属性相关的无穷，因而我们的思维广度也应该无穷地扩展。要增加各种可采用的视角，扩大范围，把这个对象放在更广阔的背景里加以考察，从而有可能发现它更多的属性。这样，在众多的属性相干中，才会有"大创意"的诞生。

人脑想象力的奇怪之处在于，它不仅可以在主体意识的直接干预下形成，通常称为有意想象，也可以在主体意识完全放松的情况下出现，通常称为无意想象。想象力丰富者，其创造能力必然也强。为了使自己的想象力丰富，扩大联想的范围，我们可有意识地从以下三个方面加以注意。

1. 突破想象的阻力，激发想象的动力

想象力弱者多是受到的阻力太大，使其想象的翅膀难以伸展。一切创造障碍都是想象的阻力，想象的阻力不外乎来自外部或内部两个方面。一方面，外部环境障碍，比如政治因素、政策因素、经济因素等。内部阻力如非智力因素中的怠惰、智力因素中的思维定式等，都直接束缚着人的想象力。因此，只有彻底消除创造障碍，才能使想象的翅膀得以解放。另一方面，要不断激发想象的动力，如强化创造意识，强制自己去想象；突破思维定式，给想象的翅膀松绑；熟练创意技法，训练联想能力；阅读科技资料，由书中内容激发想象；海阔天空闲谈，活跃思想激发想象等。

没钱没时间出国旅游怎么办？可以看别人拍的照片，看旅游宣传片，听别人讲旅游故事，可是总感觉不如亲身体验好。有没有办法坐在家里也有旅游的感觉？先不要忙着说天方夜谭。澳大利亚一家旅游网站就在试图帮助我们实现这个愿望。这家叫Tourism Victoria的旅游网站近期推出了名为"远程操控旅游"的活动，自2013年10月13日开始每天8个小时，两名志愿者将佩戴一种配置摄像头的头盔在墨尔本四处游走(见图6-11)，人们不仅可以查看两名志愿者的相册，还可以通过谷歌地图实时掌握两人的位置。更有趣的是，人们还可以利用社交网络与二人互动，要求他们前往特定的地方，控制他们的行程，并透过二人头上的摄像头了解当地的风土人情。

2. 丰富自己的知识结构，扩大想象的空间

一般来说，人的想象空间是没有边界的，没有什么东西是我们人脑无法想象的。但我们每个人的想象力是有很大差异的。正是这个差异，使得每个人的思维广度有所不同。这个差异是如何造成的呢？除了前面谈到的制约想象力的动力和阻力之外，就是人的知识结构的不

同。知识能开拓人的视野(见图6-12)，同时对于创意而言，宽广的知识面，才能产生丰富的联想，产生各种奇特的信息组合。

图6-11 进行"远程操控旅游"的志愿者

图6-12 阅读带来高度

著名物理学家李政道读的书，按一般人的理解一定是一天到晚看物理学方面的著作，其实恰恰相反，他说："物理学方面的书我看得很少，杂七杂八的书看得多一些。"这句话仔细一想是很有道理的，在现代科学日趋整体化的今天，通才更易取胜。一个科学家，如果只知道自己研究的那一门，对其他一无所知，他的思路怎么能开阔呢？我们每个人的知识结构的质和量差异很大，这便决定了个体空间想象力的差别。由此不难理解，不断地丰富自己的知识结构，可能会让我们的想象空间变得更为开放，想象力的活动余地也会更大。

3. 广泛涉猎，扩大实践的范围

《科学之路》的作者在研究有重要发现的科学家时发现：有独创性重要贡献的科学家，常常是兴趣广泛的人，或者是研究过他们专修学科之外学科的人。例如，达·芬奇除了是画家，他还是雕刻家、建筑师、音乐家、数学家、工程师、发明家、解剖学家、地质学家、制图师、植物学家和作家。爱好的广泛和实践的广泛，无疑会使我们的经验和知识日趋丰富。头脑中积淀有丰富的理性意识、积聚深广的生活信息，正是扩大联想范围的必要条件。

横向思维与纵向思维的区别

在一次讲座中，创新思维之父爱德华·博诺先生提出了这样一个问题。

某工厂的办公楼原是一片两层楼建筑，占地面积很大。为了有效利用地皮，工厂新建了一幢12层的办公大楼，并准备拆掉旧办公楼。员工搬进新办公大楼不久，便开始抱怨大楼的电梯不够快、不够多。尤其是在上下班高峰，他们需要花很长时间等电梯。

顾问们想出了几个解决方案。

(1) 在上下班高峰期，让一部分电梯只在奇数楼层停，另一部分只在偶数楼层停，从而减少那些为了上下一层楼而搭电梯的人。

(2) 安装几部室外电梯。

(3) 把公司各部门上下班的时间错开，从而避免高峰期拥挤的情况。

(4) 在所有电梯旁边的墙面上安装镜子。

(5) 搬回旧办公楼。

你会选哪一个方案？

博诺先生说，如果选择了(1)、(2)、(3)、(5)，那么你用的是"纵向思维"，也就是传统思维。如果选择(4)，你就是个"横向思维"者，考虑问题时能跳出思维惯性。这家工厂最后采用了第四种方案，并成功地解决了问题。"员工们忙着在镜子前审视自己，或者偷偷观察别人，"博诺先生解释说，"人们的注意力不再集中于等待电梯上，焦急的心情得到放松。大楼并不缺电梯，而是人们缺乏耐心。"

第三节　横向拓展与纵向开掘的创意实训导引

一、基础测试

(1) 用自己的话描述什么是横向思维。

(2) 用自己的话描述什么是纵向思维。

(3) 举例说明如何利用横向思维突破思维定式。

二、实践训练

(一)探寻本质训练

请指出其中几个事物的本质属性。

车是什么？	天气是什么？	富有是什么？	悲伤是什么？
房子是什么？	学习是什么？	今天是什么？	快乐是什么？
家具是什么？	书籍是什么？	昨天是什么？	生命是什么？
苹果是什么？	模仿是什么？	明天是什么？	意义是什么？
面包是什么？	创新是什么？	时间是什么？	价值是什么？
手机是什么？	失败是什么？	空间是什么？	道是什么？
电脑是什么？	成功是什么？	勤奋是什么？	人是什么？
网络是什么？	贫穷是什么？	懒惰是什么？	

(二)联想训练

选择自己感兴趣的主题进行回答。

车可以是什么？什么可以成为车？	富有可以是什么？什么可以替代富有？
房子可以是什么？什么可以成为房子？	今天可以是什么？什么可以替代今天？
家具可以是什么？什么可以成为家具？	昨天可以是什么？什么可以替代昨天？
苹果可以是什么？什么可以替代苹果？	明天可以是什么？什么可以替代明天？
面包可以是什么？什么可以替代面包？	时间可以是什么？什么可以替代时间？
手机可以是什么？什么可以替代手机？	空间可以是什么？什么可以替代空间？
电脑可以是什么？什么可以替代电脑？	勤奋可以是什么？什么可以替代勤奋？
网络可以是什么？什么可以替代网络？	懒惰可以是什么？什么可以替代懒惰？
天气可以是什么？什么可以替代天气？	悲伤可以是什么？什么可以替代悲伤？
学习可以是什么？什么可以替代学习？	快乐可以是什么？什么可以替代快乐？
书籍可以是什么？什么可以替代书籍？	生命可以是什么？什么可以替代生命？
模仿可以是什么？什么可以替代模仿？	意义可以是什么？什么可以替代意义？
创新可以是什么？什么可以替代创新？	价值可以是什么？什么可以替代价值？
失败可以是什么？什么可以替代失败？	道可以是什么？什么可以替代道？
成功可以是什么？什么可以替代成功？	人可以是什么？什么可以替代人？
贫穷可以是什么？什么可以替代贫穷？	

(三)探究原因训练

探究事物间可能存在的因果关系。

为什么大多数人右手的力气比左手大？	为什么车轮是圆的？
为什么说加拿大是枫叶之邦？	为什么中华民族崇尚黄色？
为什么西方人厌恶13这个数字？	为什么我们自称炎黄子孙？
为什么洗衣机能洗干净衣服？	为什么人撒谎时会脸红？
为什么打鼾的人不会把自己吵醒？	为什么吸烟有害健康却还制造香烟？
为什么我们会流眼泪？	为什么人会伤心？
为什么有的花是黑色的？	为什么人要学习？
为什么竹子开花后会死？	为什么人要活着？
为什么冰雹会出现在暖季？	为什么人要追求真理？
为什么大雁要排成"一"字或"人"字飞行？	

(四)发展变化探究训练

近10年来手机在外观和功能上的发展变化

近10年来人们阅读习惯的变化。　　　　　　交通工具的发展变化史。

近5年广告形式的变化。　　　　　　　　　　照明工具的发展变化史。

椅子的发展变化史。　　　　　　　　　　　　美容用品的发展变化史。

杯子的发展变化史。　　　　　　　　　　　　服饰的发展变化史。

汽车的发展变化史。　　　　　　　　　　　　饮食工具的发展变化史。

巧克力的发展变化史。　　　　　　　　　　　某一语言的发展变化史。

葡萄的发展变化史。　　　　　　　　　　　　文学的发展变化史。

电脑的发展变化史。　　　　　　　　　　　　科学的发展变化史。

笔的发展变化史。　　　　　　　　　　　　　信仰的发展变化史。

书籍的发展变化史。　　　　　　　　　　　　思维方式的发展变化史。

通信工具的发展变化史。　　　　　　　　　　人的发展变化史。

(五)观察训练

买一份报纸，看看与10年前相比它有哪些变化。

浏览自己从小到大的照片，看看自己发生了哪些变化。

观察身边植物的变化。

观察经常去的街道两边店铺的变化。

留意自己新买的衣物在一个月之内的变化。

观察本书从买来到看完的变化。

阅读斯塔夫里·阿诺斯的《全球通史》，探究历史发展变化。

针对某一自己了解的人某一方面谈谈其变化。

从生理角度、心理角度、社会关系角度描述一下自己近10年的发展变化。

(六)新闻调查训练

对于某一事件只有成为热点时我们才会对其进行关注，而且关注的只是那一个时间段的情况，这样该事件的认识难免存在不足。应该从纵横两方面看待此类事件。

横的方面：热点事件发生后，查看不同媒体对该事件的报道，分析报道的相同之处与不同之处，探寻背后的原因。

纵的方面：查看热点事件的发展变化，并通过查看类似事件的深度调查看事件的本质所在。

2016年发生于山东聊城冠县的"辱母杀人"案轰动全国，于欢杀人案一审判无期徒刑，2017年6月二审改判有期徒刑5年！对于这一新闻热点事件从纵横两方面谈谈你的看法，特别是在新媒体传播背景下公众舆论的作用。

(七)综合训练

(1) 如何解决航班延误问题？

近来航班延误事件层出不穷，乘客不解、愤怒，以致延误已经成为航空运输"不可分割"的一部分。如何解决这一问题成为民航管理部门和航空公司的一大难题。通常的做法是相关部门提高工作效率，以提升航班正点率。不过发生在北京机场的一次航班延误给了我们另一种解决办法。北京飞往澳门的航班晚点，恰好著名的费城爱乐乐团也搭乘这一航班，他们觉得闲着也是闲着，就在飞机场进行了即兴演奏，结果同行乘客一致叫好，并希望能有更多这样的晚点。对待这件事情你怎么看？你有更好的办法解决晚点问题吗？

(2) 如何解决火灾？

加利福尼亚州的阿尔托斯市政府被森林大火所困扰，他们想清除城镇周围山坡上的灌木丛，但如果用螺旋桨飞机操作，极易引起火花，导致火灾，他们该怎么办？

政府当局购买或者租借了成群的山羊，把它们放在山坡上放牧。由于山羊吃掉草木，控制了灌木丛的生长，并且达到了靠其他方法难以到达的陡峭坡段，灌木丛火灾因此大大减少。

你还能想到其他解决办法吗？

(3) 图6-13中创意体现了怎样一种解决问题的办法？

思考如何利用类似的方法解决现实中的一些问题？

图6-13　奇妙的情侣伞

(4) 改变不如意的地方。

香皂中间加一块有吉祥字样的塑料板，既可以降低成本，又可以减少浪费，因为最后的香皂头，不论多名贵也不好用了；煤气灶眼四周贴一些反光反射热能的材料，聚集了热量向上，减少了能源的浪费，做饭还能快一点，不妨一试。生活中有很多我们可做的趣事、巧事和有意义的事，只不过有时忽略了。看来，创意思维有一个思维心理习惯的问题，因为，所谓"创意"，就是创造性地解决问题的思路。你对生活中的许多现象肯定有不如意的地方，请列举出五个你不如意的现象，并且从现在开始想办法解决它。

第七章

全视角创意的立体思维

学习要点及目标

- 了解立体思维的概念。
- 立体思维与其他思维的不同。
- 立体思维的具体运用。

层次性　多维性　联系性　整体性　点思维　线思维　面思维　体思维

若言琴上有琴声，放在匣中何不鸣？若言声在指头上，何不于君指上听？

——苏轼

任何一件事都是由几个因素共同构成的，没有琴就无法听到美妙的琴声，没有手也听不到动听的琴声。所以，思考问题时，应该将这些因素综合起来进行立体思维。

一位心理学家曾经出过这样一道测验题：在一块地上种植四棵树，使得每两棵树之间的距离都相等。被试的学生在纸上画了一个又一个几何图形：正方形、菱形、梯形、平行四边形……然而，无论什么四边形都不行。这时，心理学家公布了答案，其中一棵树可以种在山顶上！这样，只要其余三棵树与之构成正四面体，就能符合题意要求了。这些被试的学生考虑了那么长时间却找不到答案，原因在于他们没有学会使用一种创造性的方法——立体思维法。

第一节　立体思维及其特点

一、立体思维的内涵

(一)立体思维的概念

立体思维，也叫整体思维或空间思维。它要求人们跳出点、线、面的限制，有意识地从上下左右、四面八方各个方向去考虑问题，是对认识对象从多角度、多方位、多层次、多学科、多手段、多因素、多变量的、系统的，以不同的逻辑起点、不同的程序来考察、研究对象，解决各类复杂的客观事物的思维方法。从创意的角度看，立体思维是创意者所具备的整体的、空间的思维能力，是一种高层次、多手段、多视角，运用一种常人无法想到的方法来解决各类复杂的客观事物的思维方法。

一个具体的事物，总是同周围事物发生直接或间接的多级关系。即使是同一件事物，其特有属性或本质属性也是多方面的。立体思维不过是从宏观、微观各个方面对事物多方面的属性加以全面反映而已。它要求通过各种思维形式来揭示事物的多层次联系。

立体思维与辩证思维、发散思维密切相关。立体思维将辩证思维的事物普遍联系、发展变化的观念加以具体化、扩展化运用。在思维过程中，它把具体的思维对象放到与它相关的背景条件中，在思维过程中不局限于思维对象自身的属性和运动规律，还要考虑到背景条件对它的影响。立体思维实际上也是发散思维的一种方法。

(二)立体思维与点思维、线思维、面思维

立体思维可以看作包括点思维、线思维、面思维、体思维在内的整体思维，是思维的一种较高级的形式。所谓"点思维"，就是只盯住一个点，就事论事，缺少深度关联地思考问题；线思维往往把现象间的关系作前后单一的关联，是一种链式思维。点线思维的主要特点是思维的单一性或定向性。当思维的中心及定向确定以后，要在横向上从几个方面去分析或说明某个现象或问题，思维便进入了面思维，或称二维思维。平面思维仍不能反映对象整体性的全貌，只有当思维上升为立体，从而研究认识对象的各个平面，各个平面上的各个点，以及这些平面、点与周围事物的相互联系时，才能获得最全面的整体认识。

点线思维主张一个原因导致一个结果，知道了原因，也就知道了结果。

立体思维认为一个结果的出现是由多种因素造成的，要想达到某种结果或考虑某种情况，必须将与结果可能的情况多方面进行考察。

案例7-1

免费模式是如何赚钱的？

相信不少人都有过搭乘飞机的经验，我们知道通常下了飞机还要再搭乘另一种交通工具才能到达目的地。在四川成都机场有个很特别的景象，当乘客下飞机以后，会看到机场外停着上百部休旅车，车身上面写着"免费接送"。

如果你想前往市区，平均要花150元人民币的车费去搭出租车，如果你选择搭乘黄色的休旅车，只要一台车坐满了，司机就会发车带乘客去市区的任何一个点，完全免费！如果你是乘客你要不要搭？

居然有这样的好事？请先阅读下面这则新闻。

四川航空公司一次性从风行汽车订购150台风行菱智MPV。四川航空公司此次采购风行菱智MPV主要是为了延伸服务空间，挑选高品质的商务车作为旅客航空服务班车来提高其在陆地上航空服务的水平。为此，川航还制定了完整的选车流程。作为航空服务班车除了要具备可靠的品质和服务，车型的外观、动力、内饰、节能环保、操控性和舒适性等方面都要达到服务航空客户的基本要求。

四川航空公司，向风行汽车购买了150辆休旅车，这么大一笔订单当然是为了提供上述免费的接送服务用途。四川航空一方面提供的机票是五折优惠，另一方面又为乘客提供免费接送服务，这一举措为四川航空带来上亿利润。我们不禁要问：免费的车怎么也能给它创造这么高的利润？这就是商业模式的魔力。

原价14.8万元一台的休旅车，四川航空要求以9万元的价格购买150台，提供风行汽车的条件是，四川航空令司机于载客途中提供乘客关于这台车子的详细介绍，简单地说，就是司机在车上帮汽车商做广告，销售汽车。在乘客的乘坐体验中顺道带出汽车的优点和车商的服务。每一部车可以载七名乘客，以每天三趟计算，150辆车带来的广告受众人数是：7×6×365×150，超过200万的受众群体，并且宣传效果非同一般。

司机从哪里找？有这样一个现象，在四川有很多找不到工作的人，其中有部分人很想当出租车司机，据说从事这行要先缴一笔和轿车差不多费用的保证金，而且他们只有车子的使用权，不具有所有权。因此四川航空征召了这些人，又以一台休旅车17.8万元的价钱出售给这些司机，并且承诺他们每载一个乘客，四川航空就会付给他们25元！

四川航空立即进账1320万元人民币：(17.8万−9万)×150台车子=1320万元。你或许会问：司机为什么要用更贵的价钱买车？因为对司机而言，比起一般出租车要在路上到处找客人，四川航空提供了一条客源稳定的路线！这样的诱因当然能吸引到司机来应征！这17.8万元包含了稳定的客户源，特许经营费用和管理费用。

接下来，四川航空推出了只要购买五折票价以上的机票，即可享受免费市区接送的活动！基本上整个资源整合的商业模式已经形成了。

我们继续分析，对乘客而言，不仅省下了150元的车费，也省下了解决机场到市区之间的交通问题，十分划算！对风行汽车而言，虽然以低价出售汽车，不过该公司却多出了150名业务员帮他卖车，省下了一笔广告费，换得一个稳定的广告通路，也十分划算！对司机而言，与其把钱投资在自行开出租车营业上，不如成为四川航空的专线司机，获得稳定的收入来源，亦十分划算！至于对四川航空而言，这150台印有"免费接送"字样的汽车每天在市区跑来跑去，让这个优惠讯息传遍大街小巷。不仅如此，与车商签约到期之后就可以酌收广告费(包含出租车体广告)；最后，四川航空最大的获利，还有那1320万元，当这个商业模式形成后，根据统计，四川航空平均每天多卖了10000张机票！回想一下，四川航空付出的成本只有多少？

从四川航空的案例不难看出，商业模式就是打造一个平台，让你在平台上既能做好人，又能做好事。模式是要从一个点到一条线再到一个面，再编制一张网，最后形成"天罗地网"。

麦当劳做到24小时营业后，租金成本不变，让它的生产资料价值最大化。四川航空让司机当起了业务员，让乘客成为汽车的潜在消费者，在某种程度上让消耗者变成消费者，这本身就是让企业价值得到最大化发挥。

一套好的商业模式是多赢的。四川航空在设计这套商业模式时，设计的企业利益相关者有乘客、司机、风行汽车公司、航空公司。四方的利益都得到照顾，各取所需。

二、立体思维的特征

立体思维的特征表现为层次性、多维性、开放性、联系性、综合性、整体性六个方面。

(一)层次性

对象的构成是有层次的：对象的运动、变化或发展，有不同的阶段或层次；对象的组成结构有层次。人们在认识过程中，要想对认识对象形成整体性的立体反映，首先就要把握或者分析认识对象的层次。这就是说立体思维必须在多层次上进行。

(二)多维性

立体思维要求人们在思考问题时，跳出点、线、面的限制，能从上下左右、四面八方以不同的视点、角度去思考问题。以战争为例，最初的战争只在陆地上进行，后来扩展到水面上，再后来发展到空中，现在也可以在太空中进行；开始时战争只是人们武力的比拼，后来发展到科技、经济、信息、舆论等多方面的较量。

多维性是指从多方面、多角度、多侧面、多方位地去考察认识对象，主要包括以下三个方面的内容。

(1) 对一个事物的整体作全方位的考察。

(2) 对一个事物的发展作全方位的考察。

(3) 对一个事物的内在规定性作全方位的考察。

也就是说，不论是对事物的外貌还是事物的内部，也不论是事物的全部历史还是历史发展中的某个层次，都要从不同的角度进行综合考察，还要从变动的角度巡视对象的各个侧面及其与周围事物的联系。只有如此，才能保证立体思维内涵的丰富性，认识的全面性和整体性。

(三)开放性

立体思维是一种不拘泥于某一方面、某一层次、某一角度、某一形式的思维，这种全方位性只有在开放性中才能形成，增加认识世界的思维渠道，开拓新的思维角度。因此立体思维要求多种思维并存，也只有"并存"，才能开拓思维空间，体现其"多维性"。

(四)联系性

思维的对象不但自身的各种层次、属性、关系相互交织且相互制约，与周围其他事物也是互相制约、相互渗透、相互交织。受这种关系的制约，立体思维的各个方面，各种思维形式间便有了联系性、相关性和渗透性。有些人一直妄图控制自然，为自己的利益不惜破坏生态平衡，岂不知人和地球上的各种动植物本质上是共生共荣的，不顾大局和整体的攫取，只会自受其害，如图7-1所示。

图7-1　自然环境中的"共生共荣"

(五)综合性

综合性体现在立体思维三个方面的品性——兼容、统摄、辨析。兼容人类认识世界的各种方式方法,在全方位的立体扫描中形成新的认识成果;立体思维把大量的概念、事实和观察到的材料综合在一起,加以概括、筛选并整理,使事物体现出其整体的、立体的、联系的全貌;多角度、全方位的考察,把握了事物多方面的属性,因而拓展了辩证的分析能力。

阿里巴巴总裁马云在接受一家媒体采访时说,他们要做一家电子商务的生态公司,这家公司在运营生态系统。比如阿里巴巴的四块主要业务,第一块是阿里巴巴电子商务,包括B2B业务、淘宝、天猫;第二块是阿里金融;第三块是数据业务;第四块是与其他人一起做的物流体系。将信用体系、支付体系、交易体系、物流体系发展完善后,一个新的公司也就形成了。

(六)整体性

整体性是立体地描述、反映思维对象最后完成形态的要求,是立体地认识世界的必然产物。其外在形式是事物外貌的真实反映,具有全息、全方位的立体特征;其内在形式是各种规定性在不同层次上相互交织而成的立体网络。

案例7-2

曾经,一株被称为"黄帝"的奶黄色兰花在中国台湾种植者间的交易价格为10万美元。台湾人发现种兰花比其他生意还要赚钱,便纷纷种植兰花。为了提高产量,有人还聪明地将流水线法引入兰花的种植过程中,专人负责育种、育苗、种植,结果将兰花的生产周期由3年缩短到6个月,产量急剧增加。然而随着产量的增加,花农的收入却没有大幅增长。因为处于生产流程的最初端,产量的增长代表着供应量的增加,而供应量的增加导致了价格的下降。这是中国台湾企业反复触及的天花板:从笔记本电脑到电轮椅再到高尔夫球杆杆头都是如此。中国台湾相关部门也意识到了这一问题,采取控制产品的销量、提高产品的议价能力等各种措施来帮助花农,但效果一般。这种只考虑一个问题,或问题的某一角度,不能从全球市场考虑问题的情况,在大陆也时有发生。比如稀土问题,稀土是一种重要物质,但是由于我们对稀土缺乏统一的管理经营,各地为占领市场纷纷低价向海外市场倾销稀土,结果把稀土真的卖到了"土一样"的价格。这些问题值得我们用立体的、系统的方法来考虑,不能仅仅根据部门利益而行动。

立体思维扩大了思维的空间跨度、时间跨度、联想跨度和实践跨度,持有这种思维,是在我们这个立体的时代立身于一个高明的思想者和应时济事的实践家的必要条件。

本学期学校要举行一个"创意大赛文艺晚会",如果为该晚会写一个策划案,我们应该从哪些方面考虑呢?试谈谈你的思路。

三、立体思维的方法

立体思维有两种基本形式：环境法和局外法。

(一)环境法

在以事为主的思维活动中，把事件作为平面层次，把背景环境作为立体层次，从整个环境的角度去分析事件的演化和寻找解决问题的办法，这种方法称为环境法。

作为一个老大难的问题，飞机晚点的原因到底是什么？有人认为是航空公司的效率低下，航空公司则抱怨说常常会有旅客违规导致航班延误；有人认为是民航部门的管制太多，民航部门也解释有时天气会影响飞机的起降而造成晚点。对于飞机晚点的原因我们可以利用立体思维的方法进行思考。

从"航空管制"角度来说，中国大约80%的空域不能为民用航空所用，而且全国有上百个空中管制区，在一定程度上造成了飞机航线缺乏。近几年我国航空事业发展迅速，飞机大量增加，如同地面交通拥堵一样，天上也面临"车多路少"的情况。

从天气情况来说，一架飞机的起飞，不仅要考虑出发地的天气情况，还要考虑途经区域和降落地的天气情况，所以虽然出发机场天气晴好，适宜飞行，但是其他途经地的天气异常，也会导致飞机无法起飞，航班延误。

从旅客角度讲，旅客是飞机行程的重要一环。只有旅客登机完成后，飞机才能按时起飞。一旦乘客由于种种原因导致飞机没有在正点关上舱门并报备申请飞行，就需要重新排队，甚至会影响到其他正点飞机的飞行。

从更整体的角度来看，一架飞机能否准点起飞，与天气、航空公司、民航部门、乘客等众多环节密切相关，可谓环环相扣，而且每架飞机的航班计划都已预先排好，一旦前一航班出现任何疏漏都可能引发后续航班的连锁反应，导致大面积的航班延误，如图7-2所示。

图7-2　航班晚点的原因

(二)局外法

在以人为主的思维活动中，把一方的思维活动作为平面层次，把双方或多方的思维互动过程作为立体层次，从预测双方或多方的思维互动过程的演变趋势出发，探求解决问题的办法，这种方法称为局外法。使用局外法一定要注意揣摩双方或多方参与者的心理，既包括参与者的性格特征，也包括参与者的心理变化，然后把这些心理纳入自己的头脑中，针对这些心理情况进行相应的决策反应。局外法要求不能就事论事地思考问题，不能简单地以我为主，应通盘考虑，从局外人的角度看问题，然后根据需要，进入局内履行自己的角色。这种方法就如拍电影的导演演电影一般，作为导演要了解每个演员的情况，把控全局，同时在出演电影时，又能进入局内，在不同的角度完成自己的角色。

案例7-3

清朝末期，左宗棠在湖南巡抚骆秉章身边担任幕僚时，湖广总督官文与骆秉章不和，有人告左宗棠以幕僚身份把持政务时，官文便上报朝廷。皇帝传下旨意，要人查办，一旦情况属实，可就地正法。左宗棠在京的同乡好友听到消息后，便四处奔走，搭救左宗棠，他找到受宠的权臣肃顺，请肃顺为左宗棠说情。

肃顺说自己直接说情不会起到什么作用，反而会有不好的效果，应该找人先保荐左宗棠。不久后，湖北巡抚胡林翼写了保荐书，称左宗棠"才大可用""名满天下，谤亦随之"。

皇帝一方面收到控告书，后又有保荐书，心中疑惑，便问肃顺。肃顺趁机说左宗棠有大才，工作有成效，现在正是用人之际，应该爱惜人才，并建议把官员的保荐书抄录给官文，让他酌情办理。官文接到皇帝的密旨后，知道皇帝的意图，便不再查办左宗棠，一场危机由此化解。

肃顺在搭救左宗棠时考虑了皇帝、官文等人的心理，采取了正确的方法。如果他直接为左宗棠求情，会惹皇帝怀疑，认为他收了好处；而其他人提出来，一方是控告，一方是保荐，皇帝自然疑惑，与肃顺商量，这时肃顺顺水推舟，便可搭救左宗棠。左宗棠获救还有一个大的背景就是当时太平天国起义还没平定，皇帝需要有才干的人，保荐书不仅指出左宗棠有才干，而且正是因为有才干才招人嫉妒，引来控告，在悄然间反驳了控告书，迎合了皇帝的心理，可谓一举多得。而将保荐书发给官文，既表达了皇帝的态度，又保全了官文的面子，官文作为官场老手，自然明白什么意思。

除了上面两种立体思维的基本方法，进行立体思维还必须努力增加自己的学识。这是前提，要养成立体的思维习惯，并不复杂，但是要想成为一个真正的立体思维者却并不容易。这需要有相对丰富的经验和广博的学识作为基础。一个学识浅薄、阅历单纯的人很难驾驭宏大的思维活动场景进行立体思维。所以，从现在起，尽量多看些书籍，多经历些世事，这样才能有助于我们养成立体思维的好习惯。

第二节　立体思维创意的思路示例

一、尼姑庵的宣传策略

北大教授黄嵩老师讲了一个故事。清朝道光年间，江苏丹徒一带经常举办庙会。每逢庙会，赶庙会者前呼后拥，络绎不绝，河面上的行船也增加了不少。一天，一位美貌的女子坐船来赶庙会。船靠岸后，她的美艳自然吸引了无数人的目光。

这位女子很矜持，付了船资后，急匆匆举步登岸，一不小心，一只脚踏入淤泥之中。她顿时很窘迫，一脸的羞涩，抬头一看，发现附近有一座尼姑庵，于是在众目睽睽下急行入庵，消失于人们的视线之外。

众人还在盯着尼姑庵的方向，余味无穷，似乎对此女子还没看够。这时船老大高声叫喊起来："糟了，这妇人所给船钱一百，却是阴间所用的冥资！"众人一看，果然如此，莫不大惊，于是急忙随船老大往尼姑庵与她理论，看热闹的、打抱不平的也唯恐落后。

谁知，在尼姑庵里，船老大寻遍了所有地方，怎么也找不到刚才的那位女子。众人都觉得很蹊跷，正要诘问庵中尼姑，船老大忽然看见庵中观音像的一只脚沾满淤泥，众人大惊失色："难怪刚才这妇人遍寻不见。"

"坐船的美貌女子一定是观音显灵！"船老大惊诧之余，伏地叩首，将该女子所付的冥资焚于炉中。其他人无不合声诵佛，祈求观音菩萨保佑。

此事不胫而走，一传十，十传百。于是，原本门庭冷落的尼姑庵一改旧观，香火袅袅，布施多多，香客川流不息。

十几年之后，这个故事的隐情外泄：原来当年的船老大和那位美貌女子，都是庵中尼姑的托儿。女子入庵后，立即将脚上淤泥移于观音像足下，自己则卸装改容，躲藏起来了。

思路示例： 我们把这个故事拆解之后是这样的过程：逛庙会—女子上船—女子付船资—女子摔跤—船老大发现冥币—女子入庙会—船老大讨公道—女子将淤泥涂于观音像脚下换装躲开—船老大发现"观音显灵"。仔细看后，我们发现，无论从哪个角度都无法拆掉一部分，它已经形成一个环环相扣的闭环，浑然天成。

二、辣椒门事件

2012年8月22日晚21:34分，家居企业博洛尼CEO蔡明在微博上发布消息，称"2元5角钱一斤，收购最辣的辣椒，有多少，我要多少！"让人不明所以，以为他要改行做农业。随后，8月24日上午9:04分蔡明发出了另一条微博："24个小时，我已收购了30万斤辣椒，现在我准备全部免费送出去！第一批10万斤辣椒已运往农展馆。"结束了家博会的第一轮辣椒派送，蔡明再次发微博"30万斤辣椒免费送，每人一袋，都是最辣的。回家炒辣椒，如果被呛到，请给我打电话400-6556-939"，与此同时，辣椒事件迅速吸引了大批主流媒体的关注，纷纷报道这一家居圈的奇闻趣事。短短几日，其微博转发量总计已45000余次，评论总数过万，但都不明白蔡明要干什么。

在人们不断猜测之时，博洛尼官方微博开始发声，"如果你有胆量将炒辣椒的照片上传微博并@给博洛尼官方微博，还有机会免费获得价值7999元"神器"一套！参与方式：转发评论该微博并将收货地址、收件人、联系方式私信给我们，每天前1000名免费赠送！"在大家积极参与活动，纷纷体会炒辣椒所带来的痛苦时，官方微博顺势推出具有超强拢烟功能、防止呛人的新产品——拢烟厨柜。此刻真相大白，原来是一起营销事件。

思路示例： 博洛尼通过打造"辣椒门"事件，以悬念吸引媒体及消费者关注，并用辣椒成功关联消费者在做饭过程中遇到的恼人的厨房油烟问题，在辣椒袋中置入"遇到油烟请拨打博洛尼热线"字样的贴心卡片，推出新品的同时很好地阐述了新品的功能特性。

三、世界上最好的工作

2009年1月9日，澳大利亚昆士兰州旅游局网站面向全球发布招聘通告，并为此专门搭建了一个名为"世界上最好的工作"的招聘网站，招聘澳大利亚大堡礁汉密尔顿岛的看护人，6个月收入约合人民币65万元；住在岛上名为"蓝色珍珠"的别墅里，宽大的露天阳台正对着辽阔的南太平洋，娱乐设施家具一应俱全，连烤肉架都准备好了。工作是每天开着高尔夫球车巡视岛屿，喂鱼，照看鲸，顺便写篇博客。活动第一天，昆士兰州旅游局网站点击率就达100万次，服务器陷入了瘫痪，直到IT部门紧急协调添加了10台服务器才恢复正常。昆士兰州旅游局提供的数据显示，截至当地时间23日上午9时59分，"世界上最好的工作"共吸引来自全球200个国家和地区的近3.5万人竞聘。这样一次招聘活动吸引了全球的目光，据昆士兰州旅游局称，目前，公关价值已经超过7000万美元。

这次活动由昆士兰州旅游局精心策划，目的是扩大大堡礁的知名度，增加当地旅游收入。它的最初创意来自昆士兰州旅游局于2007年年底召开的一个年度会议。当天，昆士兰州旅游局管理层以及18个国际办事处的主要人员聚集在总部的会议室里，总部希望能找到一个前无古人后无来者的旅游营销点子，让世人牢牢记住大堡礁。

在这场头脑风暴里，为了激发大家的灵感，桌上特意摆放着印有山、海、沙滩等图案的卡片以及花花绿绿的糖果。来自总部的意见是，任何主意都是好主意，绝不打压任何离经叛道的想法，但总部同时强调，这些主意需要是放之四海而皆准的全球性创意，同时，它还得主要通过网络力量进行传播，让更多的人参与进来并进行互动。参与创意的人讨论过诸多无奇不有的想法，比如沙滩选美比赛，而当"世界上最好的工作"这个点子被提出来时，并没有立刻被当成最好的主意。最终这个方案能脱颖而出，源于昆士兰州旅游局的一个新发现：游客旅行途中一手的体验报告最能直接影响其他游客，所以类似于Youtube、Facebook和游客自己开设的旅行博客，现已成为想要旅游的人第一时间查阅的资讯载体，这成了一个趋势。

昆士兰州旅游局决定将这个体验的个体变成一个通过网络向全球范围招聘的工作岗位，获得该机会的申请者将有机会在大堡礁上花上足够长的一段时间来亲身感受大堡礁的自然风光(见图7-3)，同时走访这里的风土人情。为了保持这项活动的关注度，昆士兰州旅游局设计了几个阶段，不断制造兴奋点。最终出炉的"世界上最好的工作"活动时间拉得很长：海选始于2009年1月9日，终于在2009年5月6日，选出的"守岛人"工作则从2009年7月1日开始到2010年1月1日结束，活动持续整整一年。

最终选出的"守岛人"需每周把照片、文字以及视频放到一个旅游博客上，同时接受媒体的采访，而在昆士兰州旅游局的计划中，他还将有机会去大堡礁的其他岛屿参与帆船、划艇、浮潜、深潜、野餐和疾行等项目[①]。

---

① 根据网易财经、第一财经周刊报道整理，略有改动。

图7-3　美丽的大堡礁

　　思路示例：昆士兰州旅游局并没有为扩大大堡礁的知名度而进行广告宣传这一个点进行思考，而是把夸大知名度和美誉度等问题放在了一个系统的环境下思考。其思考路径为：让消费者在大堡礁玩好—让消费者知道在大堡礁好玩—让消费者把这种好玩的体验告诉其他人—邀请人来体验大堡礁—让人知道大堡礁邀人体验—试试一个招聘计划。

四、电商大战中的立体思维

　　从2012年的"815电商大战"到2016年京东与天猫的"双十一大战"，为什么这些从事电子商务的公司热衷于在网络上掀起争端。图7-4所示为某电商制作的广告。

图7-4　某电商广告

　　思路示例：我们可以从以下几个角度来分析。

　　首先，从电子商务公司来分析，在网络上进行销售首先要让消费者知道你是谁，你卖什么，也就是让消费者对你有所认知，接下来才有可能购买。而提高知名度的方法除了大面积地做广告外，还可以采取"口水战"的形式，电商公司的高管利用微博工具制造话题，在网络上掀起争端，吸引网民的关注，从而扩大本公司的知名度。

其次，从媒体角度来讲，这是一个注意力时代，媒体需要做的就是生产能够吸引消费者的新闻，赢取他们的关注度。所以一旦出现了这种网络名人的争端纠纷，媒体十分热衷于报道。

最后，从消费者角度来讲，电子商务与日常生活密切相关，其一举一动本来就容易引起人们的关注，同时人们喜欢看热闹，有人提供些故事，大家都关注。

关于电商大战还可以从许多角度进行全方面的解读，从而对电商大战有更好的理解。

五、如何赢钱

近几年，经常有以扑克牌赌博骗钱的报道见诸报端。骗子经常活动于车站广场、马路边或长途汽车上，骗人的方法也很简单——用三张扑克牌，进行红与黑的猜赌：一张红两张黑（或一张黑两张红），押在单色牌上你就赢了，押在双色牌上你就输了。奇怪的是玩牌人当着你的面把三张牌背朝上放到地上，你明明看见的那张单色牌，当翻过来时却变成了双色牌，押牌者100%必输。你有什么办法可以获胜吗？

思路示例：如果我们用立体思维的方法，也可以做到100%必赢。如果哪个押宝人（不是"托"）在自以为必赢的单色牌上押了100元，这时你在其他任意一张牌上押60元，那么掌握了扑克牌黑红变化技巧的庄家是赢那100元输60元呢，还是赢60元输100元呢？答案肯定是前者。因为这样他可以赢40元，若是后者，他就要输40元。如此，只要你押的数额低于那位真正上当的押宝人，并且押在与他不同的牌上，你肯定100%赢。也就是说，尽管你不知道庄家是如何只赢不输的，但你却能够利用庄家为你赢钱。和他一道坐收"不义之财"，而且收入要大大超过他。

六、杜德拉的成功

学过石油工程的杜德拉立志要进入更能施展自身才能的石油工程行业，并为此一直在等待机会。有一天，他从朋友那里得到一则信息，说是阿根廷政府打算从国际市场上采购价值2000万美元的丁烷气。得此信息，他充满了希望，认为跻身于石油界的良机已到，于是立即前往阿根廷争取这笔合同。到后才发现两家国际大牌石油公司也在争取这笔订单，而自己既缺乏石油行业经验，资本实力也无法与两家大公司相比，获得订单的难度可想而知。但杜德拉并没有因此而放弃，他发现出口牛肉是阿根廷重要的外汇来源，而现在牛肉过剩，如果能帮他们解决这个问题，获取订单应该有戏。

他立即去找阿根廷政府，对阿根廷政府说："如果你们向我买2000万美元的丁烷气，我便买你们2000万美元的牛肉。"阿根廷政府想赶紧把牛肉推销出去，便把购买丁烷气的投标给了杜德拉。投标争取到后，如何推销掉牛肉和寻找丁烷气来源便成了杜德拉急需解决的问题。他在报上看到西班牙有一家大船厂，由于缺少订货而濒临倒闭。西班牙政府对这家船厂的命运十分关心，想挽救这家船厂。他随即飞往西班牙，找西班牙政府商谈，杜德拉说："假如你们向我买2000万美元的牛肉，我便向你们的船厂订制一艘价值2000万美元的超级油轮。"西班牙政府官员对此求之不得，当即拍板成交。杜德拉把2000万美元的牛肉转销出去之后，继续寻找丁烷气。他到了美国费城，找到太阳石油公司，他对太阳石油公司说："如果你们能出2000万美元租用我这条油轮，我就向你们购买2000万美元的丁烷气。"太阳石油公司接受了杜德拉的建议。

从此，他便打进了石油业，实现了跻身于石油界的愿望。

思路示例：杜德拉的成功在于他妙用了一种智慧——立体思维智慧。购入牛肉获得丁烷气订单，买入轮船卖出牛肉，买入丁烷气卖出轮船，完成丁烷气订单。他将整个买卖视为一个整体过程，他所要做的就是将这个系统打造完善，在这个过程中环环相扣，最终实现了自己的目的。

七、如何把胸罩卖给男生

有一个吸引眼球的营销故事：有五个营销专业的应届大学生应聘到广东一家女性内衣公司，或许受了网络上流传的"可以把梳子卖给和尚吗"这个创意的启发，该公司对正式上岗前的业务员有这样一项测试：把公司的某品牌胸罩推销给在校的男生，并在规定的时间内完成一定的销售任务。

第一个业务员，悄悄走访了几个熟悉的小师弟，都遭到了拒绝。后来灵机一动，自己掏钱买了10个胸罩，然后在规定的时间内回公司报到。

第二个业务员，拜访了很多男生宿舍，并挨个问买不买胸罩，他的行为被很多男生斥责为"神经病！变态！"但他仍然天天坚持，最后终于感动了一个也是读营销的男生，出于对校友就业艰难的同情，掏钱买了一个胸罩。

第三个业务员，反复思考了几套推销方案，最后决定发展一些小师弟成为销售代表，向他们的女同学推销产品。但因为是小师弟代销，他们都缺乏必要的培训，尽管小师弟们都很卖力，但总共只卖出了30个胸罩，而且大部分是卖给自己的女朋友。

第四个业务员，回到母校找到原来的班主任，说要和下几届学生开展一个销售实践的交流活动。他强调跟小师弟小师妹互动和交流可以拓宽在校生的视野，到时他还要以一个生动的推销案例，在现场进行推销示范。班主任觉得有道理，便默认并支持了这个活动。由于事先安排了几个"内线"，在几个铁哥们的踊跃带领下，终于感动了很多小师弟小师妹，他们出于惺惺相惜的心理，每个人掏钱买了一个。当时一共80人在场，其中五个是"自己人"，所以该业务员一共卖出了75个胸罩。

第五个业务员，经过充分的分析之后，回到母校找到颇有商业意识的学院主任，以给在校生增加工作实践为名，发起了一个颇有轰动效应的活动："你能把胸罩卖给男生吗？——暨面对就业形势，某国际品牌营销专家实战训练专题讲座！"活动内容是：聘请某国际品牌营销总经理来学校举行营销实战专题讲座，每个在校生都可以自愿参加，由于受训场地限制，每个参加者需支付60元的活动组织费用。同时，作为培训讲座的最后一个环节——一项非常有挑战性的实战演练：每位参加者负责在一个星期之内向男生推销2个胸罩(不再收费)，推销收入作为购买入场券的补偿。

活动之后还将在本院举行总结交流活动。由于就业形势严峻，对于这样一个集理论、技能以及社会实践于一体的富有创意的项目，在学院主任的运筹帷幄下，在各班级引起了强烈反响。事后统计该活动共有600人参加，一共卖出了1000多个胸罩。公司营销总经理也很重视这次树立公司形象的公关事件，亲自到场做了精彩演讲，参加的学生对本次活动都感到非常满意！

思路示例：第五个业务员属于"资源整合型"。其主要特征是不拘一格，能够大胆创意、有效策划，并善于利用公关事件整合各方资源和利益，达成一种参与各方认同的"共赢"局面。

他们不但具有投机型业务员善于把握机会的优点，而且善于创造全新的需求和有利的销售环境，善于策划具有正面轰动效应的公关事件，善于把握问题的核心并制定巧妙的政策，让参与各方都成为事件的忠实执行者和拥护者。

第三节 立体思维的创意实训导引

一、基础测试

(1) 什么是立体思维？用自己的话描述。

(2) 点、线、面思维各有什么特点？

(3) 举例阐述立体思维的层次性、多维性、开放性、联系性、综合性和整体性六个方面特性。

(4) 有人说立体思维层次性、多维性、开放性、联系性、综合性、整体性的特点，也使得立体思维具有超前性。你怎么看？

(5) 昨天是今天的历史，今天是明天的历史。对每个人而言，现在的机遇并不比过去少，关键是怎样去寻找和发现。20世纪90年代与80年代相比，20世纪初与90年代比，今天与10年前相比，机遇并不少，只是种类、性质、表现形式不同罢了。请梳理不同时代成功人士的创业经历，寻找你认为当今的创业机遇。

二、立体思维实训

(一)环境法训练

(1) 思考可能造成下列情况的五种以上的原因。

感冒了。

失恋了。

摔倒了。

被盗了。

挂科了。

创意大赛得了第一名。

人郁闷的原因。

人高兴的原因。

获得爱情、友情的原因。

不愿读报纸的原因。

不愿看电视的原因。

开网店成功的原因或失败的原因。

上课允许使用智能手机辅助学习的理由。

上课不允许使用智能手机辅助学习的理由。

(2) 为自己安排一套西藏旅行方案，要考虑时间、费用、便利性、安全、趣味性等多种因素。

(3) 以你所在的学校或工作单位为例，根据立体思维模式的原理，设计其发展战略。

(4) 找一个魔方来玩，并体会其中的立体思维。

(5) 辨析战略与战术的不同，并举例描述。

(6) 思考如何解决"拉链路"难题。

拉链马路是指道路建设缺乏统一规划、管理，导致道路挖了填、填了挖的现象。拉链路不仅造成了交通拥堵，给人们生活带来了极大不便，而且还造成了极大的浪费，人们对此十分不满。请你运用立体思维考虑如何治理"拉链路"难题。

(二)局外法训练

(1) 关于竞争的"囚徒困境"。

甲乙两个公司互相竞争，两者的广告互相影响，即甲公司的广告若容易被顾客接受则会夺取对方的部分收入。但若二者同时期发出质量类似的广告，则二者收入增加很少但成本增加。但若一方不提高广告质量，生意又会被对方夺走。请思考两家公司如何面对这一困境？

(2) 如何解决饭店中顾客长时间占座问题？

你经营着一家饭店，某天生意非常好，来吃饭的人都已经排起了长队，而一些吃完饭的客人在座位上闲聊。

如果你想让排队的顾客满意，你会采取什么措施？

如果你想让排队的顾客和吃完饭的客人都满意，要采取什么措施？

如果你不仅让客人满意，还要让你的工作人员满意，要采取什么措施？

如果你不仅要让客人满意，工作人员满意，自己也要满意，要采取什么措施？

(3) 下面是一些非立体思维的例子，考虑如何用立体思维的方法去应对？

在语文课解释一个词语的意思时，你常常忘了结合句子的整体意思来思考。

在解复杂的数学题的时候，你能抓住一些已知条件，但却难以将这些条件放在一起思考问题。

在做历史题目时，你经常会忘记把当时的历史背景考虑进去。

在面对与人交往的问题时，你总是容易激动，难以冷静下来纵观全局。

发生问题时，你一般会多强调自己的感受，但很少去想对方的感受。

在和别人谈话的时候，你经常不留心听对方说话，更加不会去想为什么别人会对你说这些话。

与大家一起讨论问题时，你经常只是顺着自己的思路想下去，很少去预测别的想法。

(4) 先后以参加者和组织者的不同身份参加一次活动，体会两种身份所体现出的不同。

(三)启发训练

(1) 思考被解雇的原因。

有一家机械制造公司，专门生产疏通下水道的器械用具。公司的技术人员在研究改进产品的过程中发现,如果在机械疏通之前先注入一种化学药品,将会成倍地提高疏通效率,而且这种化学药品造价低廉。大部分研究人员的研究到此为止,公司领导也认为这项研究已获得了圆满成功。但是,其中有一位研究人员并不罢休,他扩展自己的思维广度,在继续研究的过程中发现,解决下水道堵塞问题,关键不在于如何疏通,而在于如何不让它堵塞。他们研究小组所发现的那种化学药品,其配方只要稍加改变,便能一劳永逸地解决下水道堵塞问题,因而根本用不着使用机械来疏通。这位研究人员最终成功了,结果,他却被公司解雇了。

这位研究人员最终成功了,为什么却被公司解雇了呢?

(2) 思考下面对话中所具有的立体思维。

爸爸:我要亲自选儿媳妇。

儿子:不。

爸爸:那女孩是比尔·盖茨的女儿。

儿子:好!

父亲去见比尔·盖茨——

爸爸:我想让你女儿和我儿子结婚。

比尔:不行,我认识你吗?

爸爸:我儿子是世界银行的CEO。

比尔:好!我们安排一下让他们见面。

父亲去见世界银行的董事长——

爸爸:任命我的儿子为你们银行的首席执行官。

董事长:不!

爸爸:她是比尔·盖茨的女婿。

董事长:好!

第八章

跨越时空创意的超前思维

学习要点及目标

- 掌握超前思维的概念。
- 熟练运用超前思维的方法。

 核心概念

超越时间　超越空间　超越事物　直觉预测　理论研究　情景描述

 本章导读

恁时节，船到江心补漏迟，烦恼怨他谁。事要前思，免劳后悔。

——关汉卿《救风尘》

韩非子讲"智者察于未萌，愚者暗于成事"，聪明人在这事还没开始之前就都明白了，糊涂者等事情都过了还不知所以然。所以凡事预则立、不预则废，无论是人生还是事业发展都需要规划，都需要超前思维的介入。

第一节　超前思维的含义及其特性

一、超前思维的内涵

超前思维是在已掌握多方面信息的基础上，根据客观事物的发展规律和发展趋势，对于事物的未来图景及其实现过程的预测、构想或推断的一种思维过程。现实中的思维有三种情况：一是迟滞于存在的存在思维，二是与存在相符合的思维，三是超前于存在的思维。超前思维是先于客观事物发展变化而出现的一个"对象世界"，它是引导人们面向并积极地开拓未来的一抹曙光。

超前思维与立体思维密切相关。立体思维层次性、多维性、开放性、联系性、综合性、整体性的特点，也使得立体思维具有超前性。这种超前性是指思维在时间的量上的预见性，是从现实事物的规律性去发现它将来演变的必然性。万科集团作为房地产企业却投资银行，就是基于自身对行业的全面把握。万科内部一直在思考下一个10年的发展方向，他们发现近30年的发展历程中，除了积累下的庞大资金外，万科还圈定了一大批高素质的业主群，这批业主群是万科亟待开发的金矿。万科将根据这些业主的需要为他们提供包括食堂、超市、银行、药店、洗衣店等在内的综合服务。而入股银行，打造社区金融，正是他们未来发展的一部分。

超前思维与占卜不同。超前思维从一个层面也可以称其为预测思维，但它是一种理性思维，是在一定事实基础之上，在一定知识前提下对事物发展趋势的或然判断。它在创意思维中有着重要的作用，因为创意需要独特，需要突破，而只有想别人所未想，才能达到此目的。

二、超前思维的特点

超前思维具有或然性、否定性、独立性、变革性和超越性的特点。

(一)或然性

作为认识而言，每个事物的发展都有多种可能性。超前思维只是依据现实并根据事物发展趋势或规律性对未来的一种判断，本质上还是属于主观认识的范畴。因此，超前思维成果具有或然性。这种或然性基于两个方面，一是现实发展变化的可能性，二是主观认识判断真实的可能性。在超前思维基点上的创意将面临两种可能性——成功或者不成功。超前思维成果的价值大小，取决于思维主体对客观事物发展趋势认识和把握的程度如何，取决于对事物发展规律的认识和把握如何。同时事物间的相互影响制约，如某些突发事件，也会改变事物发展变化的结果。

(二)否定性

超前思维的否定性表现在两个方面：一是对现存事物的否定；二是对现存反映陈旧事物的思想观念的否定。

案例8-1

柯达与富士曾是胶片时代的一对老冤家，共同主宰全球影像市场。2012年，柯达股价狂跌，市值不到1.5亿美元，柯达一度申请了破产保护(见图8-1)，辉煌的历史似乎要走到尽头。而富士市值却将近120亿美元，全年营业收入接近500亿美元，业务不断扩大。为何两者命运如此不同？原来柯达面对数码时代的到来，却贪恋胶片带来的辉煌和巨额利润，不愿放弃胶片业务，担心数码影像会蚕食胶片市场，冲击公司的巨额利润，反而放弃了自己作为数码相机发明者的优势，最终被市场抛弃。富士则敏锐意识到了市场的趋势，不再把胶片当作核心业务，大力拓展数码相机市场，从而赢得了发展先机。

图8-1 盛极一时的柯达申请破产保护

(三)独立性

超前思维首先源于个体的独立思考。在此基础之上产生的独立见解往往越超前、预见的成分越多就越不容易被接受，有的还会付出很大的代价，如卢梭因提倡"社会契约论"而被追逐；谭嗣同、杨锐等"六君子"因推崇"戊戌变法"而遭清政府腐败势力的杀害；……社会的进步需要一批有独立见解的人，如果一个国家培养的是缺乏独立思考，人云亦云，唯唯诺诺，没有见解的人，这个国家是没有希望的。

当个体的独立见解被越来越多的大众所接受并转化为社会大众意识时，超前思维才真正显示出其强大的力量。但此时的"超前思维"已经转化为一般思维了。

(四)变革性

超前思维产生于变革的需求，离开了变革的需求，超前思维就不可能产生。而离开了思维的首先变革，人的变革需求也就无法实现。国内建设银行和交通银行分别推出了带显示屏和数字键盘的可视银行卡(见图8-2)。利用这种银行卡不用去ATM机或网点柜台，就可以直接查询最近的交易记录和账户余额。这一成果应是基于对数字时代人们生存生活状态的超前感知，是对传统业务形态的变革。现在被广泛使用的手机银行、支付宝、微信支付等，都是数字时代对传统存储支付的变革。

图8-2　可视银行卡

(五)超越性

其实，超越性是人类思维最基本的属性。思维对现实的超越表现在以下三个方面。

1.超越具体的时间

科技改变未来。对于科技究竟会向什么方向发展，人们有着各种各样的预测。有专家曾于2012年对10年后的互联网发展进行了预测：互联网的用户数量将进一步增加，互联网在全球的分布状况将日趋分散，电子计算机将不再是互联网的中心设备，互联网将最终走向无线化，互联网将出现更多基于云技术的服务项目，互联网的网络管理将更加自动化，互联网将吸引更多的黑客。

今天回过头来看看，这些对互联网发展进行的预测，大都变成了现实。

未来还可能发生什么？几百元钱买架飞机当作交通工具，如图8-3所示；去火星来个星际旅行，如图8-4所示。

图8-3　未来的代步工具

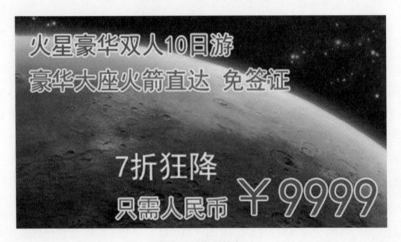

图8-4　星际旅行

2. 超越具体的空间

思维可以摆脱空间的限制，在现实与未来的空间自由穿行。很多成语就反映了思维的这种属性，如"身在曹营心在汉""心猿意马""心驰神往""心不在焉"等。

3. 超越具体的客观事物

超越具体的客观事物通过由此及彼的联想而实现。活字印刷的创意是对雕版印刷的否定和超越；无线电用于通信的创意是对烽火台、驿站的否定和超越；立体交通的创意是对平面交通的突破和超越；电子商务的创意是对传统店铺销售的否定和超越；智能终端的创意是对传统通信的否定和超越……超越的范围很大——思想的超越、观念的超越、材料的超越、功能的超越、方法的超越、结构的超越、形式的超越、内容的超越、历史的超越等。

以超前思维创想未来社会交通工具。

随着数字网络技术的发展，创想未来教育的存现形态。

美国微软公司和趋势预测机构"未来实验室"2016年8月联合发布《未来证明自己——明天的职业》报告，预测了未来10年可能出现的新职业，报告预测，近三分之二在校生未来从事的工作是现在尚未出现的，而与虚拟现实设计、机器人工程学、视觉传播有关的职业都将在未来职场占据一席之地。这些未来职业包括虚拟居所设计师、与人工智能有关的技术伦理专家、自由生物黑客、帮助人工喂养的动物重返大自然的野化策略师、太空导游、人体设计师、物联网数据创新人员等。微软公司的瑞安·阿斯杜里安说："尽管这些职业听上去挺科幻，实际上，它们代表着我们今天已经看到的那些变化。"

设想一下：在虚拟现实设计、机器人工程学、视觉传播领域将会出现哪些新职业呢？

三、超前思维的方法及注意事项

(一)具体方法

1. 直觉预测法

人们常常通过直觉对事物进行感知，对未来进行预测。这种预测并非是毫无根据的，而是建立在长期的经验和知识积累基础上的，是一种下意识的敏感。要想利用直觉对事物进行预测，就应该有意识地训练自己的直觉能力，经常使用直觉进行判断。在进行直觉判断时，不首先考虑逻辑规范，而是要相信自己的直觉，同时记下这种直觉，分析自己直觉在哪些领域、哪些时刻会比较准确。

2. 理论研究法

根据理论假定以及现在和历史的数据对事物的未来或社会状况做出判断。理论预测根据各种理论中所包含的因果关系进行预测。根据现在的人口增长率，除非爆发一场全球性大灾难，将来地球上一定会有比今天多得多的人口。50年前，地球人口还不到30亿；而50年后的今天，地球人口已经翻了一番多，达到67亿。虽然人口增长的速度已经减缓，但是，预计到2050年地球人口将达到90亿，而且新增加的人口都将来自发展中国家，因为现在那里年轻人的数量远远超过了老年人。

3. 情景描述法

把研究对象分为主题和环境，通过对环境的研究，识别影响主题发展的外部因素。首先，构造一个基本的未来情景，即在假定当前环境不发生重大变化的条件下研究对象的未来情景。然后，分析情景的环境因素，就各因素的不同取值对情景造成不同的影响进行分析。

情景描述法的步骤如下。

(1) 确定预测主题。

(2) 根据预测主题寻找资料。

(3) 寻找影响主题的环境因素。

(4) 分析在不同影响条件下主题实现的可能性。

(5) 对各种可能出现的主题状态进行预测。

摆脱常规思维束缚，培养超前思维要循序渐进，从思想层面、现实操作与具体方法三方面共同配合。

课内互动

你今天的状态是由昨天的思想和行为决定的；今天的思想行为决定了明天的生存状态。请根据你今天的思想与行为，设想一下10年后的你是一个什么生存状态？

(二)注意事项

1. 观念层面

(1) 树立全局观，避免片面性。胸中无全局，处事必离谱。看待事物，要有全面的观点，善于看到事物的本质和全部，既能看到有利条件，又能看到不利条件，而不是仅凭一知半解或者看到事物的某一方面、某一侧面，就对全部进行预见、评价或指导，这样必然会出现错误。

(2) 树立联系观，避免孤立性。要学会用联系的观点看问题，既能看到事物的外在联系，又能看到内在联系，既能看到横向联系，又能看到纵向联系，否则，处理问题就可能失之偏颇。

(3) 树立发展观，避免静止性。事物在不断发展变化，形势也在不断发展变化，我们的思想认识也应随着发展变化的形势而发展变化。要保持与时俱进的精神状态，看到世界多极化和经济全球化在曲折中发展这一趋势，看到世界政治、经济、文化、科技等发生的重大变化，以变革精神应对变化。国内一位名人说过：趋势就像一匹马，如果在马后面追，你永远都追不上，你只有骑上马，才能和马一样的快，这叫"马上成功"。

2. 现实操作层面

(1) 学会从客观事实中找规律。列宁说过："神奇的预言是神话，科学的预言却是事实。"只有掌握大量的事实，才能通过对事实的分析找出事物的内在规律，我们的超前思维才有客观的依据，否则就是闭门造车，胡思乱想。比如，中国古人很早发现了水的变化与地震的关系，有很多总结，如"水动则地震""大旱见地震""霪雨后见震""水位变异见震"等。清佚名本《平寇记略》更具体，称震前有"六端"，分别从井水、池水、风浪、光线、云彩、气温等六个方面预测地震。

除了自然征兆之外，中国古人还善于利用鸡、狗、蛇等动物的反常行为，进行地震预测。这些预测手段，已被现代地震科学证明是正确且行之有效的。

案例8-2

德国有一只章鱼，可以预测足球比赛的胜负。章鱼保罗(见图8-5)在2010年南非足球世界杯上"成功预测"了德国胜澳大利亚、加纳，输给塞尔维亚的小组赛赛果，而名声大噪。章鱼保罗不仅被邀请预测足球比赛，甚至还被邀请预测俄罗斯总统选举结果。这只章鱼真的那么神奇吗？

让我们看一下章鱼的预测方法：海洋馆的馆员会把贝壳分别放入印有比赛双方国旗的玻璃缸，而章鱼进行选择，选择哪一个玻璃柜，那个玻璃缸所代表的国家足球队即被预测会取得接下来比赛的胜利。所以有人推测为什么开始时，只预测德国队的比赛，而且全部预测德国赢，因为德国国旗的颜色正是章鱼喜欢吃的食物颜色。这些推测从侧面说明了一点：很有可能并不是章鱼在预测，而是有人根据比赛双方的实力进行先期预测，然后再引导章鱼进行预测，所以才出现了这只神奇的章鱼。我们在开阔眼界，领略神奇的时候，也应该明白许多预测是建立在规律和事实基础上的，绝非有那么多神奇的预言。

图8-5　章鱼保罗在预测足球比赛结果

(2) 善于运用逻辑分析。事物的发展变化往往有它的延续性，我们可以利用这些事物发展中的惯性现象，抓住事物的发展趋势去进行超前思维；也可以抓住事物的因果关系进行超前思维，在现实生活中，事物的因果关系是普遍存在的，只要我们弄清了原因与结果之间的内在联系，就能较正确地进行超前思维。

案例8-3

纣王曾命令工匠为他雕琢一双象牙筷子。纣王的庶兄箕子见了感叹道："象牙筷子肯定不能配土瓦器，要配犀角雕的碗，白玉做的杯子。用这样珍贵的器皿就不会再吃粗豆做的饭菜，要盛山珍海味才能相配。吃了山珍海味就不愿意再穿粗布衣服，也不愿住简陋的房子，而要穿锦绣华服，乘华贵的车子住高楼广室。他的贪欲这样下去，我们商国国境内的物品将不能满足他的欲望，必要去征收远方各国的奇珍异宝。从象牙筷子开端，我看到了以后的发展结果，真禁不住为他担心。"于是，箕子就离开了纣王，与自己的家人一起隐居山野。果然，纣王的贪欲越来越大，终于惹得天怒人怨，纣王最后死在了鹿台的熊熊烈火之中。

未来在现在萌芽，我们可以根据现实中已经存在的因素对未来进行预测。在预测过程中注意已预测因素的发展变化，验证自己的假设。

利用类推法进行超前思维也是常见的。有些事物的发展变化呈现出周期性的特点，从前一个周期的现象就可以推测出后一个周期的变化，比如：妇女服装的流行、股票价格的涨落、全球气候的变化等，我们都可以类推出可能的结果。

(3) 通过想象来促进超前思维。我们想创造的事物，一般来说，在我们的现实世界中是没有原型的，但是这些事物的各个组成部分却是有可能存在的，我们在进行超前思维时，可以通过想象把它们联系在一起，在头脑中建立这样或那样的模型，然后再逐步去创造。幻想是一种指向未来的特殊想象，但它不是想入非非的"空想"，它也是在已有的经验和材料的基础上，以科学技术的发展为依据，通过人的大脑所表现出来的一种预见能力。

超前思维的形象联想和艺术想象是创作构思中能够促进艺术家、科学家开拓新领域的一个环节。一些想象和联想的形象在没有被发明或被实践证实的时候，往往会被人们认为是荒诞的幻想，但正是无数这样的幻想多年以后成为现实。如果没有人们的超前思维，世界就不可能发展到今天这个规模。达·芬奇除了是画家之外，还是一位科学家和发明家，他曾经画出了螺旋桨、坦克、机器人等现代事物的草图(见图8-6)，令人感叹其思维的超前。

图8-6 达·芬奇的超前设计

(4) 在对未来期盼或规划中超前思维。其实，人生最需要超前思维，未来是未知的，谁也不知道未来如何。有人通过求神拜佛试图换回一个美好的未来。其实，人类社会和事物本身有其规律性，掌握一定手段遵循客观规律，就可以预测未来。未来学家葛洛庞蒂说："预测未来的最好办法就是把他创造出来。"未来的你是现在的你创造的，在生活中一定要有超前思维，多想想自己所做之事对未来的影响，多选择一些对未来发展有利的事情，在现实中规划未来，采取自强自立的态度来为自己赢得未来。平时或者遇到问题时，想象如果是年长10岁的自己，该如何处理这个问题？未来10年我想达到某个目标，现在该如何做？想象10年后的自己最后悔的是什么？得出结论，然后积极面对。对于一个设计艺术家而言，对现实对象的不满并由此产生对解决问题的各种设想，都是超前思维的动态展开。

世界上曾经有一家世界500强的企业，名叫"柯达"，在1991年的时候，它的技术领先世界同行10年，但是在2012年1月破产了，被做数码的挤出了市场。

当"索尼"还沉浸在数码领先的喜悦中时，突然发现，原来世界上卖照相机卖得最好的不是他而是做手机的"诺基亚"，因为每部手机都是一部照相机，而近几年"索尼"业绩大幅亏损。

然后，原来做电脑的"苹果"出来了，把手机世界老大的"诺基亚"的市场份额挤压了，而且使"诺基亚"没有还手之力，2013年9月，"诺基亚"被微软收购。

你如何看待这些"巨人倒下"的现象？

第二节　超前思维创意的思路示例

一、新东方的超前思维

新东方是目前中国大陆规模最大的综合性教育集团。公司业务包括外语培训、中小学基础教育、学前教育、在线教育、出国咨询、图书出版等各个领域。截至2016年5月31日，新东方语言培训和考试辅导课程注册学生总数约为103.8万人，全国学校总数为66家，学习中心总数达748家，早在2011年年底总培训就超过1500万人次。新东方品牌在世界品牌价值实验室(World Brand ValueLab)编制的2010年度《中国品牌500强》排行榜中排名第94位，品牌价值已达64.23亿元。但是新东方并没有骄傲不满、止步不前，他们还在积极谋划未来。新东方领导团队，意识到世界的融合已经变成了一个不可避免的发展方向，新技术的运用使得全球教育的竞技场变平，全球化竞争是没有边界的，而移动互联网的发展也对传统教育机构带来压迫性的影响。新东方过去那种一个个城市去开教学点的模式，实际上已经是落后的模式，它支撑不了新东方的未来。

为在未来的发展中赢得先机，新东方将内容作为以后的发展重点：积极跟剑桥大学、哈佛大学等世界顶级教育机构签订战略合作协议，把它们的产品内容引入中国，搭建丰富的内容资源库，而且要花费10年时间搭建自己的内容库、产品库和系统库。

思路示例：虽然新东方已经是国内最大的教育集团，而且在外语教育培训领域占据优势地位，但是新东方和其领导团队并没有故步自封，而是能够居安思危，对未来教育的发展进行了积极的探讨，同时对自己企业如何应对这种发展变化，在未来发展中占据先机进行了探索。这种探索并不是杞人忧天，因为就在2014年，有一家名为100教育的培训企业，宣布自己的在线教育培训部分免费，这一举措极大地冲击了新东方的培训体系，至于结果如何，我们尚不知晓，但是凡事积极预判，积极筹划，对企业和个人都至关重要。

二、万达集团的关键几步

创立于1988年的大连万达集团，2012年时已成为包括商业地产、高级酒店、旅游投资、文化产业、连锁百货五大产业的大型企业集团，企业资产3000亿元，年收入1417亿元，年纳税202亿元，净利润超过100亿元。2013年，万达集团董事长王健林以1350亿元财富首次成为胡润百富榜上的中国首富。

在短短的20多年时间里，万达集团和王健林是如何做到这一切的呢？

王健林说过："一个企业步步踩准是不太可能的，多数时间都是在平均线上，但关键几步你上去就拉开距离了。"2008年时，万达集团还是一家遭遇危机的公司。国家实行了比较严厉的针对房地产的调控政策，当时万达资金链相当紧张，经营方面也出现了许多困难。

2008年11月，"四万亿"刺激经济政策出台，地方政府急于卖地，银行急于放贷，房地产贷款甚至连四证、资本金都不看，只要申请就有。"这样的机会以后还有吗？"王健林说，"很多人被形势吓怕了，不敢拿地，只有我在公司说要大干。"他一声令下，万达仅仅在2008年年底就抢了十几个项目，2009年年初又是十几个，土地的价格低得惊人。在上海和南京这样的城市，万达拿到的土地价格也就每平米1000多元，2009年楼房开盘价格是地价的十几倍。2008年那一轮调控之后，万达发展曲线呈现V型反转，一举超越了许多比它大的公司。

如今，王健林的主要精力是研究文化创意产业，他希望万达在未来5～8年彻底转型，万达未来的核心竞争力是文化和旅游，"到2020年万达地产类收入要下降到45%以下"。

思路示例：万达作为一家来自大连的地方房地产企业随着时代的进步不断地发展壮大，逐步成为一个在全国乃至全球具有一定影响力的企业。其发展的要素非常多，但是对未来趋势的预判是其发展的一个关键要素。对未来政策的预判、对行业发展前景的预判，使得万达能够先人一步，提前进入某一领域进行布局，从而抢得发展先机。

三、任氏致富

秦朝将要崩溃的时候，那些有钱人都在存储金玉，以为这些东西最保险。只有宣曲一个姓任的小官吏却在悄悄地储存粮食。后来刘邦和项羽在荥阳一带打起拉锯战，农民根本无法耕种，结果粮食短缺，粮价飞涨，那些积攒了大量金银财宝的人为了活命，只好高价买粮。这样一个机会，让任氏大赚一笔。

思路示例：预见性是指一个人对事物发展的预判和前瞻，一个人预见性的强弱往往决定着一个人的能力大小。遇事勤三思，多动脑，分析原因，推论过程与结果，善于观察事物，从外到内，由表及里，发展与变化，发展与变化同环境等原因的关系，有了多思、深思、善思的良好习惯，对事物发展态势自然就有越来越清楚的掌握，前瞻性和预见性自然就具备了。

四、杰克的生意

第二次世界大战时期，美国的一家缝纫机厂经营状况不佳，厂长杰克看到，由于战争的影响，人们已很少有心思坐下来搞缝纫，缝纫机销量下降的趋势不可逆转。他通过研究分析，预测战后由于伤残人员骤增，残疾人用的轮椅需求必然上涨，于是便毅然改行生产残疾人小轮椅。战争结束后，轮椅销量果然成倍增长，他独家开发的小轮椅不但走俏本国，而且销到了国外。

几年后，小轮椅的销量趋于饱和，他又预测人们将会把健康作为重要的追求目标，于是又着手开发生产健身器材。结果仅在"二战"后10多年,健身器便风靡市场,杰克又赚得盆盈钵满。

思路示例:在大多数人眼里,市场是无形的、隐蔽的、难以琢磨的,要准确把握和驾驭市场,几乎没有什么可以借鉴的东西。其实,市场的变化也是有其规律的,关键是要善于捕捉市场从渐变到突变过程中的蛛丝马迹。

五、假日酒店的发明

一天建筑商威尔逊带着母亲、妻子和五个孩子,去华盛顿度假。他们选择了一家汽车旅馆住下。他们打开旅馆房间门发现,陈设破旧简陋,用品又脏又黑,甚至发出一阵阵刺鼻的霉臭。眼前的一切犹如一盆凉水当头浇下,把一家八口的游兴全部冲跑了。这样一塌糊涂的住所,搞得威尔逊一家憋了一肚子气,打道回府。

回家的路上,威尔逊的思绪转个不停。他想:为什么汽车旅馆会这样?原因是这类旅馆大都是战争时代的产物。在战时,旅馆根本不愁没有旅客,单是过往军人就使所有的旅馆爆满。因此,这些旅馆的老板,根本没必要去整理设施,爱住不住!

他想到,现在乘坐火车外出的人越来越少了,许多生意人和旅客,总是乘汽车四处游逛,在汽车日益成为主要代步工具的今天,何不开个汽车旅馆连锁公司,专门经营汽车旅馆,为那些喜欢沿着公路观赏风景、消磨时光的旅客提供食宿方便?开设这种旅馆肯定大受欢迎,这不是一条生财之道吗?

思路示例:要想预见事物的未来,必须从时间上考察思维对象的过去、现在和将来的纵向发展过程,进而对事物的发展规律作出预测。

六、威尔逊买地

世界旅馆大王、美国巨富威尔逊在创业初期,全部家当只有一台分期付款"赊"来的爆玉米花机,价值50美元。第二次世界大战结束时,威尔逊做生意赚了点钱,便决定从事地皮生意。当时干这一行的人并不多,因为战后人们都很穷,买地皮修房子,建商店、盖厂房的人并不多,地皮的价格一直很低。听说威尔逊要干这种不赚钱的买卖,好朋友都反对。但威尔逊却坚持己见,他认为这些人的目光太短浅。虽然连年的战争使美国经济不景气,但美国是战胜国,它的经济很快会起飞的,地皮的价格一定会日益上涨,赚钱肯定不是问题。威尔逊用手头的全部资金再加一部分贷款买下了市郊一块很大的但却没人要的地皮。这块地皮由于地势低洼,既不适宜耕种,也不适宜盖房子,所以一直无人问津,可是威尔逊亲自到那里看了两次以后,竟以低价买下这块荒凉之地。这一次,连很少过问生意的母亲和妻子都出面干涉。

可是威尔逊认为,美国经济很快就会繁荣,城市人口会越来越多,市区也将会不断扩大,他买下的这块地皮一定会成为黄金宝地。事实正如威尔逊所料,3年之后,城市人口骤增,市区迅速发展,马路一直修到了威尔逊那块地的边上,这时人们才突然发现,此地的风景实在宜人,宽阔的密西西比河从它旁边蜿蜒而过,大河两岸,杨柳成荫,是人们消夏避暑的好地方。于是,这块地皮马上身价倍增,许多商人都争相高价购买,但威尔逊并不急于出手,真叫人捉摸不透。后来,威尔逊自己在这地皮上盖起了一座汽车旅馆,命名为"假日旅馆"。假日旅馆由于地理位置好,舒适方便,开业后,游客盈门,生意非常兴隆。从那以后，威尔逊的假日旅馆便像雨后春笋般出现在美国及世界其他地方，这位高瞻远瞩的"风水先生"获得成功。

思路示例：做生意如同下棋一样，平庸之辈只能看到眼前的一两步，高明的棋手却能看出后五六步。能遇事处处留心，比别人看得更远、更准，这便是威尔逊具备的企业家素质。

企业经营者采用这一谋略，要具有远见和胆识，要善于观察、分析市场发展情况，寻找战机，当机遇出现时，能够果断采取决策，适应市场变化需要，从而在竞争中取胜。

七、壳牌公司的战略规划

壳牌公司以重视战略规划著称。该公司于20世纪70年代成功地预测了因OPEC的出现而导致的原油价格上涨和80年代由于OPEC石油供应配额协议的破裂而导致的原油价格的下跌。

20世纪80年代初，每桶原油价格在30美元左右，该产业的成本是每桶11美元，因此多数石油公司是盈利的。对未来的分析，一般看好，有的公司预测到20世纪90年代将上涨到每桶50美元。壳牌公司分析了一系列可能性。其中之一是：OPEC石油供应配额协定破裂，石油充斥，每桶降至15美元。1984年，公司对各下属公司提出的课题是，如果这一情况发生，我们该怎么办？

壳牌公司根据自己认定的或然情况，围绕核心业务实施了以下降低成本的变革，包括采用领先的开采技术，大量投资于提炼设备，该设备具有成本效率和取消低利润的服务站等。其他石油公司(如Exxon公司等)未改善核心业务的效率，而是实施多样化。到1986年1月壳牌公司完成上述变革时，原油价格为27美元/桶。但与此同时，OPEC生产配额协议失败，北海和阿拉斯加出现新的石油产量，与此同时，需求下降。2月1日，原油的价格为17美元/桶，4月则降至10美元/桶。

结果，1988年，壳牌公司的资产净收益率为8.4%，该产业主要公司(Exxon，BP，Chevron，Mobil，Texaco等)的平均收益率为3.8%。至1989年，壳牌公司的主要变革方向是低成本，改进精炼工艺，原油开采成本低于2美元/桶，同时强化市场营销。

思路示例：壳牌公司此处使用的是脚本法，是假定某种现象或某种趋势将持续到未来的前提下，对预测对象可能出现的情况或引起的后果作出预测的方法。凡事预则立，不预则废。壳牌深知其中道理，将对外来的预测作为一种战略规划，以科学的精神和方法进行预测，提高自身对环境威胁的警惕，同时不失对长期机遇的把握。最终企业在困境来临时，能够从容面对，获得良好的发展。

第三节 超前思维的创意实训导引

一、基础测试

(1) 什么是超前思维，用自己的话进行表述。

(2) 分别用情景描述法、理论研究法、直觉预测法创想30年后你的生存状态。

(3) 如何理解超前思维的"否定性"的特点？

(4) 超前思维与占卜有相似之处吗？其区别是什么？

(5) 超前思维创意在观念层面和现实操作层面要注意些什么？

二、超前思维实践训练

(一)直觉预测训练

1. 日常训练

(1) 试着根据今天的天气，预测明天的天气。

(2) 在花盆中撒下几颗种子，观察它们从发芽到长大的过程。

(3) 收集近10年的米兰时装发布会，看哪些服装在下一季或以后成为流行，根据今年的时装发布会，预测下一季的流行趋势。

(4) 根据自己的兴趣，预测下一届美职篮冠军、足球世界杯冠军、格莱美奖、奥斯卡奖等项目得主，并思考自己没有预料到黑马的原因。

(5) 对自己所熟悉的行业或领域进行预测，预测这个行业未来一年、未来三年、未来十年的变化。说出10件你认为最不可能发生的事情，并从现实中找出它们可能成为现实的萌芽。

(6) 写出你所能想到的任何第一个、第一次、第一回、第一……

(7) 如果你身边有位朋友要去10年后的科技市场旅行，你会让他帮你带回什么科技产品？

(8) 回忆一下2000年的时候，你是如何考虑2013年比较常见的一些用品，比如平板电脑、电动自行车、智能手机等。设想一下2030年的时候，这些东西还存在吗？它们将被什么东西取代？

(9) 当摩托罗拉还沉醉在V8088的时候，不知道诺基亚已迎头赶上；当诺基亚还注重低端机市场时，乔布斯的苹果已经潜入；当苹果成为街机的时候，三星已经傲视天下；当中国移动沾沾自喜为中国最大的通信商时，浑然不觉微信客户已突破6个亿；当中国银行业赚得盆满钵满高歌猛进时，阿里巴巴已经推出网络虚拟信用卡；当很多人还在想租个门面房做个小生意时，"双十一"一天中国互联网上创造了天价成交额……凭你的直觉，未来还会有哪些产品或行业会发生变化呢？

2. 直觉分析训练

(1) 分析你对天气预测的准确度及原因。

(2) 分析你预测行业领域发展趋势准确度，思考是自己对行业了解不深导致预测失误，还是其他因素导致了预测的失误。

(3) 观看《惊魂下一秒》《先知》《少数派报告》等关于未来的电影，请分析电影是如何讲述未来的，对你认识未来有什么影响？

(4) 你们的父辈很多人肯定还清楚地记着自己儿时玩过的游戏：滚铁环、捉迷藏、跳皮筋、扔沙包、跳房子、弹玻璃球、老鹰抓小鸡、过家家，现在这些都慢慢消失了，那么现在的一些游戏哪些会消失呢？列举5年后最有可能消失的五个游戏，并说出你的判断依据。

(5) 分析自己平常在作出预测时，会受到哪些因素的影响，对这些因素你有什么样的认识？

(二)理论研究训练

1. 分析对房价涨跌的预测

房价的涨跌牵动着每个人的神经，许多专家学者都对房价的涨跌作出了自己的判断，请在网络中搜索过去几年间一些针对房价的预测，分析这些人在进行直觉判断还是通过理论研究得出的预测？

2. 思考自身未来的变化

当你10年、20年或更多年后回顾过去时，你会吃惊地发现，随着时光的流逝，你也发生了很大的变化。你的经历、朋友、家庭和工作造就了现在的你。但是再过几年你会在哪里呢？你会如何变化呢？

3. 老龄化趋势带来的影响

日本有个公司原来生产雨衣，但销量不好。有一次，公司经理从人口普查中得知，日本每年出生婴儿达到250万，他敏锐地意识到这是个机会，经过调查，公司决定生产尿布，从而赢得了市场先机。现在我国不仅是世界人口最多的国家，也是老年人口最多的国家，60岁以上的人口目前已经超过1.2亿，占世界老年人口的1/5，亚洲老年人口的1/2。预计到2025年和2050年，老年人口总数字分别达到2.8亿和4亿之多。老年人口增长的速度快，又具有较大的购买能力。你能从这些数据中看到什么趋势？

4. 对毕业即失业难题的应对

《中国青年报》报道说：未来10年40%的大学毕业生进入蓝领岗。花了学费、付出了青春，最终却成蓝领，是一般人情感上难以接受的结果，也是目前大学毕业生就业难潜在的文化因素之一。面对这种趋势，请思考如果你是一名新入校的大学生你将如何安排自己未来的大学生活，以应对这种状况？

5. 网络视频广告的变化

网络视频广告典型的代表作当属于丰田汽车2003年在网络上投放的《威驰新风》，这部视频广告时长5分钟，由著名导演张艺谋执导，网上点击播放率创下新高。根据Jupiter Research公司最近的调查，观看在线视频广告的观众和电视广告的观众数量越来越接近。随着宽带的普及和应用，视频广告形式会得到更多的发展机会。

试想一下：20年后，网络视频广告与电视广告会出现怎样的变化？今天的广告人应如何面对这种变化？

6. 网络媒体带来的影响

网络媒体在人们生活中起着日益重要的作用，作为传统媒体的报纸、杂志等纸质媒体其影响力无疑在这个过程中受到了冲击，许多人都在预测纸质媒体的消亡，你觉得纸质媒体未来将走向何方，请列出你的理由。

7. 由网络流行词所想到的

"小目标""洪荒之力""蓝瘦，香菇""老司机""正能量""元芳，你怎么看""舌尖上""躺枪""高富帅""中国式""亚历山大""最美""赞""接地气""北京咳""硬座宝""法海体""剁手族""电子宅娃""中国式骑车""中国式过马路""中国式包装""左脸原则""洗手操""光盘行动""酷抠族""超女药""被考族""网上阅读焦虑""长颈鹿效应""女大十八变，越变越随便"，均为近几年出现的新词语，请理解这些词语所代表的具体意义，并思考这些词语的出现反映了怎样的时代特点？你从这些词语的出现过程能否体会到时代的发展变化？

8. 文章分析训练

英国伦敦经济学院"达尔文研究中心"进化理论学家奥利弗·库里，在研究报告中预言，人类到公元3000年左右将抵达进化的"黄金时代"，届时人类将拥有同样的咖啡色肤色，种族区别将可能被淡化，不断改善的营养将使人类的身体更健康，身高将会介于1.8～2.1米，而人类的平均寿命将延长到120岁。男女为了吸引异性，都将更加英俊美丽。然而，"黄金时代"不会持续太久，公元1万年后，人类由于过分依赖科技力量，将可能失去自我防卫和社交能力，像爱、同情、信任和尊敬这样人类最基本的情绪都可能退化丧失。由于人类一直在食用精加工食物，缺少咀嚼运动，将使人类的下巴逐渐萎缩直至消失。由于过分依赖医学，人类的免疫系统也将恶化。在进化法则的影响下，大约10万年以后，人类可能分化成两类：一种是像希腊诸神一样完美的"精英"，一种是像妖精一样丑陋的"怪物"。"精英"处于社会的顶层，拥有特权、受过高等教育、健康、身材高大，可维持120岁的平均寿命。"怪物"则处于社会的底层，他们不仅身材矮小肥胖、智力低下，寿命也大大缩短。由于两个种族水火不容，社会将变得动荡不安，甚至将爆发大战。

阅读材料后，请找出预测者预测所依据的理论和数据，并分析这些理论和数据是否能够支撑预测？你能想到其他理论或数据对这一预测进行反驳吗？

(三)情境描述训练

(1) 人生规划训练。想象一下你心目中"最希望"5年后的你在做什么，你那个时候的生活是什么样的？然后把这个目标倒算回来。思考5年后你要做到成什么事情？

那么你的第四年，应该做到什么？
那么你的第三年，应该做到什么？
那么你的第二年，应该做到什么？
那么你的第一年，应该做到什么？
那么你的第六个月，应该做到什么？
那么你的第一个月，应该做到什么？
那么你的第一个星期，应该做什么？
那么下个星期一你要做什么？

(2) 利用情境描述法对本行业、本专业你最关心的某一具体事物做未来发展描述，预测内容包含未来发展的几种可能性、主要影响因素、判断依据等。

(3) 利用情境描述法对未来三年大学生就业前景预测，预测内容包含可能出现的就业问题、分析的依据等。

(4) 3D打印技术的影响。3D打印技术，是一种以数字模型文件为基础，运用粉末状金属或塑料等可黏合材料，通过逐层打印的方式来构造物体的技术(见图8-7)。它无须机械加工或任何模具，就能直接从计算机图形数据中生成任何形状的零件，从而极大地缩短产品的研制周期，提高生产率和降低生产成本。请查阅相关资料，预测3D打印技术将被运用在哪些领域，会对我们的生活产生何种影响？

图8-7　3D打印产品

(四)启发训练

(1) 未来10年拼什么？

有人给出的答案是：整、借、学、变。

整：即整合资源，资源多、渠道多，财富才能多。

借：即借船出海，借船过河。

学：成功赢在学习。柯达、诺基亚、李宁、索尼都输在了不学习。

变：要改变口袋，先改变脑袋。

你认可这种说法吗？你还有其他的补充吗？

(2) 甲乙挑水卖，一桶1元，一天20桶。

甲："现在可以挑20桶，老了还可以一天挑20桶吗？安装一条水管就好了。"

乙："时间花在安装水管，一天就赚不到20元。"

乙继续挑水，甲每天只挑15桶，剩下的时间安装水管。

5年后，乙每天只能挑19桶，甲安装好水管，只要开水龙头就可以赚钱。

(3) 有人认为："没规划的人生叫拼图，有规划的人生叫蓝图；没目标的人生叫流浪，有目标的人生叫航行。蜜蜂忙碌一天，人见人爱；蚊子整日奔波，人人喊打。多么忙不重要，忙什么才重要。一次重要的抉择胜过千百次的努力。今天的生活是由三五年前的选择决定的，而三五年后的生活是由今天决定的。"谈谈你对这段话的理解。

(4) 有人求教于一位德高望重的佛学者，请他预测天运、国运、人运。那位佛学者微微一笑，说："佛家讲因果，你欲知未来当看现在，如果能把现在看得透透的，里面自然预示着未来。"请体会这段话中的超前思维。

(5) 超前思维有时候需要向后看，以史为鉴，可以知兴替，可以预测未来，那么回顾一下《伤仲永》这篇文章，我们在学习中应该如何做？

(6) 未来，酒吧还是酒吧吗？咖啡厅还喝咖啡吗？酒店就是用来睡觉的吗？餐厅就是用来吃饭的吗？美容业就靠折腾那张脸吗？肯德基可不可以变成青少年学习交流中心？银行等待的区域可不可以变成新华书店？飞机机舱可不可以变成国际化的社交平台？

(7) 马云曾说："很多人输就输在对于新兴事物第一看不见，第二看不起，第三看不懂，第四来不及。"谈谈你对这句话的理解。

(8) 微信的未来。打开微信，就能直接用手机遥控电视、冰箱、洗衣机甚至电饭煲。下班路上，发送语音"打开空调"、回复"制冷25摄氏度"，回家一进门就有宜人的温度；在地铁或写字楼的自动售货机前，用微信扫描二维码支付，冒着热气的盒饭就应声而出；课堂上，打开微信就可以与授课教师互动、做思考题、预习老师推送的PPT、浏览老师推送的链接……请思考除了这些已经实现的功能，微信未来还可以有哪些作用？

(9) 你将如何利用一万小时？

未来会是什么样子很大程度上由现在决定。如果我们现在为未来积极准备着，那么未来极有可能是可以预期的。马尔科姆·葛拉威尔曾提出"一万小时定律"，也就是不管你做什么事情，只要坚持一万小时，基本上都可以成为该领域的专家。达·芬奇就是一个典型的代表，从画一只鸡蛋开始，他日复一日，年复一年，变换着不同角度、不同光线，少说也得练习一万个小时，打下了扎实的基本功，从最简单最枯燥的重复中掌握了达到最高深艺术境界的途径。这才有了后来的世界名画《蒙娜丽莎》和《最后的晚餐》。

仔细算一下，如果每天工作4个小时，一周工作5天，那么10年就可以成为一个领域的专家；如果每天工作5小时，一周工作7天，成为行业内专家的时间将缩短到5.5年。

现在你已经了解了一万小时理论，那么你有什么打算？你将如何规划你的人生？

第九章

聚散自由创意的发散与聚合思维

学习要点及目标

- 了解发散思维与聚合思维的概念。
- 熟悉发散思维的方法。
- 把握发散思维与聚合思维的统一运用。

**核心概念**

异想天开　海阔天空　收敛性　一维性　稳定性

本章导读

博观而约取，厚积而薄发。

——苏轼

"博观而约取，厚积而薄发"说明了发散思维与聚合思维的关系。

发散与聚合是两种不同形态的思维方式。发散的重点是从同一原点产生众多的信息输出，导致思路的多向转移，给予解决问题不同的答案；聚合思维则相反，它是从不同的方面集中指向同一个目标去思考，其落脚点是在已有信息和条件下选择最优的结果，它与发散思维往往是相辅相成的。

第一节　发散思维与聚合思维

一、发散思维概述

(一)发散思维的内涵

发散思维又称辐射思维、扩散思维，就是在思维过程中，充分发挥人的想象力，从一点向四面八方想开去(见图9-1)，通过知识、观念、材料、功能、结构、形态等的重新组合，寻找更多更新的创意、设想、思路或解决办法。这种思考既没有一定的方向，也没有一定的范围，允许对引起思考的问题标新立异，在方向上可以"海阔天空""异想天开"，从已知的领域去探索未知的境界，这是一种开放性的思维。

心理学家吉尔福特曾把扩散思维定义为：从所给的信息中产生信息，从同一来源中产生各式各样为数众多的输出。之所以一件事物能输出那么多，关键在于事物具有多重属性，从不同的角度观察事物可谓千差万别。

发散思维不仅是多元的，而且是不确定的、没有固定方向的。发散思维追求多样性，其目标是产生尽可能多、尽可能新、尽可能独特的设想、可能性、解答方案等，并力求在尽可能短的时间内达到。在创意过程中，发散的范围越宽，有价值的新设想出现的概率也越大。

图9-1 发散思维示意图

发散思维经由一次发散后，还可以围绕发散后的某一信息进行二次发散，依次类推可进行多次发散。因此，这种思维产生的思维结果也是难以计数的。

(二)发散思维的特征

发散思维是创意思维的主导成分。心理学家吉尔福特认为，一个人的创新能力，经由发散思维表现在行为上，而这种能力在行为上的表现，主要具有流畅性、变通性和独特性三种特征。也有人把它们称为发散思维的"三维度"：流畅度、变通度、独特度。

1. 流畅性

流畅性也称多端性、非单一性，是发散思维"量"的指标，以思维量来衡量。创造能力强的人，心智活动少阻滞，多流畅，能在较短时间内表达出较多观念，反应迅速而众多。流畅性可分为语调流畅性、观念流畅性、联想流畅性和表现流畅性四种。比如一提到方向盘，不仅仅想到一种圆形的方向盘，还可以想到方形、椭圆形、三角形等多种多样的方向盘，如图9-2所示。

图9-2 形式各异的方向盘

　　1987年，在广西壮族自治区南宁市召开的我国"创造学会"第一次学术研讨会上，日本的村上幸雄先生拿出一把曲别针，请大家动动脑筋，打破框框，想想曲别针都有什么用途？大家七嘴八舌，议论纷纷。有的说可以别胸卡、挂日历、别文件，有的说可以挂窗帘、钉书本，大约说出了二十余种，大家问村上幸雄："你能说出多少种？"村上幸雄轻轻地伸出三个指头说："三千种。"大家都异常惊讶。

　　中国魔球理论的创始人许国泰先生说："幸雄先生，对于曲别针的用途我可以说出三万种"。幸雄十分震惊，大家也都有些怀疑。

　　许先生说："幸雄所说曲别针的用途我可以简单地用四个字加以概括，即钩、挂、别、联。我认为远远不止这些，把曲别针分解为铁质、重量、长度、截面、弹性、韧性、硬度、银白色等八个要素，用一条直线连起来形成信息的栏轴，然后把要动用的曲别针的各种要素用直线连成信息标的竖轴。再把两条轴相交垂直延伸，形成一个信息反应场，将两条轴上的信息依次"相乘"，达到信息交合……"于是曲别针的用途就无穷无尽了。

　　2. 变通性

　　变通性也称灵活性、非僵硬性，即随机应变的能力，发散思维"质"的指标，通常用回答问题的类别来衡量。具有创造力的人，其思考变化多端，能举一反三，触类旁通，不易受思维定式和功能固着的束缚，因而能提出不同凡响的新观念。

案例9-1

　　唐朝有个小孩叫贾嘉隐，年仅8岁就很有口才。有两位年长的诗人听说他很聪明，就故意前来考考他。其中一位靠在一棵槐树上，问嘉隐："你说说看，我倚的这棵树是什么树？""松树。"小嘉隐回答。"这明明是棵槐树，你怎么说是松树呢？"小嘉隐有条有理地说："您年纪这么大，我叫您公公，公的旁边靠着树木，不正是个'松'字吗？"另一位诗人听贾嘉隐这么说，也凑趣地往树上一倚："我靠的也是松树，你也应该叫我一声公公。"小嘉隐灵机一动说："你靠的这棵树不是松树，是槐树。""你怎么又改口了呢？"小嘉隐辩解说："不是我改口，是因为鬼靠在树木上，正好是一个'槐'字。"那位诗人听完，哭笑不得，不得不佩服小嘉隐的应变能力。

　　3. 独特性

　　独特能力表现为对事物有超乎寻常的独特见解，发散的项目不为一般人所有，解决问题有独特的方法，这是发散思维的本质。比如你可以在哪画画？在纸上、在墙上、在书上、在桌子上、在电脑上、在门上、在山上，还有更奇特一点儿的吗？比如在羽毛上、在身上、在豆子上、在车窗上(见图9-3)、在海里、在空中。

　　广告媒体有哪些？广播、电视、报刊、墙体、服装、手袋……这都不算独特，而"人体"就与众不同了。

图9-3　车窗上的创意绘画

案例9-2

　　1986年，华裔工程师肖吉江设计的防震高层建筑，在美国洛杉矶获得设计奖。他一反过去加固地基的做法，在建筑物与地基间安置一个滑动载重板，使地基震动时楼房底部仍能保持完好无损，在楼房基部四角增设弹性钢架，能储存、抵消地震应力，并能将楼房推回原位。这些都是独特思维的典型例子。

　　发散思维的上述三个特征不是彼此孤立而是相互关联的。能流畅而后才有变通，变通的特征也可视为流畅，只有同时具有流畅和变通才有可能产生独特的观念。换句话说，不流畅自然谈不上变通，也不可能表现独特；不变通难以达到最大限度的流畅，当然也不可能独特，独特应当是流畅和变通的归宿。但这三者中，变通具有特别重要的意义。从创新角度出发，变通是创新的关键，它既以流畅为条件，又是独特的前提。

　　发散性思维的过程：单纯地发散性思维不是创造力，无目的无边无际的幻想、遐想都不可行，只有有目的地进行发散。找到一个难题你能想出多少种解决办法(表现思维的流畅性)？能否有多种多样的观念？(表现思维的变通性)观念是别人想不到的吗？(表现思维的独创性)

课内互动

　　请尽可能多地说出红砖的用途，越多越好。(提示：要突破"建筑材料"的限制)

(三)发散思维的方法

　　提高发散思维能力是提高创新力的一个重要因素。为了提高自己的发散思维能力，在平时的各项实践中留心、学习和掌握一些发散思维的方法，是很有好处的。这类方法很多，在具体的扩散形态上，我们还可以运用以下几种方法。

1. 材料扩散

以某个物品或图形、概念等作为材料，以此为扩散点，设想它的多种用途或多种与此相像的东西。比如，西瓜除了可以吃还可以用来做什么？(见图9-4)

图9-4　西瓜里的爱情故事

"笑"的种类有多少呢？发散后：高兴的大笑、喜极而泣的笑、感动而压低声音的笑、转怒为喜的笑、皮笑肉不笑、放心的笑、善意的笑、哈哈大笑、不出声的笑、暗暗的笑、抑制悲伤的笑、大方的笑、夸张的笑、下流的笑、和解的笑、开怀大笑、冷笑、嘲笑、甜蜜的笑、会意的笑、恶意的笑、苦涩的笑、有礼貌的笑、止不住的笑、嗤之以鼻的笑、开朗的笑、蔑视的笑、冷淡的笑、安慰的笑、爽朗的笑、强笑、狂笑、窃笑、讪笑、嘻笑、微笑、欢笑、奸笑、耻笑、狞笑、苦笑、傻笑、嫣然一笑……

2. 组合扩散

从某一事物出发，以此为扩散点，尽可能多地设想与另一事物联结成具有新价值(或附加价值)的新事物的各种可能性。

案例9-3

圆珠笔可以同哪些东西组合在一起呢？

笔+小刀＝水果刀笔

笔+电子表＝电子表笔

笔+手电筒＝微型手电筒

笔+螺丝刀＝螺丝刀笔

笔+万用表＝测量笔

笔+MP3＝音乐笔

笔+收音机＝收音笔

笔+芯片＝录音笔

笔+芯片＝摄像笔

笔+芯片＝U盘

笔+芯片＝扫描翻译笔

笔+光源＝验钞笔

笔+胎压器＝测压笔

笔+螺丝刀＝工具笔

笔+发光二极管＝夜光笔(夜晚写字)

笔+体温表(温度计)＝测温笔(见图9-5)

……

图9-5　各种新型的笔

课内互动

我们现在用的智能手机功能已经很强大了，想想看它还可以与哪些物品组合或通过软件扩展它的功能，从而代替已有的单一功能的物品？

3. 因果扩散

以某个事物发展的结果作为扩散点，推测造成此结果各种可能的原因；或从某个事物发展的起因作为扩散点，推测可能发生的各种结果。

案例9-4

寻找发胖的原因。

吃得多、运动少。

偏爱高热量食物。

嗜睡。

内分泌失调。

遗传。

精神因素，"心宽体胖""借酒消愁"。

激素类药物。

饮食习惯，自小养成不好的饮食习惯。

应酬太多。

经常到饭店用餐。

……

想想看：肥胖会带来哪些结果(见图9-6)？

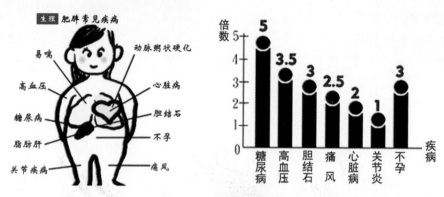

图9-6 肥胖导致的结果

4. 关系扩散

从某一事物出发，以此为扩散点，尽可能多地设想与其他事物的各种关系。一种思路是我们可以将某一事物与其他任一事物建立联系，以人为例，美国心理学家米尔格伦提出："你和任何一个陌生人之间所间隔的人不会超过六个，也就是说，最多通过六个人你就能够认识任何一个陌生人。"另一种思路是某一事物可以和多种事物建立联系，你与社会各方面及各种人物的关系：我是教师的学生；我是电影院的观众；我是广播电台的听众；我是小张的邻居；我是百货商店的顾客；我是图书馆的读者；我是上海市的市民；我是共青团员。再如，本来人与人之间就存在各种各样的联系，而一些娱乐明星间的关系更是复杂得难以想象。

5. 功能扩散

以寻求的某种"功能"为扩散点，尽可能多地说出能够获得这种功能的各种可能途径。如一艘探险船在南极被冻结，船员用铁锤、锯子去砸冰、锯冰，用炸药炸冰，都无法开出一条路。一船员建议用黑炭、煤屑、垃圾撒到船周围的冰上去，让它们吸收太阳光把冰化掉，足足铺了2000米，终于成功脱险。又如清除的功能：橡皮擦书写错误、清洁剂清污、清洁工清除垃圾、毒药毒死了池塘里的鱼，另外还有秋天赶走了夏天的炎热；儿童从玩具店买走玩具；警察把小偷从街上带走；理解和原谅赶走了嫉妒；真诚的爱驱走了痛苦的恨。

案例9-5

要获得"保暖"的功能，有哪些途径呢？

真空隔离。

定时加热。

包上疏松多孔的材料。

包上保温涂层。

密封。

接近热源。

外部用吸热材料。

……

这些都能起到保暖的功能。

6. 方法扩散

以解决问题或制造物品的某种方法为发散点，设想出利用该种方法的各种可能性。如用"吹"的方法可以办成哪些事情或解决哪些问题：吹气球；吹灰；吹疼痛的伤口；吹鸡毛(游戏)；把热茶吹凉；吹灭蜡烛；吹旺灶火；吹去眼里的灰；吹塑料袋；吹玩具风车；吹口哨；吹口琴；吹笛子；吹喇叭；吹去橡皮在纸上擦下的脏物……

案例9-6

德国心理学家邓克尔，致力于解决问题的研究。他设计许多实验探索解决问题的思维技巧和思路。其中最有名的实验是1935年关于用 X射线解决问题的实验。这个有名实验的课题是：假如一个人患有胃肿瘤，又不能施行外科切除手术，只能采取放射疗法。但射线一方面可以消除肿瘤，另一方面又会破坏肿瘤周围的健康组织。怎么办？

被试者有人采用方法发散法，经过一段时间的思考，很快接近了正确答案。被试者对解决上述问题进行了发散型的思维，寻求到若干个关于解决该问题的方案，其中主要有以下几种。

(1) 使射线通过食道。

(2) 加入化学物质，使健康组织对射线无敏感性。

(3) 通过手术把胃移至体外。

(4) 当射线通过健康组织时，减弱射线强度，在射线达到肿瘤时，再完全接通射线。

(5) 用一种无机的、不透过射线的东西来保护健康的胃壁。

(6) 设法转移或扩散射线，把一束宽而弱的射线通过一个透镜导入胃部，使焦点对准肿瘤，这样肿瘤就处于射线强大作用之下。

(7) 可否往胃腔里加入一个小管？

(8) 预先用弱强度的放射锻炼健康组织。

(9) 或者保护健康组织，或者使射线无害。

在尽可能周全地列出解决方案及相关条件后，被试者就能在较大范围内进行比较和选择，并选出最好的方案——通过透镜，将无数不同方向的弱射线聚焦在肿瘤上。这样既保护了健康组织，又消除了肿瘤。

7. 形态扩散

以事物的形态(如形状、颜色、音响、味道、明暗等)为扩散点，想出尽可能多的利用某种形态的各种可能性。例如，利用天然石料的型和色，可以做出哪些造型？生产过程中的边角料，可以做什么用等。一个简单的帆，就可以扩散到建筑、雕塑等多个领域，以多种形态表现，如图9-7所示。

8. 结构扩散

以某种"结构"为扩散点，设想出利用该种结构的各种可能性。例如，"招聘"二字，其结构的变化被用来体现一家公司的招聘要求，合理而又有趣，创意味道十足，如图9-8所示。

图9-7　帆的发散　　　　　　　　图9-8　创意十足的招聘

9.列举法

列举也是一种帮助拓宽思路、展开问题的方法,它从事物的各个方面加以罗列分析寻求更好的解决途径,包括特性列举、缺点列举、希望点列举和综合列举,等等。主要是针对事物的特性、存在的问题、差距、优点、人们的需求和愿望等一一进行列举,不断地克服不足,不断地创新和完善。为了改进自来水笔的性能,我们可从各个方面列举对自来水笔的种种希望:经常能出水、墨水滴不下来、绝对不刮纸、能够使用两种以上的颜色、往哪面写都流畅圆滑、能随意写粗体字或细体字、装进口袋时比较小、笔尖永久不会磨坏、可以不戴笔帽、可以不上墨水、掉到地上笔尖也不会折断或弯曲、笔尖粗细能调整、能看时间并在黑暗中书写、希望能有几种颜色。像这样列举出许多希望点之后,从中选出有用的,然后再寻求实现改进的途径。比如把钢笔做成:带日历的透明杆双色钢笔;带电子表和手电的钢笔;带收音功能的钢笔;笔尖可粗细调整的钢笔等。雨伞给人们带来生活上的方便,但也存在缺陷,比如:遇到大风雨就挡不住了;有时遮挡视线,雨中行走容易出事故;携带不是很方便;伞的支架容易出毛病;晴天和雨天两用时,式样不能兼顾。针对其不足,人们可以考虑新的改进措施:便于携带的折叠伞;增加伞面的图案;改变伞的形状,使之不挡视线;可做成两人用的、小孩用的或老人用的;可加装其他便于夜间或盲人使用的设备。

　课内互动

"申"字中藏了多少个字?(答案是有24个,你能找出多少?)

手机带给我们的便利有哪些?带来的伤害有哪些?

二、聚合思维概述

(一)聚合思维的含义

聚合思维也称集中思维、收束思维、求同思维。

聚合思维以某种研究对象为中心，将众多思路和信息汇集于这个中心点，通过比较、筛选、组合、论证从而得出在现有条件下解决问题的最佳方案。

只有当问题存在一个正确的答案或一个最好的解决方案时，才会有聚合思维。

聚合思维为了获得正确答案要求每一思考步骤都指向这一答案，从不同的方面集中指向同一个目标去思考。其思维过程始终受所给信息和线索决定，是深化思想和挑选设计方案常用的思维方法和形式。

这种思维，由问题所引起的思考是有方向、有范围的，且可由已知或传统的方法获得结果，是一种封闭性、收敛性的思维。它是利用个人已有的知识和经验，把事实材料综合于逻辑顺序之中，有条理有组织地思考。

(二)聚合思维的特点

1. 收敛性

聚合思维的收敛性表现在组织各种思维观念思维成果时，像辐辏一般，其方向明确无误地指向唯一正确的答案或最好的结论和最佳方案。

2. 一维性

一维性又称单向性，其核心是"一"。聚合思维的一维性表现在思考问题时能始终围绕一个中心，找出统一的办法，设计出一致的方案，提出一致的措施，用统一的做法合力克服困难争取成功。

3. 稳定性

按照认识的逻辑，聚合思维一般在辐射思维之后发生，其做法是按照统一的目的对各种思维成果进行归化整理，相对于那种充满联想、充满或然性的辐射思维而言，其稳定性能十分突出。

(三)聚合思维的方法

1. 目标识别法

目标识别法要求我们在思考问题时，要善于观察，发现事实，并从中找出关键的现象，对其加以关注和定向思维。

案例9—7

第一次世界大战期间，法国和德国交战时，法军的一个司令部在前线构筑了一座极其隐蔽的地下指挥部。指挥部的人员深居简出，十分隐秘。不幸的是，他们只注意了人员的隐蔽，而忽略了长官养的一只小猫。德军的侦察人员在观察战场时发现：每天早上八九点钟，都有一只小猫在法军阵地后方的一座土包上晒太阳。德军由此判断：A. 这只猫不是野猫，野猫白天不出来，更不会在炮火隆隆的阵地上出没；B. 猫的栖身处就在土包附近，很可能是一个地下指挥部，因为周围没有人家；C.根据仔细观察，这只猫是相当名贵的波斯品种，在打仗时还有兴趣玩这种猫的决不会是普通的下级军官。据此，他们判定那个掩蔽部一定是法军的高级指挥所。随后，德军集中六个炮兵营的火力，对那里实施猛烈袭击。事后查明，他们的判断完全正确，这个法军地下指挥所的人员全部阵亡。

2. 间接注意法

间接注意即用一种间接手段，去寻找"关键"技术或目标，从而达到另一个目的。"曹冲称象"的典故就属于这种方法的运用。

在军事战略理论中，英国的战略家利德尔·哈特提出了著名的"间接战略"原则。他认为，间接路线战略，就是要使战斗行动尽量减少到最低限度，其主要原则是避免正面强攻直撞的作战方式。他认为，在战略上，最漫长迂回的道路，常常是达到目的的最短途径。军事上的典型战例有：围魏救赵、欲擒故纵、围点打援、迂回进攻、声东击西等。

案例9-8

1942年，太平洋战争正酣之际，美国海军从截获的日军密码电报中经常发现"AF"两个字母，很明显，"AF"就是日军下一次的攻击目标。但是"AF"究竟指的是哪里，美国太平洋舰队情报处与华盛顿海军情报部有着不同的认识：前者认为是中途岛，后者认为是夏威夷或美国西海岸。美军太平洋情报处处长想出一个绝妙办法：故意用明码发出电文称中途岛的水塔坏了。此计马上见效，不出24小时，美军即截获一份日军密电："AF缺乏淡水"。由此，美军证实了"AF"就是中途岛。由于美军掌握了日军的战略意图，准备充分，最后，中途岛海战美国海军只损失一艘航空母舰、一艘巡洋舰和147架飞机，而日本山本五十六联合舰队的四艘航空母舰、一艘巡洋舰、280架飞机、2000多名水兵和大量有经验的飞行员葬身鱼腹，日本海军从此一蹶不振，如图9-9所示。

图9-9 中途岛海战

3. 考虑事物的正负面法

思考一个问题时，首先考察事物情况中"正"的属性，然后考察其"负"的属性，也就是注意该事物的有利因素、不利因素各有哪些，做完这些考察之后，要根据它们的具体情况加以综合平衡，从而得出合理的方案或结论。

案例9-9

贫困地区的中小学生都要统一着装吗？从有利的方面考虑：这样在外观上、整齐划一、便于培养学生的集体感、避免了着装上的攀比心理、便于学生自我约束等。从不利方面考虑：这样一来增加了家庭负担、颜色太单调、在群体中对某个学生不易识别、失去了对服装的个性选择、没有了不同颜色的新鲜感，等等。从两个角度来看，对该问题的考察就会更加全面，从而利于权衡利弊，做出正确的决断。

4. 逐一排除法

我们在面对事物现象、思考问题时，最初接触到的只是问题的表面现象，然后根据已知条件层层分析，思维便向问题的实质逼近，直至拨开迷雾，现出庐山真面目。

案例9-10

三位打工妹白梅、蓝华、黄菊是中学时期的好朋友。一天，她们同时到人才市场应聘，在报名处，她们高兴地交谈起来。突然，她们中背黄书包的人说："真是巧得很！我们三个人的书包一个是黄色的、一个是蓝色的、一个是白色的，但却没有谁的书包和自己的姓氏所表示的颜色相同。

小蓝看了一下也说："是啊！真是这样的！"

她们三人的书包各是什么颜色呢？

答案：根据题意，没有谁的书包和自己的姓所表示的颜色相同，可以假设这些情况：小白背蓝书包或黄书包；小蓝背白书包或黄书包；小黄背白书包或蓝书包。

已知小蓝不背黄书包，那肯定是白书包，剩下的蓝书包必然是小黄背的，而背黄书包的一定是小白。

假设两种情况，排除一种情况，则肯定是另一种情况，这就是假设排除法。

在应用聚合思维方法时，需要注意以下三个步骤。

第一步，充分运用发散思维，收集掌握各种有关信息。采取各种方法和途径，收集和掌握与思维目标有关的信息，而资料信息越多越好，这是选用聚合思维的前提，有了这个前提，才有可能得出正确结论。

第二步，根据需要，对掌握的各种信息进行分析、整理和筛选。这是聚合思维的关键步骤。通过对收集到的各种资料进行分析，区分出它们与思维目标的相关程度，以便把重要的信息保留下来，把无关的或关系不大的信息淘汰。经过清理和选择后，还要对各种相关信息进行抽象、概括、比较和归纳，从而找出它们共同的特性和本质的方面。

第三步，客观地、实事求是地得出科学结论，获得思维目标。

三、发散思维与聚合思维的统一

有人认为，创造性思维只包含发散思维，这是很片面的。

如果只有发散，那么结果从何而来？

发散思维可以使人思路活跃，思维敏捷，办法多，想法广，能提出各种各样可供选择的方案和办法，特别是能提出别出心裁的、出人意料的意见。

如果仅仅停留在发散思维阶段，就会使人举棋不定、犹豫不决，不容易抓住问题的实质和关键，达不到创造的效果，这时就必须要有聚合思维，发散的目的是为了集中。

因此，创意思维应该是发散思维与聚合思维的互补。前者是向外散，后者是朝内聚，但两者是统一的。

创意性的产物，往往是发散思维和聚合思维共同发挥作用的结果。

发散思维是聚合思维的基础，而聚合思维是发散思维的出发点和归宿。

很多复杂问题的解决和创造活动，往往不是一次发散思维与聚合思维所能解决的，需要经过发散思维和聚合思维不断地交替和互相补充。

发散—聚合—再发散—再聚合这样反复循环，直至问题得到解决。

每一循环都使创造思维向更高层次的水平发展，从而构成创造过程中完整的认识过程。

聚合思维在筛选新方法、寻找新答案、得出新结论时，需要有思维的广阔性、深刻性和批判性等思维的品质。

思路广泛，善于把握事物各方面的联系和关系，善于全面地思考和分析问题才能选择具有新意的结果。

善于抓住事物的主要矛盾，正确地认识和揭示事物的运动规律，预测事物的发展趋势，才能寻找出立意深刻的新结论。

在众多的范围和可能的设想、方案、方法中筛选出最正确的答案、最佳的解决办法，更需要思维的独立性和批判性。

能独立思考问题，探讨事物的本质及其发生发展的规律，在解决问题时不拘于现在的方法，有自己独特见解和方法的人才能做出新的答案。

同时，对众多的答案必须作有批判的取舍，没有思维的批判性，就无法对答案进行评价，区分哪些是合理部分，哪些是不合理部分，以求得唯一正确的答案。

从创意的目的上看，是为了寻找客观规律，找到解决问题的最好办法。聚合思维集中了大量事实，提出了一个可能正确的答案，经过检验、修改、再检验，甚至被推翻，再在此基础上集中，提出一个新假设。

辐射思维与聚合思维的巧妙结合，可以使某种新设想脱颖而出。这种思维方法在创意活动中也被广泛地运用，如：

某个东西，"还能做其他什么用途？"

"还能用其他什么方法使用它？"

"哪种用途最能体现它的价值？"

某个思想(吸烟有害)，"能用哪些意象表现它？"

叼着烟卷的骷髅、刺向肺的烟、根部坏死上部尚绿的松树、用烟构成的十字架、一只烟的投影为骷髅、被烟烧出若干洞的纸张(文案：命比纸薄)……

"哪种意象的表达是恰切的？"

要根据发布的时间、对象、目的等做出最终选择。

围绕目标的各种功能要求，先运用扩散思维，提出各种设想，即把达到目标的可能途径一一列举出来，然后通过聚合思维，对所提出的各种可能途径和方法加以分析、比较和筛选，最后确定创意方案。

第二节 发散思维与聚合思维创意的思路示例

一、吸烟有害健康的创意表达

禁烟广告是广告的一个大类，下列广告中创意人员虽然都采取了恐怖诉求的方法，告诉抽烟者吸烟的危害，从伤害自己的生命(见图9-10和图9-11)到对孩子产生的危害(见图9-12)、香烟导致的不舒适(见图9-13)以及吸烟对恋爱产生的影响等不同角度来劝说人们戒烟。

图9-10 吸烟抽的是生命

图9-11 抽烟带来的危害比泰坦尼克号还大

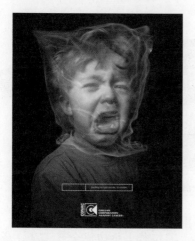

图9-12 孩子在被抽烟折磨

图9-13 看到香烟就晕

思路示例：对于同一个事物，我们一定要记住可以有不同的观察角度、不同的表达方式和不同的解决办法。上述戒烟广告只是从恐怖诉求角度出发，介绍抽烟可能带来的危害，从而说服人们戒烟。其实我们还可以从理性角度或其他感性角度出发，劝导人们爱惜生命，远离香烟。这样可以表现的内容更多，手法也更丰富，戒烟广告也可以不再千篇一律。

二、多变的瑞士军刀

瑞士军刀又称为瑞士刀或万用刀，是包含许多工具在一个刀身上的折叠小刀。这种刀以功能多样而闻名，可以有100种以上的组合功能(见图9-14)。常见的有大刀、小刀、拔木塞钻、开罐头器、改锥(也可用于十字螺丝)、开瓶器、电线剥皮槽、钻孔锥、钥匙圈、镊子、牙签、剪刀、卸钩器、尺子、缝纫孔、放大镜、圆珠笔、拆电线工具、大头针等功能，随着时代的发展新增了液晶时钟显示、LED手电筒、电脑用USB记忆碟、打火机，甚至MP3播放器等功能。

图9-14 多功能的瑞士军刀

思路示例：瑞士军刀在设计过程中，采用了功能发散原理，将我们日常生活中的许多功能都赋予到一个小刀上，使得小刀的作用无限加强。同时，各种功能之间还有一种组合协同关系，人们可以创意性地利用这些组合，开发自己所需要的新功能，这正是瑞士军刀所带来的最大便利，也是我们发散思维的功用所在。

三、手机的功能

手机能干什么？能打电话、发短信、上网、拍照片、录像、听收音机、手电筒，除此之外手机还有什么功能？手机可以打印、投影仪、砸核桃、当溜溜球、遥控器等，如图9-15所示。

图9-15 手机的多种用途

思路示例：手机的核心用途是沟通，围绕这一用途，手机具备短信、彩信、语音通话、视频通话功能，腾讯公司还开发了微信这一软件，不仅将上诉功能全部涵括，还将使用这些功能的成本大大降低。除了这一核心功能外，随着第三方APP软件的不断开发，手机的功能还会越来越强大。许多厂商围绕手机的材质展开发散思维，创造出许多金属材质的商品。许多用户围绕手机的材质也开发了如图9-15所示的功能。而在手机的附属功能方面，厂商和手机用户也各显其能，加入诸多功能。其实，这些都是依据发散思维的理论，从不同的角度进行思考。手机随着时代的发展，还将具备其他功能，希望大家能够关注这一发展，重点体会其中所展现出的发散思维。

四、死之前你希望做什么

摄影师 Nicole Kenney 自2008年起在美国及印度问了很多陌生人一个问题："死之前你希望做什么？"得到了如下答案：

希望我能充满激情地爱一回。

要感谢我的父母。

把我女朋友变成我的妻子。

希望在临死的床榻前能有很多故事可以说。

希望用镜头记录人们的痛苦，希望通过电影拯救人性。

希望见一见总统。

看看更多的日出。

爬上全国的每一座灯塔。

再多亲亲我的妻子。

希望我的妻子能再一次充满爱意地看着我。

成为百万富翁。

让父亲以我为骄傲。

把我的孙辈们扔进泳池。

改变我们教育小孩的方式。

为我的家庭做点什么。

希望做一件对于自己很不方便但能帮助到别人的事。

希望能学会比我父亲更多的语言。

想知道回家的滋味。

最重要的是，我学会的东西，传授给了下一代。

思路示例：上述回答围绕不同角度展开，如亲情、爱情、友情、事业、贡献等。对于一个问题我们可以获得万千答案，关键是不局限于单一的思路，从不同的角度进行发散。请询问你能联系到的每一个人"你这一辈子最想做的事是什么？"体会不同年龄、不同性别、不同民族的人的回答有何不同。

五、先救谁

恋爱中的男士经常会被女朋友问到，"我和你妈同时掉进水里了，你先救谁？"面对这些问题，许多男士都觉得难以回答，因为稍有不慎就会惹得女朋友不高兴。你能想到多少种有创意的方法回答这个问题？

一手捞一个。

我妈会游泳，顺道救你上来。

我会先救我妈，因为我知道你也希望我这样做，因为你了解我。

先救我妈，再救你，救不上你就自杀。

先救妈妈，因为是她给了我生命；如果你没有救上来，给你陪葬，在坟墓里继续爱情。

我不会游泳，你救我妈去。

跳进去跟你们一起死，你们俩没了谁我都不能活。

不会出现这种情况，因为我会保护好你们不让你们掉进去。

救人是一刹那的，本能的反应，我现在无法告诉你，要不你掉下去试试，看看我怎么选择，顺便说一句，我也不会游泳。

你不要再逼问我了，在那种紧急的情况下，我所做的一切，完全出于本能，根本不可能考虑先救谁。

不要问我如此痛苦的问题，如果你真爱我，就不要让我做这两难的题。

思路示例：虽然这是一个小问题，然而却让很多男士头疼不已，因为回答一旦出现纰漏，后果可想而知。上述回答给了我们许多启发：我们可以从不同角度回答这一问题。思考角度首先可以在一个较广的角度展开，如救谁问题(同时救、救母亲、救女友)、感受(救人时的感受、被问题目的感受)、落水者的行为反应(自救、互救)等。然后再围绕其中一个类目展开，如围绕救谁问题，可以根据对不同行为所产生的原因、后果等角度进行分析。

你还有其他创造性的答案吗？试着说几个。

第三节   发散思维与聚合思维的创意实训导引

一、基础测试

(1) 发散思维有哪些具体的方法？

(2) 举例说明发散思维与聚合思维的异同。

(3) 试举例说明发散思维与聚合思维的辩证关系。

二、实践训练

(一)材料发散训练

(1) 除了纸制品、金属、布制品、玻璃等，举出10种以上可以作为画布的材料。

(2) 除了塑料、玻璃，请你举出10种以上可以制作杯子的材料。

(3) 举出10种以上制作衣服的材料。

(4) 举出20种以上的包子馅。

(5) 想出10种可以替代帽子的物品。

(二)组合发散训练

(1) 设想一下未来的电视、手机、平板电脑会以怎样的组合、以什么样的面目出现在我们的生活中。

(2) 一个环保主体的广告，以哪些物象的组合能够引起公众的注意？你来设计一个平面广告吧。

(3) 结合专业学习，回顾"图形创意"课程中关于组合创意的内容。

(三)因果发散训练

(1) 哪些因素导致了气候变化异常？

(2) 哪些因素导致了选秀节目占据屏幕？

(3) 哪些因素造成了"读书无用论"的产生？

(4) 哪些因素造成了大学生就业难问题？

(5) 哪些因素造成了医患关系的冲突？

(6) 哪些因素导致了种族冲突？

(7) 哪些因素造成了人们对城管人员的反感？

(8) 青少年沉迷于网络游戏会造成哪些影响？

(9) 人们热衷于将大量时间花费在手机上会产生哪些变化？

(10) 家庭暴力对社会、对家庭会产生哪些影响？

(11) 社会文化娱乐化会带来哪些影响？

(12) 鼓励大学生创业会产生哪些影响？

(13) "以房养老"会带来哪些潜在影响？

(14) 房价过快增长会带来哪些影响？

(四)关系发散训练

(1) 请思考下列事物有何相似关系？

人与动物有什么相似之处？

动物与植物有什么相似之处？

植物与矿物质有什么相似之处？

矿物质与水有什么相似之处？

水与云有什么相似之处？

云与月亮有什么相似之处？

月亮与电脑有什么相似之处？

电脑与黄河有什么相似之处？

(2) 请思考下列事物之间有何关系？

人与电脑、铅笔与杯子、人与衣服、树与马路、人与海水、沙漠与轮船、电脑与绯闻、权力与制度。

(3) 请思考订书钉与城市的关系？

英国艺术家皮特·伍德(PETER ROOT)用10万件订书钉和超过40小时的时间建造了一座微缩城市(见图9-16)，以表达一种思考：城市中的冰冷、脆弱与隔阂。

图9-16　"订书钉的城市"

(五)功能发散训练

(1) 请思考脚的功能,如开门、关门、与人打招呼、摆鞋子、搬凳子、按摩、拍照、关风扇、关电脑、摔倒等。

(2) 请思考空气的功能。

(3) 请思考太阳的功能。

(4) 请思考微信的功能。

(5) 请思考大学的功能。

(6) 请思考水的功能。

(7) 请思考啤酒的功能。

(8) 怎样才能达到取暖的目的?

(9) 怎样才能达到降温的目的?

(10) 怎样使脏衣服去污?

(11) 怎样才能达到休息的目的?

(12) 怎样才能使别人听到话音响一点?

(13) 怎样使一个物品看起来更清楚?

(14) 怎样才能达到锻炼身体的目的?

(15) 怎样才能使两样东西粘接起来?

(16) 怎样才能使一件东西裂开?

(17) 在什么地方发布广告?我们可以在天上、地上、水中、山上发布,可以在人身上发布广告,可以在电视、电影、文学作品中发布广告,可以在动物身上、植物上发布广告,可以在现实空间也可以在虚拟空间发布广告,没有做不到,只有想不到。

想一想,还有哪些地方可以作为广告的载体?(说出至少10种目前尚未开发的广告媒体)

(六)方法发散训练

(1) 请思考流水线生产法能够应用于哪些领域?

(2) Hong等人设计的∠33度插座(见图9-17),将墙壁底部电源插座角度位置进行调整,改为仰角33度,不仅方便用户找到插座,同时也更容易将插头插入插座。我们还可以使用这种方法做什么?

图9-17　∠33度插座

(3) 如果你被人误认为可能存在精神问题,需要治疗,因此被送进精神病院,你如何证明自己是正常人?你可以想到多少种方法证明?如果你所说的话并不为医生和护士所接受,你还可以有什么方法证明你是正常人?你认为一个正常人的标志有哪些?

(4) 汽水怎么包在杂志里,让消费者品尝?如果把广告做成"可以吃的纸"会吸引到读者来试试看吗?一起来看芬达怎么做?

将汽水包在杂志里,以杂志广告内页的形式送到读者手中,广告外加了透明塑胶套,读者拿出传单直接撕一小块就可以品尝,如图9-18所示。

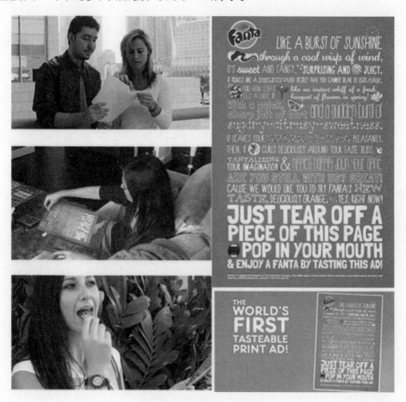

图9-18　芬达的汽水包

请思考汽水还可以有多少种体验营销的方式?

(七)形态与结构发散训练

(1) 请写出你所能想到的带有"土"结构的字,写得越多越好。

"土"在右方,如灶;"土"在左方,如址;"土"在下方,如尘;"土"在上方,如寺;"土"在中间,如匡;全部由"土"构成的字,如土、圭等;或"土"蕴含在字中,如来、奔、戴等;以及其他,如盐、硅等。

(2) 根据色彩的心理学原理或文化认同,思考红色的用途、白色的用途、黑色的用途。

(3) 请思考带"月"结构的字;尽可能多地画出包含">"结构的东西,并写出它们的名称;尽可能多地画出包含"△"结构的东西,并写出它们的名称;尽可能多地画出包含"○"结构的东西,并写出它们的名称;尽可能多地画出包含"◇"结构的东西,并写出它们的名称;尽可能多地画出包含"⊙"结构的东西,并写出它们的名称;尽可能多地画出包含"¤"结构的东西,并写出它们的名称;尽可能多地列举出像"书页式"结构的东西(已发明或自己设想出来的);尽可能多地列举出像"立方体"结构的东西(已发明或自己设想出来的)。

(4) 请列举"三角形"结构的用途。

(八)思维导图训练

思维导图是英国学者东尼·博赞在20世纪70年代初期所创,以色彩、形状、语言、结构等为手段,用全脑思维代替现行单一思维。

1. 训练方法

(1) 选择发散主题。把主题放在中央,使用清晰有强烈冲击力的文字或图形;向外发散分枝,分枝数量最好维持5～7个;使用关键词表达各分支的内容,把有创意的闪光点圈起来。

(2) 进行第二次思维重构。把第一次发散的思维点进行整理,将有创意的点并联,使用想象、联想的方式进行重构,拓展内涵,以求激发新的灵感。

将概念进行形象转换,选择有创意的点用图形表达,越生动越活泼越好。

重画思维导图,使思维导图更简洁,同一主题可多画几次,使主题记忆深刻。

2. 思维导图练习——我是谁

(1) 用思维导图的方式将"我是谁"表达出来,要能表现自己的特点。

(2) 以思维导图"我是谁"为提纲,编写一段描写自己的文字,约300字,力求生动活泼。

(3) 把有特点、有创意的思维点找出来,并用形象进行表达。

(4) 将有创意的思维点聚起来,画一套"我是谁"的小故事连环画。

第十章

学习要点及目标

- 侧向思维的概念。
- 掌握侧向思维的方法。

迂回应变　触类旁通　侧向移入　侧向转换　侧向移出

本章导读

有时需要离开常走的大道,潜入森林,你肯定会发现前所未见的东西。

——贝尔

世界万物是彼此联系的,从别的领域寻求启发,可以突破本领域常有的"思维定式",打破"专业障碍""既有经验"等思维定式的限制,获得解决问题的新思路、新办法,从而解决问题。《周易·系辞上》云:"引而伸之,触类而长之,天下之能事毕矣。"

第一节　侧向思维概述

一、侧向思维的内涵及特点

(一)侧向思维的含义

与正向思维局限于本领域内考虑问题,从正面步步推进地考虑问题、寻找解决问题的思维方式不同,侧向思维更倾向于从其他领域或其他与主题有内在逻辑联系的事物中获得启示,侧向迂回地思考问题。我们在考虑某个问题时,若采用正面的方法考虑问题,丝毫不能解决问题,而有时采用迂回战术,借鉴其他领域的成功经验,则能轻而易举地获得成功。

与逆向思维沿着相反的方向认识问题、解决问题的行为方式不同,侧向思维更多的是在沿着平行方向思考。就艺术设计创作而言,就是从其他艺术造型或自然界(如动物、植物、河流、山川)、人造物(文化符号、服装、建筑、工艺品)的形态中受到启示,而产生新思路、新设想的思维方式。

产生这些思维的基础是源于对生活的体验和感悟,通过对事物不同形态的转变、结构的分解与组合、外形的还原与发展等,触发人们的灵感而萌生创意。

与创意主题之间有内在逻辑联系的局外信息,能在侧向思维过程中激发创意灵感,为解决创意难题提供了可能性。在创意构思中,它有着积极意义,往往是创意构思的突破口。

曾经有心理学家做过这样的试验,把猩猩困在笼中,笼外放着香蕉和木棍。猩猩从笼中伸出前臂抓香蕉，总是抓不到，垂头丧气地蹲着，时而搔头，时而抓耳，过一阵，它突然若有所悟，抓起木棍把香蕉拨过来。猩猩对木棍功能的突然发现，算得上是"顿悟"了。可猩猩毕竟是猩猩，它不懂得总结经验，第二次再做同样的试验时，它竟然忘记了木棍的功能，而重复用前臂去取香蕉的错误动作。

人就不同，在"顿悟"的一刹那，能够将两个或两个以上不相关的观念串连在一起，利用事物的几何相似、结构相似、动态相似、功能相似的特点，可以把不同的领域沟通起来，也可以此为媒介使不同的信息结合起来，从而突破传统思路，走向创造的新天地。

通俗地讲，侧向思维就是利用其他领域里的知识和资讯，从侧向迂回地解决问题的一种思维方法，体现了"触类旁通"，亦称为旁通思维。

当人们遇到棘手的问题时，都会开动脑筋苦苦思索。但并不是所有的难题都可以通过直接思索而一举解决，在很多情况下，人们会在某一具体问题上一筹莫展，陷入"束手无策"的困境。这时，有什么好办法能打开局面呢？先避开这个问题去解决其他问题，通过一番"迂回"思考，也许会"柳暗花明又一村"。

我们生活在科学的世界，更生活在规律的世界。世上万物虽千姿百态，但究其本质，有其相通的哲理。否则，"触类"再多，也不可能"旁通"。

(二)侧向思维的特点

1. 联系性

侧向思维从事物的联系中或从某一思路的侧面去开拓思路。采用这种方法是从两个对象之间某些相似的特性中寻找解决问题的办法。

2. 突破性

侧向思维的关键是能否摆脱他人或自身的常规思维方式或习惯思维，换一种新的思考途径，这种新的角度应该是不引人注目的侧面。如一家知名广告商给波多黎各设计了一个旅游广告，画面是一个空房间，一把大提琴突兀地挂在墙上。文案部分是：为什么如此诱人的波多黎各，旅游房间竟空无一人？去欣赏一下吧！通常做旅游广告都是把美丽如画的风景摆在突出的位置加以展示，这则广告却从一个侧面暗示，诱人的波多黎各使得旅游者倾巢而出，房间内空无一人！如何保持卫生间的清洁？也许把小便池变成一个足球场将是不错的办法，如图10-1所示。

3. 应变性

许多问题直接解决可能困难重重，使人一筹莫展。事实上，事物存在多种属性，而侧向思维就提供了从不同侧面回答问题、解决问题的可能性，体现了极强的应变性。一位印象派画家画了一幅作品，题为《日出》，送去展览。在展览会上，工作人员出于无知或者疏忽，把这幅大作挂倒了。他们正准备把他纠正过来，这时画家制止说：不必了。他拿起笔把作品的标题改为《日落》。

图10-1　新型的足球场

课内互动

根据侧向思维的内涵，试分析"曹冲称象"的思维过程。

女朋友生你的气不接你电话，你需要马上联系上她，该怎么办？

如何劝说固执的父亲听从你的建议把烟戒掉？

二、侧向思维的创意方法

侧向思维作为一种创意方法，可以通过侧向移入、侧向移出、侧向转换三种方式实现。

(一)侧向移入

侧向移入是指跳出本专业、本行业的范围，摆脱习惯性思维，侧视其他方向，将注意力引向更广阔的领域；或者将其他领域已成熟的、较好的技术方法、原理等直接移植过来加以利用；或者从其他领域事物的特征、属性、机理中得到启发，导致对原来思考问题的创新设想。据说美国当年的汽车大王亨利·福特为了创造一种新的生产方式，不知苦苦思索了多少个日夜。一天，他在肉店里偶然看到三个人，一人剔牛头，一人剔牛脊骨，一人剔牛腿骨，见此情景，一个新的创意立即在他的大脑闪现，使他创造出划时代的"流水生产线"。而台湾的花农把流水线生产技术引入了兰花的种植过程中。数十个小种植户联合在了一起，每一位种植户都专注于生产周期中的一个环节——有的专门催芽，有的专门装盆。他们共同组成了一个复杂的兰花生产链，大大提高了兰花的产量。这也使得原本高达几万美元的兰花迅速走入了寻常百姓家。

侧向移入是解决技术难题或进行管理创新、产品创新最基本的思维方式，其应用实例不胜枚举。如某地把葡萄干包装成胶囊药品的形状出售(见图10-2)，每千克葡萄干竟然卖出了400元的高价，比散卖多出360多元。

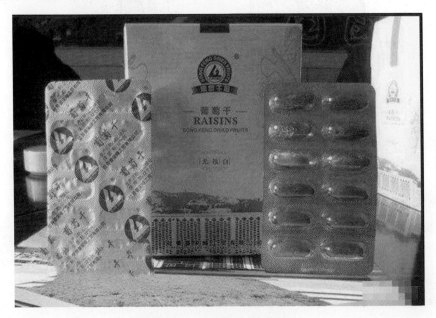

图10-2 "胶囊装"的葡萄干

(二)侧向移出

与测向移入相反，侧向移出是指将现有的设想、已取得的发明或已有的感兴趣的技术和产品，从现有的使用领域、使用对象中摆脱出来，将其外推到其他意想不到的领域或对象上。这也是一种立足于跳出本领域，克服线性思维的思考方式。

拉链的发明曾被誉为影响现代生活的十项最重大的发明之一。它的发明者贾德森是为了解除系鞋带的麻烦而想到的，并于1905年取得了专利权。这项发明吸引了一个叫霍克的军官，他决定建厂生产拉链。但是，专利本身只是一种"可行"技术，并不是一种"成熟"的技术。拉链虽好，但需要特殊的机器才能批量生产。霍克经过19年的时间才研制出拉链机，但是有了拉链却没有人用这个东西代替鞋带。他用了很大的努力仍然找不到销路。后来，一个服装店老板将思路引向了鞋带以外，生产出带拉链的钱包，赚了一大笔钱。从那以后，半个世纪以来，拉链几乎渗透到人们生产、日常生活的每一个角落，如衣服、枕套、笔盒，等等。还有一些待移入的领域，如食用盐、小食品等的包装袋，这些东西需要反复取放，而拉链的作用恰好可以发挥出来。大容量的饮料拿起来喝并不容易，可不可以借鉴啤酒桶的办法，采用专门的阀门，让饮料自动从阀门中流出来，如图10-3所示。

图10-3　带阀门的饮料

(三)侧向转换

侧向转换是指不按最初设想或常规直接解决问题，而是将问题转换成为它的侧面的其他问题，或将解决问题的手段转为侧面的其他手段等。

案例10-1

为什么所有的电脑键盘字母或英文打字机键盘字母的排列顺序都是按QWERTY模式组合的？而不是ABCDF这样的排列呢(见图10-4)？有心的人也许会感到奇怪，为什么要把26个字母作这种无规则的排列呢？既难记忆又难熟练。据说其原因是这样的：由于当时的机械工艺不够完善，使得字键在击打之后的弹回速度较慢，一旦打字员击键速度太快，就容易发生两个字键绞在一起的现象，必须用手很小心地把它们分开，从而严重影响了打字速度。为了解决这个问题，设计师和工程师们伤透了脑筋，因为实在没有办法再增加字键的弹回速度。后来有一位聪明的工程师提出：打字机绞键的原因，一方面是字键的弹回速度慢，另一方面也是打字员的击键速度太快了，既然我们无法提高字键的弹回速度，为什么不想办法降低打字员的击键速度呢？这无疑是一条新思路，降低打字员的击键速度有多种方法，最简单的方法就是打乱26个字母的排列顺序，把较常用的字母摆在较笨拙的手指下，比如，字母"O"是英语中第三个使用频率最高的字母，但却把它放在右手的无名指下，字母"S"和"A"，也是使用频率很高的字母，却被交给最笨拙的左手无名指和小指来击打。同样理由，使用频率较低的"V""J""U"等字母却由最灵活的手指来负责。于是，这种"QWERTY"式组合的键盘就诞生了。

图10-4 正常的键盘

总之，不论是利用侧向移入、侧向移出还是侧向转换，关键的窍门是要善于观察，特别是留心那些表面上似乎与思考问题无关的事物与现象。这就需要在注意研究对象的同时，间接注意其他一些偶然看到的或事先预料不到的现象。也许这种偶然并非是偶然，可能是侧向移入、移出或转换的重要对象或线索。

第二节 侧向思维创意的思路示例

一、对"杜甫很忙"的借势宣传

网络上出现了一股"杜甫很忙"的恶搞风，众多网友对语文课本中的杜甫插图加以天马行空的奇思妙想，让杜甫"忙碌"了起来。许多人认为这是对传统文化的亵渎，但也有人认为这只是一种娱乐精神。与此同时，许多品牌利用人们对这一事件的关注度，将"杜甫很忙"运用到其产品广告中，来宣传产品及活动，如图10-5、图10-6所示。

图10-5 某电器品牌的借势宣传

图10-6 某房地产商的借势宣传

思路示例：广告宣传若想成功，第一步就是吸引消费者的关注。在信息时代，注意力资源越来越稀缺，一旦出现能够吸引眼球的事件，一定要积极利用。本案例中，房地产公司与电器公司便将热点事件"杜甫很忙"与自己的产品特点结合在一起，巧妙地诉求了自己的产品特征。

二、如何面对垃圾

如何解决垃圾和乱涂乱画，一直是困扰我们的一个难题，许多地区给出了不同的解决方案。在国庆期间，游客到西安临潼区的骊山景区参观，只需要将旅途中产生的垃圾带到兑换处，就能换取一瓶矿泉水(见图10-7)。在杭州17名来自杭州电子科技大学的志愿者，用3个小时在白堤和孤山路1.5千米的路段内捡到7000多个香烟头，他们用烟蒂摆出"无烟西湖文明出行"八个字(见图10-8)，吸引不少游客围观拍照。湖北黄鹤楼设电子涂鸦墙，供游客写"到此一游"。"电子涂鸦墙"投入使用后，黄鹤楼主楼柱子、墙壁上再也没有新的刻画痕迹。

图10-7　垃圾兑换奖品　　　　　　　　图10-8　烟蒂摆出的劝诫

思路示例：面对乱扔垃圾问题，强硬的解决是一种办法，但不能从根本上解决问题。上述景区的办法在侧向思维意义上对我们有两点帮助：一是给我们一些直接的启示，二是让我们可以具体从柔性的、鼓励的角度来解决这个问题。

三、红牛的营销策略

红牛(Red Bull)是全球著名的能量饮料品牌。它源于泰国，至今已有40年的行销历史，凭着卓著的品质和功能，产品行销全球140个国家和地区，凭借强劲的实力和信誉，"红牛"创造了非凡的业绩，成为世界销量第一的功能饮料。

然而红牛在商业上的成功并不是对其口味和口感大肆宣传，而是通过对个人、团队和赛事提供相应的赞助(见图10-9)，支持那些擅长和热爱极限运动的人，进而将品牌精神传递给大众。红牛进行这些公关活动的目的，就是要跟其他层面的潜在消费者，而不是困了累了喝红牛的消费者，有更多的对话和接触的机会，增加产品的亲和力和美誉度，在消费者心目中使红牛与这些活动联系在一起，让他们喝红牛的同时具有心理层面的享受。

图10-9　红牛的赞助营销

思路示例：案例中的红牛并不是通过生硬的宣传来提高产品的知名度，而是将自己融入到潜在消费者的活动中，如此不仅提升了产品的知名度，而且潜移默化中形成了一定的品牌美誉度，建立了消费者对品牌的好感。

四、高露洁销量增加的秘密

高露洁产品创新思路来源于销售额的烦恼，创业的前几年，尽管其产品质量不错，但销量总上不去，因此业绩平平。公司的决策者为了企业的生存和发展绞尽脑汁，但一直想不出有效办法。后来公司公开征集良策，并在媒介上登出告示："谁若能想出使高露洁牙膏销路激增的创意，即赠送10万美元奖金。"10万美元的奖金是充满诱惑力的，来自世界各地的应征者数以万计。这些应征"创意"中有不少是很有见地的，但高露洁公司决策者仅选中一个。他的创意只有两行字，只要把高露洁牙膏的管口放大50%，那么消费者每天在匆忙中所挤出的牙膏，自然会多出一半，牙膏的销路因而会激增。高露洁公司采取该创意之后，果然销量急速上升。直至今天，高露洁牙膏的管口仍保持这一"创意"。

思路示例：如何提高产品的销量，人们一般会从降低价格、提高质量、改善包装等角度思考，其实，用得快也是一种提高销量的办法。只是我们习惯了前种办法，忽视了这种直接的解决之道。这种思考方式还可以侧向移出，比如通过扩大瓶口的尺寸，扩大饮料的销量；适当减少圆珠笔芯里面的墨水，既解决漏水的问题，又能增加产品的销量。

五、"益达"口香糖的微电影广告

2012年，关于益达广告的讨论不断增多，百度搜索"益达广告"，相关结果竟达到400多万条，许多人都问在哪里能看到益达广告的完整版，大家都期待益达广告的完结篇。大多数人对广告都避之不及，为什么益达的广告能够引起消费者如此多的关注？

原因在于益达几部微电影广告(见图10-10)，这些微电影选取了年轻人喜欢的明星作为主角，每一部电影都只讲一个故事，但是故事完整，情节曲折，深受大家喜爱。在整个电影中，益达口香糖作为男女主人公相识的媒介、男主人公与情敌冲突的由头等道具很好地出现在故事中，既不突兀，又凸显了产品。益达也通过这一系列的微电影广告，迅速开拓了年青人市场。

图10-10　益达微电影广告

思路示例：广告的本质目的是为了促进产品销售，为企业获取利益服务。传统广告宣传大多直接就本企业的产品和服务进行宣传，妄图达到产品销售的目的。但过多而又枯燥的广告会让消费者产生逆反心理，广告效果不佳。如果广告转换思考角度，内容以讲述故事、渲染情感为主，产品只是作为道具而出现，则效果不同，毕竟大家都不会排斥有趣的东西。况且产品作为道具也出现得恰如其分，不会让观者产生反感。

六、陈光标

陈光标作为一名商人却有着极高的关注度，百度搜索相关结果高达1470万个。陈光标之所以能够获得这么高的关注度与其一系列行为密切相关。我们根据网络资料搜索到其做过的主要事件。

2008年，汶川大地震后陈光标第一时间出钱出力救灾，当选全国抗震救灾模范，被称为"中国首善"。

2010年9月5日，"中国首善"陈光标在其公司网站上刊出致比尔·盖茨和巴菲特的一封信，陈光标在信中指出："在我离开这个世界的时候，将向慈善机构捐出自己的全部财产。"

2011年3月，陈光标赴日本地震灾区救灾。

同年，陈光标赴中国台湾地区发放善款。

2011年9月，陈光标在贵州举行慈善演唱会，并现场向观众派发3000头猪羊。

2012年8月31日，陈光标在《纽约时报》刊登广告宣示钓鱼岛主权，如图10-11所示。

2012年10月10日，陈光标在南京举行以旧车换新车仪式，对因钓鱼岛争端被砸的日系私家车以旧换新。

2013年1月25日晚，陈光标率领其公司40名员工来到南京街头一饭店吃剩饭剩菜，号召大家节约。

2013年3月，陈光标被报道出参加娱乐节目《中国星跳跃》。

2013年6月，陈光标在活动现场肩挑现金捐款，支持青年创业。

图10-11　陈光标在《纽约时报》所作广告

思路示例：仔细分析这些事件，我们发现陈光标的行为与当时的舆论热点联系密切，每一个举动都能获得媒体的广泛关注，对其进行持续的报道。这种报道对于提升个人知名度助力甚多，但更重要的是，无论是刻意为之还是水到渠成，这对于陈光标开展商业活动也有着十分重要的作用。

七、如厕难题

日本创造学家多湖辉在《脑力激荡》中讲了这样一件事：某电影院生意虽然很好，但有一点顾客不满意，那就是"厕所太小"。观众上厕所往往要排队，令人烦躁不安。但要改造厕所，又有不少具体困难。电影院的经营者向多湖辉讨教怎么办，多湖辉想了很多方法，比如避免观众一起涌进来，设立"时差制度"，限制上厕所的时间等，但是这些方法在具体实施当中不太可行。

最后，多湖辉想：既然厕所太小使观众要排队并烦躁，那么问题的目标就是解决排队烦躁。正面改造厕所不可能，那么只解决一个侧面问题，使他们不那么烦躁，不也很好吗？于是他提出在厕所旁边的墙上，贴上多种招贴画和海报，包括新的电影介绍等。一个月以后，老板亲自向多湖辉道谢，说尽管排队上厕所的人还是一样多，但由于有那些内容丰富的招贴画，也就不会觉得烦躁了。

思路示例：问题的侧向拓展往往伴随着对真正问题的界定，即上升问题的层次。在上例中，最早的问题是改造厕所的问题，如果把这一问题上升一个层次，就会发现"等着上厕所烦躁"才是根本问题,那么厕所小和必须改造厕所只能算是这一问题的体现方式之一,而以其他方式(如张贴画)让人不烦躁,也同样可以达到目标。通过这些方式将问题往侧面拓展,也不失为解决问题的好方法。

八、跨行业的奇用

莫斯科有一座用大理石建造的高大建筑——莫斯科饭店,20多年前,在这里要建筑一条地下铁道。为了保证建筑的安全,需要测出饭店大楼的重量。这可是个难题。宇宙射线专家郎科尼听说后,心想:"我们周围充满了宇宙射线,有些能畅通无阻地穿透地球;有些会被巨大建筑物部分吸收。用宇宙射线探测仪不就能解决问题吗?"于是,他毛遂自荐,说:"我一个晚上就能够测出饭店的重量。"他让人在饭店下面挖了一条试验地道,把宇宙射线探测仪放在地道里。第二天早上他说:"莫斯科饭店的总重量为45000吨,它的地基每平方厘米承受1.1千克的压力。"看见人们投来不解的目光,郎科尼解释说:"那台放在地道里的宇宙射线探测仪,能够测出射线被大楼吸收的比率,根据有关理论公式,就可以轻而易举地计算出大楼的重量及单位面积的承重量。"

思路示例:郎科尼不但应用了跨专业的知识和技术,同时还运用了侧向思维方法,用宇宙射线探测仪进行了跨行业的测量,这也是一种创新。它要求人们放弃惯常的正面突破思维模式,而采用侧面迂回的策略,出奇制胜。

九、凭花寻美人

巴黎有位美人特别漂亮,有人希望借用她的魅力来影响选举。为了阻止这种做法,必须尽快而且秘密地找到这位美人。但由于地址不详,担任这一任务的上校经过24小时仍未查出她的踪迹。这时上尉来访,得知这件事后表示有办法马上找到这位丽人的家。

上尉走到大街上,找到最有名的花店,让老板挑最好的花,并帮助送给那位美女。老板一听美女的名字,立刻把鲜花包好,举笔在纸上写下她的地址。上校用了24小时未能找到地址,上尉用半小时就解决了。

思路示例:上尉的思路是:美女、鲜花、花店,即美女受人喜爱,识之者众,送花者如云,花店常光顾其门,熟知地址。上尉的最终目标是美女的地址,那么,谁知道她的地址呢? 显然是常光顾其门者。而光顾其门者,送花人是首选,因为美女总是与鲜花联系在一起的。这里的关键是找到一个中介点——鲜花。利用中介点拉近与目标的距离,这是思维敏捷的重要路径。在这个故事中,上校用的办法是惯常的户籍查询、布控等方式,所以费时费力而难见成效。上尉则是运用敏锐的观察力与合理的生活常识进行了合理的推断,所以效率提高。

十、电影院选址

如何选择一个好地段开设一家电影院?日本东宝电影公司的老板采取了一个简单快捷的方法,就是将电影院开在平时丢钱包最多的地方。

思路示例:电影院需要开在人流量大的地方,而如何确定人流量大的地方?常规的方法是实地调查人流量。而通过侧面思考,寻找看似无关的丢钱包的地方,其实质就是发现人流量多的地方! 事物直接普遍联系,关键是我们能看出其中的联系,并利用这种联系解决问题。

十一、面试故事三则

(1) 香港"领带大王"曾宪梓在一次面试应聘员工时，有意让一把用于打扫房间的扫把斜斜地倒在办公室门口，在面试过程中，这把扫把时而被人跨过，时而被扶起。结果是那些各方面条件适合并且主动将倒在地上的扫把扶起来的人被录用了，而条件再好、却不扶扫把的人未被录用。曾宪梓认为，不扶扫把的人有两种情况：一是他不灵敏，对倒在地上的扫把，自己虽然看到了不会跌倒，但是可能会绊倒其他人，说明这个人在为自己考虑的时候并不习惯为他人着想。二是他可能进来出去的时候都留意到了，也想到会绊倒其他人的各种可能的后果，但他却没有去做，他不愿弯一弯腰将倒在地上的扫把扶起来，说明这个人很懒。事情虽然小，但揭示了一个人的内心本质。

(2) 一家外资企业招聘推销员时，外方代表只粗略地看了一下自荐材料，便推说"电梯坏了"，带着十几个应聘者从1楼爬上22楼的办公室。结果大多数人不是仍待在一楼等"电梯修好"，就是走了一半又折回身去。望着气喘吁吁坚持走上来的几位年轻人，外方代表宣布：你们被聘用了——其他人则被淘汰。原因很简单，年纪轻轻，却连几层楼梯都不愿爬或者爬不上来，怎么能成为称职的推销员呢？

(3) 小王高中毕业后到一家外资企业竞争职位，主持面试的是该企业的总经理克利逊先生。走进面试室时，克利逊经理站了起来，他一脸惊喜地握着小王的手，向在座的其他几位嚷道："先生们，我向你们介绍一下，这就是救我女儿的那个年轻人。"小王的心狂跳起来，还未容他说话，克利逊经理一把将他拉到沙发上坐下，说道："那次车祸，要不是你及时采取措施救我女儿，我女儿也许早已命归黄泉了。"小王听了莫名其妙，便老老实实地答道："克利逊先生，我以前从未见过您，更没救过您的女儿。"克利逊经理又一把拉住小王说："你不要不好意思嘛，我记得你脸上的这颗痣，只不过当时只顾女儿没来得及请你留下姓名和地址。"小王站起来说道："克利逊经理，我想您肯定搞错了，我真的没有救过您的女儿。"克利逊经理突然站起来，笑着对小王说："年轻人，我很欣赏你的诚实，我决定破例录用你！"就这样，诚实，帮助小王找到了一份理想的工作。

思路示例：在面试的十几分钟里，应聘者展现出的都是精心包装的一面，如何才能在短时间内了解一个人的品质呢？直接看是不容易得到真实答案的，而通过这样一个巧妙的布置，就可以从侧面看清一个人的品质。就像我们走路时，正前方出现一块巨石挡住了去路，不必往回走，可以尝试走旁边的小路，也许可以更快地到达目的地。

十二、中国的房价能不能跌一半

当万科总裁郁亮被小米的雷军问到"你们盖的房子价格能不能跌一半"时，也曾一愣。但仔细思考后，他觉得这个可能性不是完全没有。在郁亮看来，小米做着再传统不过、"再红海不过"的手机和电视，却在短期内取得了巨大成功，因为它用互联网方式创造出了以前无法想象的高性价比的产品，同样的性能以前要卖很贵，而现在很便宜。因为小米除了核心的研发、用户维护等功能外，生产等环节通过整合资源外包实现，销售也通过互联网直供，没有中间成本。

如果房地产企业借鉴了小米的模式：首先，一批想买房又嫌房价太贵的人组成合伙企业，把能拿出来买房的钱拿出来，筹资问题解决了；接着买地，不少房地产项目中地价占房价的比重为20%～30%；设计，不用像现在这样请顶级设计事务所，住房其实是很简单的需求，找一些好的户型在网上征求意见和修改，自己就可以完成；建筑施工安装，公司这么多，可以外包；销售，自己消化，连外包也不用，更不用去建豪华的"营销中心"。这样的模式，资金成本低，设计成本低，几乎没有营销成本，房价就会大大下降。

思路示例： 互联网思维是在(移动)互联网、大数据、云计算等科技不断发展的背景下，对市场、对用户、对产品、对企业价值链乃至对整个商业生态进行重新审视的思考方式。这种思维方式相比较传统的工业思维而言，更注重整合资源，去除中间环节。这种思维在小米手机销售过程中获得了成功，如果能以合理的方式引入房地产行业中，房价下降也许真不是梦想。

十三、中兴手机的借势营销

7天，450万元！这是2014年2月24日至3月2日，中兴手机发布的全新真8核手机青漾2、Memo II在京东商城一周的预售额。这究竟是怎么做到的呢？！

这种"小投入，大回报"的案例，大多绕不开两个字——"借势"！这次也不例外，中兴借的是马年春节一度闹得沸沸扬扬的"微信红包"的"势"！从农历除夕到正月初八的9天时间内，有超过800万的用户共领取了4000万个红包。就在这股席卷全国的红包浪潮中，中兴的红包也来了！

一场名为"百万红包抢劫京东"的微信抢红包活动拉开序幕。用户只需要在微信上搜索并关注"中兴智能手机"，回复关键字即可参与抢红包。每人每天可领3个红包与好友分享，然后分发给8个好友，8再分8，接下来便是8×8的裂变式分享。7天时间，294万用户参与了抢红包活动，累计互动超过527万次，486万个红包被分享，超过1000万个红包被打开，平均每秒钟就有18个红包被开启，高峰时间段，红包被开启量甚至达到每秒几十个。

思路示例： 中兴手机借势营销的本质就是将非常成功的"微信红包"，侧向移入自己的手机销售中，巧妙地将手机销售与抢红包结合在一起，通过鼓励积极分享活动，吸引人们的关注和参与，从而促进了手机销量的增加。

第三节　　侧向思维的创意实训导引

一、基础测试

(1) 凭自己的理解，叙述侧向思维的含义。

(2) 举例说明什么是侧向移入法。

(3) 举例说明什么是侧向转换法。

(4) 举例说明什么是侧向移出法。

二、侧向思维实践训练

(一)侧向移入训练

1. 日常训练

(1) 观察一个陌生人，发现三处你应该向他学习的地方。

(2) 关注新发明，了解新发明的原理，尝试将这些原理功能运用到日常生活中。

2. 仿生学思考训练

仿生学是一门模仿生物的特殊本领，利用生物的结构和功能原理来研制机械或各种新技术的科学技术。人类的智慧不仅仅停留在观察和认识生物界上，还运用人类所独有的思维和设计能力模仿生物，通过创造性的劳动增加自己的本领。人们的许多发明都是受到生物界的启发，请就下列问题作出回答。

(1) 思考木桨是根据什么发明的？

(2) 潜水艇的制造受到了哪种生物的启发？

(3) 雷达的制造受到了哪种生物的启发？

(4) 飞机的制造受到了哪种生物的启发？

(5) 起重机的制造受到了哪种生物的启发？

(6) 泳衣的制造受到了哪种生物的启发？

3. 破解"过马路"难题

面对"凑齐一小撮就走，与红绿灯无关"的过马路难题，有的地方采取劝导的方式，有的地方采取了对违规者罚款的方式，还有的地方组成人墙，协助路人过马路(见图10-12)。运用侧向思维，你能想出更好的办法来破解过马路问题吗？

在人行道两侧组成人墙

图10-12　过马路

(二)侧向转换训练

1.日常行为训练

(1) 尝试形容一个女性漂亮，但不能使用任何漂亮、美丽、魅力一类的形容词。

(2) 在许多文化中，女人的年龄和体重是两个不便提及的问题，那么你能想出一个方法让女人们主动告诉你她们的年龄和体重吗？

(3) 如果你是学生，一次考试成绩非常差，而你的父母对成绩又非常看重，如何能在将真实情况告知他们的前提下，让他们不为此而伤心？如果在工作中，你犯了一个非常严重的错误，如何能在告诉上司实情后，不受到处罚？

2.回答问题法训练

假如上司有一个问题，你不会回答，想想你该怎么办？

一定要注意有时提问问题者并不一定是在考你对具体知识的掌握，有时候也是在考察你思考问题的方法，你可以用假设法，把问题引入你所了解的领域进行回答，展示你的思考能力。

例如，假如有人问你去毛里求斯，只准带一个背包去，你会带什么东西？如果你不知道毛里求斯在哪？那么你可以实事求是地承认，你并不知道毛里求斯这个国家，进而假设如果毛里求斯天气炎热你想带什么东西，假设常住毛里求斯你将带什么东西，假设有个细心的同事陪伴，你将参考他带了什么东西，等等。

请回答下列问题：

(1) 如果明天就要考试了，你却没有复习，该怎么办？

(2) 5分钟后需要你作一个关于"信心"的演讲，该怎么办？

(三)侧向移出训练

(1) 运用侧向思维，可以将下列词语所蕴含的道理运用到生活的哪些方面，并讲出原因。例如，水滴石穿，水一直向下滴，时间长了能把石头滴穿。比喻只要坚持不懈，细微之力也能做出很难办的事。我们在学习和工作中都需要水滴石穿的精神，做事恒心专一，不断努力，完成生活和学习的目标。

A.擒贼先擒王 B.见微知著 C.厚积薄发 D.否极泰来 E.缘木求鱼

F.尺有所短寸有所长   G.少壮不努力老大徒伤悲

(2) 从图10-13所示的公交候车亭创意中，你能受到什么启发？

(3) 如何帮助老人经常见到自己的子女？

年轻人忙于工作，不能经常看望自己的父母，虽然父母理解支持，但是也需要子女情感上的安慰。为了保证老人能够经常看到子女，新修订的《老年法》草案甚至加入了"家庭成员不得在精神上忽视、孤立老年人"这一条款，特别强调"与老年人分开居住的赡养人，要经常看望或者问候老人"。保证老人能经常见到子女，南京多家养老机构已经实行了按月上门缴费的政策。他们要求子女必须每月亲自去养老院缴费，不接受转账、邮寄等方式。另外，许多养老院都在节假日为老人们准备了丰富多彩的节日活动，并帮老人邀请子女一起团圆过节。受这些措施的启发，你还能想到一些其他的办法吗？

图10-13　公交候车亭

(四)综合训练

(1) 如何减少乱丢垃圾的行为，减轻环卫工人的工作，保持环境整洁？(见图10-14)

图10-14　环卫工清理路边垃圾

(2) 2014年俄罗斯索契冬奥会开幕式，出现了五环少了一环变四环的失误，于是，各种创意层出不穷。请思考图10-15和图10-16采用了哪种创意思维方式？这种创意的优点是什么？请以此为基础，思考其他有关"五环变四环"的创意。

图10-15　红牛的借势营销

图10-16　58同城的借势营销

第十一章

怪诞创意的幽默思维

- 认清幽默的内涵。
- 掌握幽默的思考方式。
- 学会用幽默的方式创意。

情调高雅　出乎意料　思维怪诞　反叛逻辑　直面社会

幽默是人类大脑最为出色的行为。

——爱德华·德·波诺

中国很早就有"幽默"一词，不过那时的"幽默"与现在的"幽默"含义相差甚远。屈原《楚辞·九章·怀沙》的"眴兮杳杳，孔静幽默"，唐代诗人李白《鸣皋歌送岑徵君》一诗的"魂独处此幽默兮，愀空山而愁人"等，诗句中的"幽默"一词是"幽妙与默识"的意思，具有浓重的悲壮色彩。

17世纪末，《牛津英汉词典》解释"humour"有两层意思：一是行为、谈吐或文章的品质，它们逗人快乐，怪诞、诙谐、滑稽、可笑、有趣。二是察觉什么是荒谬的或逗人发笑的能力，或作为主体的表述及滑稽的想象能力。18世纪法国哲学家伏尔泰在1761年8月20日《给奥里维特方丈的信》中说道："一个人在不知不觉中流露出的这种取笑的话，这种真正的喜剧性，这种欢乐，这种文雅的风度，这种令人喷饭捧腹的言辞，对这种东西英国有一个专用的词来表达：humour。"①从以上的界定可以看出，幽默的基本特征一是怪诞，二是有轻松的喜剧色彩。

第一节　幽默及其特点

一、幽默的内涵

幽默一词与英语中的humour法语中的humour、德语中的Humor均为同义词。古希腊时期意指人体内部血液、黏液、黄胆汁和黑胆汁这四种体液。人们当时认为这些体液不同比例的混合决定了人的气质和性格。故该词还有性格、情绪情感冲动等意，并转指人的举止、言谈、行文中所具有的诙谐趣味，进一步又衍生为对上述诙谐趣味的感受和表达能力，现一般使用后两种意思。

但究竟什么是幽默？其本质属性到底是什么，历来说法不一。

---

① 徐侗.话说幽默.上海：上海社会科学出版社，1989(7).

古希腊医学家认为幽默是治疗疾病的调节方法。

黑格尔说幽默是"丰富而深刻的精神基础"。

日本理论家认为幽默是"有情的滑稽"。

其他如：

幽默是一种智慧，是心灵自由的表现。

幽默是一种解脱，能抚平烦恼，遏止焦躁，回归宽容和善良。

幽默是一种发现，能让人从错位和虚幻中认清真实的自我，变得冷静而明智。

幽默是一种优越，能使你站在高处看自己、看世界、看命运，在嘲笑不确定对象的过程中，获得自我发现的满足。

幽默是一种自嘲，而自嘲正是自信的表现。

幽默是一种真实，它能把你引进荒诞、悖谬的死胡同，在笑声中将真实还给真实。

幽默是一种润滑剂，可以拉近与别人的距离。

幽默是一种释放，幽默一下轻松许多。

幽默是一种轻松、自信、豁达的表现，是一种良好的调适和休息。

幽默是一种风度，一种优雅，一种大家气概，一种灵魂修炼，一种自我美育，一种文化品格，一种高层次的人生况味。

也许还是萧伯纳说得对："幽默的定义是不能下的。"

世界上对幽默的属性揭示不下百种，以上关于幽默属性的揭示都不错，都反映了幽默不同侧面的属性特征。我们没有必要去纠结幽默的定义到底是什么，因为世界各个民族赋予幽默的内涵是不同的。

二、幽默的特点

幽默具有以下主要特点。

(一)情调高雅

莎士比亚说过："幽默是智慧的闪现。"与幽默相伴相生的是智慧。广博的知识、丰富的社会生活经验、深刻的分析批判能力、敏锐的洞察力、敏锐的思维想象力、自信乐观的情绪，这些都是产生幽默的必要条件。幽默虽然隐含着引人发笑的成分，但它绝不是油腔滑调的故弄玄虚或矫揉造作的插科打诨。幽默不是滑稽。滑稽是对任何事物都不负责，只为开玩笑而开玩笑，缺乏丰富而内在的精神品质。大凡有幽默感的人，都不乏文化教养和品德修养，真正的幽默"必定是以健康高雅的基调、轻松愉快的形式和情绪去揭示深刻、严肃、抽象的道理，使情趣与哲理达到和谐统一"①。

(二)出乎意料

幽默的精髓在于思维超乎常理，它的结果往往出人意料。幽默的宗旨是运用别人意想不到的语言(包括文字语言、图形语言、音乐语言、体态语言等)，传达出别人意想不到的含义，标新立异，以"出其不意"而制胜。当幽默者结束他的表述时，往往会使人感到新奇有趣，或会心莞尔，或顿悟开怀，成功的幽默往往会使表达具有特殊的沟通效果。

---

① 天舒，张滨. 幽默有智慧[M]. 北京：石油工业出版社，2006.

案例11-1

在一辆拥挤的公共汽车上，一个急刹车，一个小伙子的皮鞋一下踩在一位姑娘的脚上。姑娘不依不饶地指责起来。小伙子见状，马上道歉："对不起，对不起！我不是故意的。"他见对方怒气未消，还要说什么，也觉得光道歉是不够的，便把自己的脚往前一伸，说："要不，你也踩我一下。"

这个举动，引得周围的人都笑了，连那个姑娘也忍俊不禁。

小伙子用幽默之法，以笑制怒，以柔克刚，用玩笑的形式缓解了气氛，避免了一场无谓的舌战。

(三)奇特的怪诞思维形式

幽默常表现超出常规的逻辑思维或经验思维，即我们常说的"理不歪，笑不来"。其表现形式也常常以违反常理的形态出现，在对常规思维及其形式的扭曲中引发人们的诙谐感并从中感悟出相关的内涵。

案例11-2

(1) 经济学家问上帝："听说我们的1000年只是您的1分钟，对吗？"

上帝："是这样的。"

经济学家："那我们的100万马克也就等于您的1便士了？"

上帝："一点不错。"

经济学家："亲爱的上帝，您能给我1便士吗？"

上帝："当然可以。不过钱不在身上，你稍等我1分钟，我回去拿了就来。"

(2) 甲："你结婚后同老婆的关系如何？"

乙："很好——只是我们经常为'种植'问题争吵。"

甲："为种植问题？"

乙："是啊，她说我该活埋，我说她该活埋。"

(3) 如图11-1所示的幽默情景让人想到了植树造林，谢顶是男人们的最大烦恼，生发剂的"植被"功效一目了然。

图11-1　生发剂广告

(四)含而不露

幽默的魅力就在于"话"虽不直说，却让人通过曲折含蓄的表达方式心领神会。幽默不是讽刺。讽刺是对客观事物的揭露与批判，是全然的否定。幽默则是在不构成情感伤害的基础上，对客观事物的弱点或可笑之处给以最大的包容和理解。尽管幽默也多用于揭露与讽刺，但它总是和颜悦色地指出人们的缺点，绝没有锋芒毕露，让人们在笑声里看到自己或他人的不足。

案例11-3

大仲马自从创作了长篇小说《基督山伯爵》后名声大振。一位无名的青年给他写了一封信，建议两人合写一部小说。

大仲马在回信中尖刻地写道："先生：您怎么如此胆大包天，竟然想把一匹高贵的马和一头卑贱的驴子套在一辆车上呢？"

年轻人也不甘示弱，回信写道："仲马先生：您怎么如此胆大包天，竟然把我比作马！"

大仲马收到回信后见这青年智力不凡，立刻转怒为喜，又回信："请把文稿寄来，我的朋友，我很乐意接受您的建议。"

第二节　幽默思维创意的思考方式与表达

一、幽默思维的思考方式

幽默思维是一种怪诞的思维，这种怪诞往往体现在对逻辑思维的反叛，对现实人生的幽默理解，以及直面社会的委婉讽刺。幽默思维常常与笑关联在一起。尽管笑不一定是由幽默所引发，但幽默性思维却一定会被笑所浸透。或轻松、或凝重、或无奈、或幸福、或悲伤，总之，它带给你的是一种别样的思维空气。

(一)幽默思维对逻辑思维的反叛与利用

幽默是一种智慧，而智慧的核心是思维的智慧。离开了逻辑的方法与技巧，诸多幽默手法就成了无本之木；离开了思维的智慧，幽默就无从创造。而逻辑学正是提供思维方法、训练思维智慧的一门科学。

逻辑并不研究思维的全部，而是研究思维的形式及其规律，通过对思维形式内部结构的考察，提供正确思维的基本法则。幽默恰恰是人们通过各种方式，巧妙地从正面或反面对形式逻辑规律与规则施以反叛，是在对常规思维的扭曲中创造幽默。所以在许多情况下人们会觉得它怪诞，而这种怪诞绝不是来自胡编乱造，它是以现实生活为基础的，是对现实生活中违反逻辑思维的"扩大化"，往往具有归谬的性质。

巧妙违反形式逻辑常规，往往会获得意外惊喜。形式逻辑规律如同一律、矛盾律、排中律，它们是无形的，然而却有效地制约着人的思维。幽默往往在特定条件下巧妙地在某些局部违反形式逻辑常规，使人们在突然的思维转折中获得意外的惊喜。因此，幽默的思维越是跳出正确的、合理的逻辑的圈子，越不近情理、越悖谬便越有趣。一家乳品公司为突出其产品为香蕉牛奶，用喜欢吃香蕉的猴子和奶牛做演员，演出了一幕逻辑之外，而又情理之中的喜剧，如图11-2所示。

图11-2　　猴子为了喝到香蕉牛奶

案例11-4

　　某饭店一位顾客坐在桌子旁，等待他要的炒菜，可等了半天也没上来。于是他焦急地招呼服务员。

　　"服务员，我要的炒菜怎么这么长时间还没炒？"

　　"请问先生，您要的是什么炒菜？"

　　"炒蜗牛。"

　　"好，我马上去厨房给您催问一下。"

　　又等了半天，服务员告诉他："还没有炒好。"

　　顾客不耐烦地说："你们饭店炒蜗牛怎么这么慢呢？"

　　服务员："对不起，先生，蜗牛是一种行动迟缓的爬行动物，因此就慢一些。"

　　"用你的逻辑，来你们饭店吃饭最好是要炒一盘火箭吧，因为火箭速度快。"

　　服务员："火箭快，好像没有导弹快！"

　　"那下次来你们饭店，我就要盘炒导弹。"

　　"那您就不是来吃饭了，而是来捣蛋了。"

　　炒菜的"慢"与蜗牛行动迟缓的"慢"、炒菜的"快"与火箭导弹飞行的"快"、"导弹"与"捣蛋"完全不是一回事。服务员故意将概念混淆，明显的逻辑错位催生了幽默的艺术情趣。

1. 概念歧义的幽默

词和概念是两回事。词和概念，既有密切的联系，又存在很大的区别。一切概念，都要通过词来表现。如果离开了词，概念也就不存在了。概念和词的关系，就是思维与语言的关系。概念是词的内容，词是概念的外壳。但是，概念和词并不是简单地存在着这样一一对应的关系，而是有一定的区别的。有的同一个词在不同的场合下可以表示不同的概念。比如，"夏天能穿多少穿多少""冬天能穿多少穿多少"。"多少"一词在不同的语境中，一个表示"少"，一个表示"多"。词的歧义直接造成了语句的歧义。

在日常交流中，歧义句现象是普遍存在的。一方面，它容易使人误解，妨碍正常交流；另一方面，如果能巧妙地加以利用，便可以表达丰富的思想内涵。由于句子是表达话题内容的，因而利用句子的歧义性，往往同时改换了话题，从而为巧换话题、制造幽默提供了语句上的依据和具体手法。

造成句子歧义的因素是多方面的，善于发现其中的原因，便可悟出妙用歧义句制造幽默的一些具体手法。

案例11-5

病人躺在手术台上，不安地仰视着年轻的医生："大夫，没问题吧？我非常害怕，这是我生平第一次开刀。""我了解你的不安。"医生说，"不过不要紧，我也是生平第一次开刀。"

都是"生平第一次开刀"，但这两个"开刀"却是不同的意思。一个是病人被医生动手术，一个是医生给病人做手术。由于这个词本身就具有歧义性，整个句子就有了完全不同的意思。

很明显，有些歧义句是由句中某些关键词的歧义造成的。语词歧义，必然引起句子歧义。因此，能否发现这一关键词，就成了能否妙用歧义句制造幽默的重要一环。

2. 逻辑判断的幽默力量

中国的汉语言表达力非常精妙，有时从表面看上去似乎是截然相反的判断，而实质上表现的却是同一意思。无怪乎有些西方人面对这种现象莫名其妙了。一群外国留学生对"中国排球队大败古巴队"和"中国排球队大胜古巴队"的说法就大惑不解：不论"大败"还是"大胜"，你们总是赢？

汉语言表意的丰富性和思维角度的多侧面性，为幽默制造者们提供了广阔的思维和语言空间，使论述的中心问题多侧面地展开。

案例11-6

著名喜剧演员侯波在一次电视晚会的表演中说："我所住的旅馆，房间又小又矮，连虱子都是驼背的。"此言一出，旅馆的营业额大跌。几天后，老板准备控告这位演员诋毁旅馆的名誉。这位演员只好在另一次电视晚会上作出更正："上次晚会上我曾说过，我住的那家旅馆房间里的虱子都是驼背的。这句话不符合实际，我郑重作如下更正："那里的虱子没有一只是驼背的。"

喜剧演员侯波的话中包含着这样两个判断："旅馆房间里的虱子都是驼背的"和"旅馆房间里的虱子都不是驼背的"。这看上去是作了根本的改变——由肯定变为否定，但两个判断所要表达的内容却是一样的：旅馆里有虱子，区别只在驼背与否。

3. 幽默对逻辑规律的违反

逻辑基本规律是关于思维与表述的规律，但不能认为这些规律是先验的或约定俗成的，它们是人类在长期的实践经验基础上总结、概括出来的，因而是有客观基础的。世界上的万事万物都处在运动、变化、发展中，但是不管事物的运动、变化和发展有多快，某一个事物在某一个发展阶段总有它质的规定性，这种质的规定性反映在人们的思维与表述中，就表现为思维与表述的确定性，即，一个事物，在某一个时间，从某一个方面讲，它是什么，就是什么，而不能是什么又不是什么，也不能既否定它是什么，又否定它不是什么。一个事物是什么或不是什么在客观上总有一定的理由。事物这种质的规定性就是逻辑基本规律的客观基础。

有意识地将这些确定性打破便可产生出乎意料的幽默效应。美白护手霜也许真的可以将手保养得白嫩，但是绝对不会将手所形成的投影也变白(见图11-3)，但是谁会在意这种逻辑错误呢。以极端的夸张和反逻辑性，将产品的效果以幽默的方式突出出来，博得消费者的关注和兴趣，产品宣传不就成功一半了吗？

图11-3　用了美白护手霜之后——某护手霜广告

幽默承认同一律，同时它也告诉人们，实际的思想交流并非是单一的，一个思想中常常包含着丰富的多侧面、多层次的内涵。而要巧妙地表达这样的思想，有时就要借助转移或巧换话题的手法。

故意对一个判断进行歪曲、篡改、曲解，造成幽默效果。一个小朋友读小学四年级，胖得实在不像话，同学们常常取笑他。一天，老师要求同学们在联系簿上记下"每天帮家里做的事"，他怎么也想不出来，最后只好由妈妈代写。妈妈在联系簿上写了："每天帮家里吃饭。"老师的评语是："看得出来，你很努力！"这种回答从逻辑上讲也是违反同一律的，因为它违背了问话者的答案要求，与问话者所要求的答案没有保持同一。如果这种回答是有意的，而且答话者本来就不想满足问话者的答案要求，那么我们可以把它叫作一种巧答。它表现了答话者的一种机智和聪明，而并不能说答话者的思维是不确定的或混乱的。

充足理由律是客观事物间因果联系的反映，是推理和论证必须遵守的规律之一，但对幽默而言，有意识地违反充足理由律却可以产生特殊的效果。

幼小的孩子是天生的幽默大师，他们的语言很多不需加工就是绝妙的幽默作品，因为在他们的脑海里，较少有生活的既定逻辑，却有着强烈的好奇心和想象力。"妈妈，人真是从猴子变来的吗？""是啊。""哦，怪不得动物园里的猴子越来越少了。"多么单纯、直观的联想，小孩子用自己的思维方式解答这些问题，推理上虽然缺乏因果的必然联系，但却幽默可笑。他们之所以能将毫无关联的事情牵涉到一起，就是因为思维的随意性，冲破了逻辑的藩篱。

4. 推理结构中的幽默环节

推理的组成包括两个部分，一是已知的判断，称为前提。推理的另一个组成部分是推得的新判断，叫结论。在实际思维与表述中，一个推理要从前提必然获得真实的结论，必须满足两个条件：第一，推理的前提必须真实；第二，推理的形式必须正确。推理结构中的幽默生成主要是从这两方面展开的。

案例11—7

一档访谈节目中，主持人问：你觉得什么东西是你生活中不可或缺的？
男嘉宾：我老婆。
主持人：哦？为什么？
男嘉宾：因为她拿着我的工资卡……

幽默荒唐可笑，不合逻辑，但不是任意地荒谬，它不合生活的道理，但是按错位的逻辑、倒置的观念，这又是很有道理的。因此，任意的荒谬并不一定幽默，只有人们觉得很可笑，有点歪理才幽默。

(二)幽默思维是对人生的幽默理解

幽默思维探讨的领域虽然很广阔，但其最终还要归结到人的生存意义，归结到对人生的幽默理解。因此，幽默不仅仅是文学艺术、相声、小品、漫画、笑话中的香辛料，这些并不是幽默的全部。幽默更是一种人生智慧、人生态度。幽默人生也是一种透悟的人生。幽默也不仅仅是一种言语的俏皮或行为举止的滑稽，幽默实质上是一种处世方式、一种生活。

首先，幽默思维对人生意义的观照体现在对人生困境的态度上。人是哭着来到这个世界上的，又是在一片哭声中离开这个世界的。中间的几十年也是风风雨雨，起起落落，悲喜无常，历经曲折。幽默思维让我们用笑来面对这一切，或会心一笑、或欣然独笑、或冷然微笑、或无奈自嘲……借此为压抑沉闷的人生打开一扇窗，透一口清凉的空气，以减少沉郁，减轻压力。因为有了幽默的生态环境，人生才有了些许亮色。

其次，幽默思维对人生意义的观照还体现在以特殊的视角鼓励失意者去开拓人生的新境界。人生的路很短很短，在历史的长河中只不过短短的一瞬；同时又很长很长，对处在逆境与挫折中的人来说简直是度日如年。如此漫长的人生之路，没有一点超常规的人生想象和人生幻想，没有一点自嘲的精神状态，你可能会面对更多阴霾的天空。

林语堂曾说过："盖幽默之为物，在实质不在皮毛，在见解不在文字，必先对社会人生有相当的见解，见解而达于'看穿'时，幽默便自然而来。"然而，"看穿"只是幽默的一个必要条件，"看穿"并不必然能幽默得起来，因为"看穿"之后，既可能因此而超脱达观，也很可能因为由于"说笑话"而自我麻醉。关键是以怎样的幽默心态来对待多彩的人生。

(三)幽默思维以讽刺功能直面社会

对社会的负面现象进行批判有许多形式，法律的、道德的、舆论的，等等，幽默则是一种特殊的手段，说它特殊主要是指它不像其他批判形式那样直接和犀利，而是通过曲折含蓄的表达方式，在不构成情感伤害的基础上，让观者心领神会。它没有锋芒毕露，相反地它总是温和地揭示问题，让人们在会心一笑中看到自己或他人的不足。2013年3月，上海黄浦江松江段水域大量漂浮死猪。随着"死猪事件"不断发酵，2000万上海市民对饮用水源——黄浦江的水质感到忧心忡忡。有人针对这种情况制作了一款"黄浦江蛋糕"(见图11-4)，对某些饲养户有违社会公德的抛猪行为和相关部门的监管不力进行了巧妙的讽刺。

图11-4　黄浦江蛋糕

幽默思维与讽刺是一对双胞胎，二者有着先天的亲密关系。幽默思维的讽刺功能是"从世界上有了些毛病，有了些丑态的时候起的。有了这些毛病和丑态，可偏要蒙上一层漂亮的东西来哄人，于是产生了幽默。他要破坏那些虚伪的，用笑来杀害它"[1]。

案例11-8

下面是浙江省工商局局长郑宇民接受央视记者采访的实录节选。

董倩：郑局长，以前我们都在那儿站着说，这次为什么坐着说，是不是因为气比较短了，所以坐着了？

郑宇民：站着说话和坐着说话跟气短气长有什么关系呢？中央电视台新闻联播都是坐着说话的。我不愿意站着说话是因为不愿意跟穿高跟鞋的人在一起比高。

---

① 徐侗. 画说幽默[M]. 上海：上海社会科学出版社，1989：15.

你是央企穿着高跟鞋，我代表民企，我穿着平底鞋，我们在一起，我觉得不公平，应该坐下来平起平坐，你就没有了高跟鞋的优势。

董倩：今年全国工商联提供了一个数字，说500条民营企业的胳膊，比不上两条国企的大腿，500个民营企业它们所有的利润加起来，不如两家中石油、中石化，然后再加上中移动。我不知道您怎么看，胳膊就这么没力气吗？

郑宇民：不能因为国有企业的成绩来否定民营企业存在的价值。举一个简单的例子，所有女人的胡子加起来不如一个男人的胡子长。为什么？因为她没有这个功能。

国有企业是酒，民营企业是水，水更多地体现的是社会功能，大家都知道上甘岭战士们呼唤的是水水水，上甘岭战士他不会说酒酒酒。汶川大地震的时候灾区群众说的也是水水水，上海大火救济也是水水水，不会说酒酒酒。如果酒酒酒那你不完蛋了？所以水有特殊的社会功能。全国4300万的企业，民营企业占多少？92%以上。全国有多少就业人口？7.79亿。国有企业安排就业人口多少？6300万，91.8%都是民营企业承担的。

董倩：巴菲特还有比尔·盖茨来中国，当时有一个慈善晚宴，最后宗庆后没有去，您有没有这样的担心，会让大家觉得浙商很抠门。

郑宇民：马云先生也受邀了，马云先生是非常聪明的一个人，他说我不去人家说我浙江没有人，人家有个陈光标我就没有人了，我去了他万一叫我裸捐我怎么办？所以他也斗争了好长时间，最后他去了。他跟巴菲特和比尔·盖茨都是好朋友，他是临开宴一个小时去的，他说两位先生你们来得不是时候，也找错了地方。他们说为什么？他说任何事物都是有阶段的，中国没有到这个阶段，你巴菲特75岁才把360亿美元捐出来，你50岁为什么不捐呢？巴菲特说我50岁时没有认识到啊。他说对啊，浙江的民营企业家都是50岁，没人认识到这个份儿上。所以你要去劝善最好去日本，到日本去劝善，要去大阪。所以这两位先生一听很有道理，不住地点头，明白明白，这次只吃饭不劝善。

董倩：这几年，浙商的创造力不如其他地方的企业家，原谅我这么讲，这是不是意味着在某种程度上浙商的创造活力已经不如其他地方了，说明浙商已经老了？

郑宇民：浙商很疲倦，出生早容易老，走在前面也容易老，贡献大也容易老。浙商贡献很大，60%的税收、70%的出口、80%的善款捐助、90%的就业安排。浙商是苦操劳，长兄容易老，浙商是很辛苦的。

董倩：郑局长每次谈到浙商的这种精神总部的时候总是紧皱着眉头，我发现在过去的几年里面，精神总部好像是您第一个提出来的，党支部倒是建立起来了，很多企业里面要书记，所以这个党支部、党建的工作是党要建还是说我要建，建的目的是什么呀？

郑宇民：鲁冠球主席前不久跟我交谈的时候说，有一年总书记到他的企业里去视察，问他要什么？要政策要贷款要项目？鲁冠球他说不要，他不要政策不要项目也不要资金，他要看文件。他要给他一个特殊的看文件的权力，从此以后省委机要室多了一个省厅单位送文件的部门，就是万向集团。鲁冠球先生现在没有什么特权，他就有一个特权，就是看红头文件的特权。看文件可以让自己方向更明晰，我们这样的一个国度，这样一个执政条件，企业家离开党的领导、离开政策就是盲人骑瞎马。

董倩：富二代这个角色在整个社会上的整体形象并不好，您怎么看待，这个传承怎么解决？

郑宇民：现在批评富二代的比较多，我觉得要非常理性清醒。这确实提醒了我们民营企业教育新生代的问题。我们现在有许多民营企业子弟不愿意子承父业，也不愿意再创新业，这个现象值得重视。批评富二代并不是不要富裕，也并不是要扼杀富二代，是要让我们有一个比较好的传承，创造出一个富有人文情怀，富有创业精神，富有社会责任的富而思近、富而思远、富而不忘本的创业新生代，这是我们民营企业共同的愿望。

二、幽默思维的创意表达

幽默思维的载体多种多样，或是语言文字形式的，视觉造型艺术或听觉艺术，或是综合性艺术形式。不同艺术体裁中的幽默，表现技巧也各异。在以语言为主要手段的艺术中，幽默的表达主要依靠语言的逻辑技巧和修辞技巧，由语言的不谐调构成喜剧性矛盾冲突。在以视觉造型艺术为载体的表达中，幽默主要以寓庄于谐的表现方法，通过造型的夸张、对比反差、仿拟、移植、比喻等表达手段来实现的。

寓庄于谐是幽默的鲜明特征，是把理性与情感寓于诙谐的艺术形式之中的特殊手法。在幽默中，"庄"与"谐"处于辩证的统一状态。没有深刻的主题思想，幽默就失去了灵魂，或流于油滑；失去诙谐可笑的形式，幽默也就不成其为幽默了。古人讲的"善为言笑，然合于大道"(《史记·滑稽列传》)、"谐辞隐言"(刘勰《文心雕龙》)，都说出了庄与谐的辩证关系，"言笑"与"大道"，"谐辞"与"隐言"的统一，也就是"谐"与"庄"的统一。马克·吐温也曾说过：只有建立在真实基础上的幽默才会不朽。一个幽默作家也应该有严肃的著作家所必备的那种观察分析和理解能力。"庄"而不"谐"，或"谐"而不"庄"都不能构成幽默。在图形语言的幽默创作中，正是由于"庄"的参与，才形成幽默图形的独特意趣。幽默的笑不同于插科打诨或为笑而笑的滑稽，正如李泽厚所言，这种笑具有伦理的满足和冷静的认知的特点。常见的寓庄于谐的表现手法有以下几种。

图11-5　洗发水广告

(一)对比与反差

幽默的对比是指把两种(或两种以上)在大小、形态、体量、形状、质感、色彩等都有很大差别的事物放在一起对照比较，形成强烈的反差，突出其不谐调因素。对比强度，差异度越明显，所造成的不谐调度就越强烈，所造成的幽默意境也就越耐人寻味。一月光族同事养了条狗，他总结他的生活说："月初时我吃什么狗吃什么，月末时狗吃什么我吃什么。"在一则洗发水广告中，用过具有超强柔顺功能的洗发水后，勇猛的狮王，变身为狮子"美女"(见图11-5)，前后强烈的对比，让人忍俊不禁。

(二)句式模仿

句式模仿，一般不改变句子的基本结构，只在内容或用词上稍作变动，有时甚至只改动个别的词，确能起到牵一发而动全身的功能。模拟套用也是制作幽默和笑话的方法之一。

案例11-9

凡客诚品(VANCL)曾邀请韩寒作为形象代言人，并推广告文案，如图11-6所示。

爱网络，爱自由，

爱晚起，爱夜间大排档，爱赛车，

也爱29块的T-SHIRT，我不是什么旗手，

不是谁的代言，我是韩寒，

我只代表我自己。

我和你一样，我是凡客。

图11-6　韩寒为凡客诚品代言的广告

凡客体意在戏谑主流文化，彰显该品牌的个性形象。然其另类手法也招致不少网友围观，网络上就出现了大批采用凡客体恶搞凡客诚品的帖子，代言人也被调包成小沈阳、犀利哥、贝克汉姆、C罗等人。

(三)移植

移植即把在某种场合或某个物体中显得十分自然、和谐的元素移至另一种迥然不同的场合或物体中去，使之与新环境构成超出人们正常设想和合理预想的种种矛盾，给人以新鲜、风趣之感，增添幽默的情趣，从而产生幽默的效果。麻将这种一般情况下出现在牌桌上的东西突然被转移到了蛋糕上，虽然看似荒谬，在生日的时候收到这样一份祝福自己常胜的礼物，也符合喜欢打麻将者的心理，如图11-7所示。

图11-7　麻友的生日蛋糕

(四)比喻

比喻的原义是用有相似点的事物打比方，用熟知的事物作比来说明抽象、深奥、生疏的事物的修辞手法。比喻是幽默艺术中常用的修辞手法之一。

比喻在文学作品中比较多见。钱钟书的《围城》里面有许多精彩幽默的比喻。如写方鸿渐回国初次拜访苏家时，"他把客堂里的书画古玩反复看了三遍，正想沈子培写'人'字的捺脚活像北平老妈子缠的小脚，上面那样粗挺的腿，下面忽然微乎其微的一顿，就完事了，也算是脚的"；如写李梅亭要去见公路站长时的衣着，"那根充羊毛的'不皱领带'，给水洗得缩了，瘦小蜷曲，像前清老人的辫子"。

精彩幽默的比喻可以把某一事物和另一件事情联系到一起，而且恰到好处。这除了要有丰富的联想力之外，还要有丰富的生活阅历和非凡的观察能力。

幽默所采用的比喻手法与一般的比喻以贴切、神似、谐调为审美要求不同，幽默刻意追求由大反差、对比荒谬所造成的不谐调，并以温和的戏谑，给人以智慧的启迪，这是比喻的一种特殊用法。

(五)仿拟

仿拟即有意仿照人们熟知的现成的语言材料(文字或图形)而创造新的语言或图形样式，是幽默方式中很常见的一种。它往往借助于某种违背正常逻辑的想象和联想，把原来的语言要素用于新的语言环境中，造成幽默感，是一种巧妙、机智而有趣的修辞。

案例11-10

在一次制定美国宪法的会议上，有位议员突发蠢言："在宪法里要规定一条：常规部队任何时候都不得超过5000人。"华盛顿平静地说："这位先生的建议的确很好，但我认为还要加上一条：侵略美国的外国军队，任何时候都不得超过3000人。"

教授在上伦理课。他告诉同学们如何提醒别人一些尴尬的事情，"比如说，如果你们看见女孩子屁股上有草屑，你们应该委婉地说：'姑娘，你的肩上有草屑。'女孩子往肩部看，然后向下看——就看见了。"这时一个女学生举手站了起来，说："教授，你领带的拉链开了！"

"俯卧撑"一词于2008年7—8月成为网络上最红的流行语。很快，这个词出现在南京中央路一处巨幅房产海报上——"房价不会跳水，只是在做俯卧撑！(见图11-8)"文案主要想借用最近的网络热语对楼市现状幽默一把。

图11-8　房价的俯卧撑

(六)颠倒

一般情况下，事物总有一个固定存序的状态，比如内外、上下、前后、大小、主仆、黑白、制约等关系。颠倒则反其道而行之，将其打乱，构成矛盾冲突，以反常识的手法创造出耐人寻味的幽默意境。

1. 存在状态的颠倒

旧时一位教书先生在上课时，发现张李二生都拿着书睡着了，便气愤地叫起张生批评道："看你好没出息，拿起书本就睡着了；你看李生多认真，睡着了还拿着书本。"

在图11-10中，本来戴在面部的眼镜，被戴到了相反的地方——尾部，结果还奇妙地和尾巴结合在一起，形成了一个新的头部，颠倒出新的"头部"(见图11-9)，喜剧效果瞬间突出。

图11-9　颠倒的"头部"

2. 词序的颠倒

词序是一种语法手段，具有表现功能。颠倒词序会使语义翻新，妙趣横生。

成年人必须有孩子陪同方可进入本店!(见于儿童用品商店)

小朋友，请拉紧妈妈的手，别把妈妈丢了!(见于儿童乐园)

一个人追着于佑任求字，于佑任实在推不掉，便随手写了"不可随处小便"应付了事。当求字人装裱后却变成了"小处不可随便"，堂而皇之地登上了大雅之堂。

词序的颠倒虽是语言形式上的，实际上是针对语指的对象以反常的手法创造出耐人寻味的幽默效果。

3. 角色的颠倒

角色的错位从而带来的口气、态度的颠倒，也能造成幽默。

一个警察发现一个独自在大街上徘徊的小女孩，她只有两岁半，金发碧眼，长得非常迷人，但她说不出自己叫什么名字，也弄不清住在什么地方，警察无可奈何，开始翻她的衣袋，希望能找到一点线索。小女孩没有反抗，但她嫩声嫩气说出的一句话却让警察大吃一惊："别害怕,我没带枪!"

其他如施受关系的颠倒、身份的颠倒、位置的颠倒等,都可能形成这种幽默效果。

(七)曲解

所谓曲解,就是对一般事件给以"歪曲"地解释,以一种轻松、调侃的态度,对一个问题进行解释,或将两个看上去毫无关联的东西联系起来,造成一种失和状态,从而产生幽默感。

一位妻子抱怨丈夫说:"你看邻居W先生,每次出门都要吻他的妻子,你就不能做到这一点吗?"丈夫说:"当然可以,不过我目前跟W太太还不太熟。"妻子的本意是要她的丈夫在每次出门前吻自己,而丈夫却有意地曲解为让他吻W夫人,这便产生了幽默。

以下两个对话就是用曲解制作的幽默:

① 顾客:"小姐,这啤酒杯上趴着一只苍蝇,给我换一杯!"

小姐:"真小气,它能喝多少?"

② 顾客:"你看,我的茶杯里漂着一只死苍蝇,这是怎么搞的吗?"

服务员:"茶是用开水泡的,它当然是被烫死的了!"

老师让小学生造句,结果造出来的句子如下。

如果——罐头不如果汁营养丰富。

天真——今天真热,是游泳的好日子。

十分——妹妹的数学只考十分,真丢脸。

难过——我们家门前的大水沟很难过。

当然这种幽默绝大多数是孩子的无意之作,幽默来自于成年人的理解。

(八)夸张

夸张是根据表达需要,在客观现实的基础上,对事物的某些方面的形象特征故意进行放大或缩小,以增强表达效果的修辞手法。它所造成的是一种极不协调的喜剧效果,是产生幽默的有效方法之一。

借用夸张的表现方法,凸显陶醉的神情,不明所以,细察之下,摔跤手迷恋于对手衣服柔和清新的触感和气息,让人忍俊不禁,如图11-10所示。

图11-10 对衣服的迷恋

案例11-11

　　一个贪得无厌的人，临死时躺在炕上翻来滚去，断断续续地唠叨着什么。儿子贴近他的耳边问："爹，你还有什么嘱咐吗？"

　　"没有，可是我闭不上眼睛啊！"

　　"这是为什么？"

　　"上一回到你干姥姥家去喝酒，盘子里最后那块肉我没捞着吃。"

　　"爹，你那时为什么不抢着夹过来？"

　　"筷子上正夹着一块肉。"

　　"那怎么不赶快往嘴里送？"

　　"嘴里也有一块。"

　　"那怎么不快些吞下去？"

　　"喉咙里还卡着一块呢。"

　　正因为生活中不会有这样的人，才令人觉得可笑。幽默中的夸张不但要超现实，而且要超过一般的夸张，达到夸张的极限，只有如此，才会有奇妙无比的谐趣，产生特殊的幽默效果，令人捧腹，如图11-11所示。

图11-11　超大的遮阳帽

课内互动

　　讲述两个你最感兴趣的幽默故事(事件)，并分析其手法。

　　上课后有一位同学迟到了，你怎样以幽默的形式批评他而又不会使迟到者感到尴尬呢？

第三节　幽默思维的创意实训导引

一、基础测试

(1) 用自己话阐述幽默的含义。

(2) 试述幽默与笑话、恶搞的不同。

(3) 列举幽默的方法。

(4) 请思考一些培养幽默感的方法，并写下来。

二、幽默思维实践训练

(一)幽默意识培养训练

(1) 对自己进行心理暗示，所以每天起床时都跟自己说，自己是个快乐的人，保持好心情。

(2) 每天将生活、工作中不开心的事情找出来，发现它们积极的一面，培养自己乐观积极的心态。

(3) 在电脑上建立一个幽默文件夹，将自己看到的幽默笑话放入其中，并经常进行分类整理。

(4) 请考虑下列新闻为什么会显得幽默？

一乞丐讨钱未果愤然报警；

一贼入室行窃，误将鞭炮当蜡烛，结果……

一盗贼手被冻僵撬不开窗被困26层空调台，求室主报警。

一男子2100度近视，14年没看清老婆模样。

(二)幽默书写训练

(1) 惹朋友生气了，用幽默的方式写一封道歉信。

(2) 写一封幽默搞笑的求爱信。

(3) 东西丢了，写一封幽默的寻物启事。

(4) 需要帮助时，以幽默的心态写一封求助信。

(5) 找工作时，写一封幽默的求职信。

(三)幽默表达训练

(1) 遇到下列事情的时候，试着用幽默的态度面对，把自己的心态记录并表达出来。

东西被偷了，父母怪你不细心。

朋友不小心把你最心爱的东西弄坏了。

你真心帮助别人，却遭到了别人的误解。

上司要求你见一个不十分讨厌的人。

(2) 经常看幽默电影、笑话，体会其中的幽默趣味，并进行模仿练习。

(3) 每天找一条笑话，把笑话背熟，反复操练，尽可能讲得风趣幽默。

(4)将自己的经历变成笑话，讲给别人听。

(5) 把一些不好玩的事情用幽默的方式讲出来。

(四)幽默改写训练

改写下列笑话，使它们变成情趣高雅的幽默。

1. 手纸

在公厕里，忽然听到厕间有人说话："朋友，有手纸吗？"

我翻了翻口袋："抱歉，没有。"

过了几秒，那人又问："朋友，有小块报纸吗？"

我无奈地一笑，"对不起，没有，我只是来尿尿。"

又过了几秒钟，厕间门缝塞出一张10元人民币。

"朋友，能破成10张1块的吗？"

然后我给了他10个硬币。

2. 儿子

室友一手拿着一个葫芦学孙悟空对另一个室友说："我叫你一声你敢答应吗？"

另一室友大声说：不敢是你儿子。

只听室友喊道：儿子！

3. 报复

我前任为了小三跟我分手，我为了报复，勾引了小三她爸。

现在，他俩都叫我妈。

(五)综合训练

(1) 有人说幽默不仅仅是讲笑话，谈谈你对这句话的理解。

有专家研究说猪吃转基因大米90天，没有中毒和死亡，于是得出结论——人吃也安全！网友便按此逻辑进行推理：猪吃猪草很健壮，人吃也一样健壮；羊吃百草而无毒，人吃也无毒；熊猫只吃竹子，人也只吃竹子——请思考其中的幽默思维。

(2) 请分析图11-12～图11-15所示的广告中使用了怎样的幽默技法？

图11-12　泰国的清洁剂广告

图11-13　洗发水广告

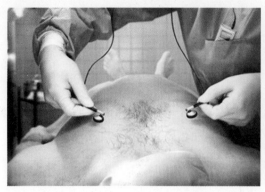

图11-14　iriver：MP3播放器平面广告

图11-15　宠物用品广告

第十二章

直觉思维与灵感的捕捉

- 掌握直觉与灵感的概念。
- 熟练掌握运用直觉和捕捉灵感的方法。

潜意识　无意识　顿时领悟　主体的能动性

本章导读

以神遇而不以目视，官知止而神欲行。

——庄子

爱因斯坦曾直言：我相信直觉和灵感。玻恩也说过：实验物理的全部伟大发现都来源于一些人的直觉。苏联科学史专家凯德洛夫则更为直接地论述到："没有任何一个创造性行为能够脱离直觉活动。""直觉，直觉醒悟是创造性思维的一个重要组成部分。"直觉思维是创造性思维的重要组成部分，在我们的生活、学习特别是科学研究中，具有不可忽视的重要意义。由于它在人类的各种实践活动中大量存在以及对直觉实验室研究的局限，尽管其一直受到关注，却是一个悬而未决的思维问题。

第一节　直觉的特征、作用及敏感度的培养

一、直觉思维的特点

在认识和改造客观世界的漫长岁月中，人脑日臻完善，成为高级而复杂的思维器官，人的思维形式不仅有抽象思维、形象思维，而且有直觉思维和灵感。由于直觉思维和灵感发生的特殊性，常常被人们描绘得神乎其神，而实际上并没有那么神秘。它们只是在创意活动中有可能带来新思维成果的两种非逻辑思维形式。坚实、广博的基础知识，是直觉思维的基本条件，丰富的生活经验和敏锐的观察力，对于直觉思维的展开，也是不可缺少的。

(一)直觉的内涵

直觉一词，从语义学角度看，有两种含义：其一为直观感觉，又叫感性直观或感性直觉；其二为人的思维直接把握事物本质的一种内在直观认识，这种内在直观又叫理性直观或理性直觉。"直观"仅是一种感性的观照和感觉，"直觉"则不仅包含直接的感受，而且理智对事物本质的觉察。因此，直觉思维是由想象和判断构成的综合性思维，是在认识过程中，从感性经验达到理性飞跃的一种特殊的表现形式，是一种不依靠明确的分析活动，不经过严密的推理和论证，直接迅速地从感性形象材料中捕捉，领悟到问题的意义和解决问题途

径的思维。

1. 直觉是一种想象

直觉思维的想象，应是创造想象。创造想象一般都伴随有形象，但是，这些形象却不一定都是对事物外部形态的反映。因为有的是对事物内部结构的把握，有的是对事物的性质或本质关系进行想象后，用另一个形象去比喻它。直觉思维的想象正是这样一种创造想象。因为人们的认识对象往往是一些不甚了解的事物，其中某些部分可能是人们熟悉的，某些部分对人们可能是陌生的，要认识这些未知部分，逻辑推理的道路往往是不通的。因此，在这种情况下，人们就必须运用想象去沟通陌生的道路，将已知的和未知的联系起来，形成一个整体形象，从而把握它的本质。如果被认识的对象是完全陌生的，从未见过的，人们更需要利用想象，首先建立它的形象，然后才能用逻辑思维去进行推理。这个过程是认识的深化和发展。

2. 直觉是一种判断

直觉思维不仅能想象，还能对想象的结果作出判断。想象是"这个东西像什么"或"它应该像这样"，而逻辑判断是"这个东西是什么"或"不是什么"。当人们在想象性的理解之后，就可以作出"就是像这样"或"就是不像这样"等进一步的肯定或否定的想象判断。这种肯定或否定的想象判断是以想象为基础的，它是人们认识更进一步的深化。但它和想象又有不同之处：想象涉及事物的各个部分和细节，目的是把它们组合起来。想象判断是对想象的结果——事物整体印象和感觉。它从整体上来把握鉴别，或者抓住其中一两个具有本质特征的东西来核对，因而这种判断是整体判断或特征判断。

3. 直觉思维是在无意识水平上进行的

直觉就是直接了解或认知，是洞察事物的一种特殊思维活动。我们有时觉得某个句子不通，并没有以句子的语法分析为中介，而是直接感到这个句子有毛病。这种思维活动同一般的思维活动有区别，它是直接觉察而不是间接认识，它往往"知其然而不知其所以然"。能通过直觉发现句子的毛病的人可能没有学过语法，或者虽然懂得语法，此时却没有想到语法而是凭语言习惯去直接觉察句子的毛病。

当我们观察、品赏花木或工艺品时，我们对美、对艺术性的直觉是与知觉有直接联系的。这种直觉是心领神会，心里有美的感受，往往作出的评价也是正确的，但说不出理由和依据，甚至连自己的审美观点和艺术标准是什么都不知道。

心理学研究认为，"无意识"并不是没有意识，不只是一个否定性的定义，而是一种特殊的、人所特有的心理反映形式。它也不是生理过程。心理学上所说的"定式行为""梦境""病态条件下的一些行为"都是无意识的。

(二)直觉的特性

直觉具有下列基本特性。

1. 思维对象的总体性

思维对象的总体性是指思维主体运用直觉思维，总是从总体上观察、认识事物后，便对它作出某种断定。而不像一般运用逻辑思维那样，先分析认识事物的局部，然后再综合认识事物的全局、整体。

2.思维速度的瞬间性

直觉思维进行的速度极快，所思考问题在头脑中的出现和解决，令人感到几乎是同时发生的。这样的高速度，远非一般运用逻辑思维的速度可比。

3.思维主体的顿悟性

思维主体运用直觉思维获得成果，表现为思想上的一种"顿时领悟"，一种"豁然开朗"，而不像一般运用逻辑思维那样层层深入，逐步明确地认识事物。

4.思维环节的间断性

直觉思维不存在逻辑思维那样的环环相扣、循序渐进的一连串思维环节。它在一瞬间由观察事物的总体就认识到事物的本质，从而呈现出思维环节的间断性和跳跃性。

5.思维过程的潜意识参与性

运用直觉思考问题，特别是思考复杂问题，究竟是怎样在一瞬间看出问题的实质而作出断定的，思考者自身并不明确。思考者头脑中可能有潜意识参与了思维过程，直觉思维的成果可能实际上是潜思维与显思维共同起作用的产物，而不像一般运用逻辑思维那样，思考者本人能明确地意识到整个过程，自始至终在显意识领域里进行。

6.思维结果的猜测性

直觉思维不像逻辑演绎思维那样，只要思维的根据真实，思维形式正确，思维的结果就必然真实。运用直觉作出的断定并非必然真实，而是具有猜测性和试探性。

生活中你有过直觉判断吗？这个判断经事后验证是对的吗？请回忆你曾经的直觉判断的事例，结合你的直觉思维实践领会直觉思维的特性。

二、直觉思维的作用

直觉思维经常广泛地出现在人们认识的过程中，它在人们认识世界和改造世界的活动中，尤其在创造发明活动中，起着重要的作用。这种作用主要表现在以下三个方面。

1.直觉思维是一种相对独立的认识方式，也是一种重要的思维方式

特别是在创造活动中，直觉起着十分重要的作用。创意活动是一个创造性思维的过程，在这个极其复杂的过程中，创造性设想的产生往往带有突发性，表现为突如其来的顿悟或理解，这正是创造性思维活跃的一种表现。根据以往传统的看法，认识是一个纯粹逻辑推理的过程，从认识事物的现象到认识事物的本质，都是通过归纳、演绎等手段得到的。而直觉思维只是偶然出现，为逻辑语言思维过渡，它只是起着一种辅助作用。

事实上，直觉思维在一个人的认识活动中出现的频率是相当高的。我国元末明初的文学家陶宗仪，平时很注意积累材料。就是在晚年，他一面做着教官，一边参加农活，即使在树下休息时他也不忘写作，想起什么，见到什么或听到什么，立即摘取身边的树叶来书写，回家后贮存在一种口小腹大的瓦器盎里。这样年复一年，十年中竟积下十几盎。后来，他把盎一个个打开，取出平时积累的树叶，一张张重新加以修改整理，一共抄录成30卷，这就是"积时成章"的《辍耕录》。

从方法上看，直觉思维主要是运用想象来揣摩对象的性质和特征。在这一过程中，虽然也有逻辑语言加入进来，但这种逻辑语言已衰退了。从有意识转为无意识，是一种无意识推论。或者说，这种推理断断续续，与形象的思考混合在一起。逻辑语言只起辅助作用，正如在逻辑语言推理中也有直觉起辅助作用一样，这与严格的逻辑推理是有区别的。

从结果上看，直觉思维通过想象、判断和领悟，能从大量感性经验中得到一定的概念、定律、公理和初步结论，它有自己的成果，当然这些成果还需要进一步加工整理。但可以说，直觉思维往往能完成逻辑思维所不能完成的认识任务。

2. 直觉思维在科学理论创造中具有不可替代的作用

直觉思维是一种锐利而直接的认识方式。它往往能从大量复杂的材料中直接得出结论，而且能从大量复杂的材料中抛开逻辑的严密推导而直接得出结论，是逻辑思维一个极其有效的补充。尤其在科学理论的创新和发展中起着重要的不可替代的作用。魏格纳"大陆漂移说"的提出，就始于地图大陆形态的直觉判断。

3. 直觉思维体现了认识主体的能动性

认识主体是能动地反映世界的，直觉思维体现了主体的这种能动性。因为直觉思维以自己独特的方式，另辟蹊径，得到创造性的认识成果。它利用想象，有时超越客观事物的进程，使人们看到未来的情景，带有预见性。这对于人们改造客观世界的实践活动具有重大意义。

在当今社会，直觉思维日益显示出它在人的认识活动中的重要作用。直觉思维能力强的人，往往靠直觉就能正确地判断形势，洞察实质，获得结论，作出抉择。直觉思维为我们铺设了一条思维捷径，使我们有可能对某些复杂问题高速度、高效率地获得思维成果。尤其在情况紧迫，需要我们当机立断，快刀斩乱麻时，如果不懂得、不习惯或不善于运用直觉思维，而仍迷恋于企图通过严谨、周密的逻辑推理以求得万全之策，势必会贻误时机，造成损失。我们还应充分估计到，直觉顿悟提供的思维成果常常是不可靠的。在许多情况下，特别是在形势紧急需要当机立断的情况下，运用直觉思维确有其必要性和重要作用，但不可轻率地相信它所提供的成果，对其成果还需通过逻辑证明和实践活动认真严格地加以检验。爱因斯坦一方面强调直觉的重要作用，另一方面又指出："根据直接观察所得出的直觉的结论不是常常可靠的，因为它们有时会引到错误的线索上去。"著名物理学家杨振宁教授在谈到氢弹之父泰勒博士讲课的特点时曾这样说过："泰勒的物理学的一个特点是，他有许多直觉的见解。这些见解不一定都是对的，恐怕90%是错误的。不过没关系，只要有10%是对的就行了。"看来，这是对待直觉顿悟应该抱有的态度。

4. 直觉思维在发明中具有突出的作用

直觉思维在发明活动中的作用也是突出的。凯库勒在梦中发现苯环结构式，一直是人们津津乐道用以作为直觉思维成功的典型例子。欧美人喝啤酒，为什么总要剩一点？很多人不注意。一个玻璃商发现：原来欧美人鼻子高，喝到底时杯沿压鼻梁不好受，如硬要喝光，必须把下巴抬得较高，有损形象。他便发明了一种斜口杯，得到很大收益。

因为一种新的东西的发明，总是适应了人们的需要的。直觉思维也可以说是对研究对象进行直接观察后的思索，直接观察，就容易发现问题、发现缺点，从而产生发明设想。需要指出的是，直觉型思维还是有其局限性的，第一，它容易局限在狭窄的观察范围内，导致不一定科学的判断。即使是一些经验丰富的研究者、心理学家、医生等，在凭自己的经验或所掌握的数据，靠直觉提出假说、作出结论等，也会出现偏差或误判。第二，直觉还常常使人将两个风马牛不相及的事件纳入虚假的联系之中。而这种联系带有很强烈的主观色彩和心理、情绪因素。有时，这会导致凭直觉将不相干的事件联系起来而作出误判。

1987年7月2日，《文摘报》关于大兴安岭火灾的综合摘编报道中，以《烧不散的会议》为题，为我们提供了这样一个颇为典型的事例：5月8日21点30分，森警空运一大队及时赶到被大火三面包围的盘古林业公司。谁知一下车，教导员张国华就被叫去开会。至23点45分，几位县领导仍在为"从哪里打、怎么打、打不灭怎么办"争论不休。森警队员急得直跺脚，张教导员愤怒地离会，率兵冲向火场时，大火离弹药库只有几十米远了。这个可叹而又可笑的事例，自然不单纯是思考方法的运用问题，我们从中得到什么启示？

三、直觉思维的几种方法

1. 随意输入法

随意输入法是指主体在思维活动中，借用随意抓取的词汇来引发新的思想、新的观念。它的主要特点是无拘无束，带有某种随意性，这样可使思维放松，形成一种宽敞的思维空间。

这种思维方法，多用于我们为了寻求某一问题的新答案，或对某一事物通过随想而寻找出与其他事物的相关性、相似性，以及由此而产生的新信息。例如，我们看到"椅子"这个名词(或看到这个实物)，便可以随意抓取相关的或不相关的许多词汇(或实物的代码)与其相结合，看看有无新的东西在其中产生，能否产生出其他新的设想或新的信息。例如，我们可以随意想出"橡皮""泡沫""船""吊钟""气球""烧瓶""玻璃""电灯"……然后，看这些随意输入的词汇或信息能否与"椅子"结合，产生出新的信息：

橡皮——椅子——可否做成橡皮式的柔软的椅子？

泡沫——椅子——可否做成多孔的泡沫椅面？

船——椅子——能否制作出在水中漂浮的船式座椅？

吊钟——椅子——能否制作出悬挂式的吊椅？

气球——椅子——可否做成充气型座椅？

烧瓶——椅子——能否制作出烧瓶式的软椅？

玻璃——椅子——能否制作出玻璃椅子？

电灯——椅子——能否制作出热辐射的安乐椅？

上述随意输入法，为什么可以将看起来风马牛不相及的一些事物联合起来，并形成新的东西呢？从本质上讲，世界是相互联系的，绝对孤立的事物是不存在的，所以，尽管看来是随意输入的，但经过若干联想或组合就可以找到它们之间的某些联系点。对此，苏联心理学家哥洛万斯和斯塔林茨进行了专门实验。实验证明，任何概念都可以经过四五个阶段，建立起一定的联系。比如，上边提到的"椅子"再与"皮球"联系，两个概念看来毫无干系，但是要经过四五步中间联想作媒介，就可使二者彼此联系起来：椅子—木头—森林—田野—足球场—球。再如，"天空"和"茶"，也只需要几步联想：天空—土地—水—喝—茶。他们实验用的词语都是随机取来的，结果证明，从一个概念过渡到另一个概念，只要有四五步联想就可以了。实验还表明，每个词平均可以同将近10个词发生单向联系，那么，第一步就有10次联想(随意输入)的机会，第二次就有100次机会，第三步就有1000次，第四步就有1万次……所以，随意输入过程中，可供选择的信息是大量的，因而，为人们提供的创新机会也是不可胜数的。

有些作曲家们在创作时，一个方法是靠笔和纸随时捕捉音乐的灵感，另一个方法是坐在钢琴前，随意地弹动琴键。这两种实际活动常常能帮助大脑运转起来，加强想象的能力和素材的积累。作家也常常如此，他们总是遵守时间在每天的某一时段，强迫自己坐在桌前，围绕自己的创作而努力。随意不完全是漫无边际，而是努力地使素材与期望相联系，不断地激发创作的灵感。

2. 快速联想法

所谓快速联想法，是指主体在思考问题时，以一种极其快速的联想方式进行思维，并从中引出新颖而具有某种价值的观念、信息或材料。在进行上述思维活动时，只要求主体思维飞快运转，将涌现出来的任何信息，不评价其好坏优劣，一律即刻记录下来，等联想结束之后，再来逐一评判其价值，寻找出最优答案。

快速联想这种思维技巧是由美国学者提出的，他们认为："智力的相乘作用和它的开放才是快速思考的最重要之点。"开始只是为了比较一下集体工作和单独工作在思维效率上的差别。后来，美国几所大学将这种思维技巧用于培养和训练学生的创造性思维，并进行了一系列的实验研究。结果表明，这种技巧在训练人的思维方面具有一定的作用。日本研究者也使用上述方法对学生进行思维训练。比如：课堂上老师提出"砸核桃"的概念，要求大家放开思想，快速联想，提出又快又好的"砸核桃"的方法。同学经过快速联想之后，提出如下方法。

第一次联想 (单个核桃)在家里用牙嗑、榔头砸。

第二次联想 (多个核桃)放在压力机上压。

第三次联想 可以用气枪往墙上射核桃。

第四次联想 可以用溶剂加工，使其变软。

第五次联想 冷冻使其变脆。

第六次联想……

经过上述的快速联想，不到20分钟，就收集到了40多个想法(信息、材料、方案等)，经过专家和学者的评估、鉴定，发现其中多项是比较有参考价值的。

在快速联想思维过程中，主体的思维积极、活跃、自由奔放、无拘无束，可行空间广阔，而且可以调动认同、反向、类比、幻想、形象等多种思维形式的积极功用，使主体获得创造性的思维成果。

3. 模糊估量法

我们在做一件事之前，往往会在心里对它们的发展趋势、条件因素等作大致的预测和估计。如果有成功的可能，然后再作进一步的精确计算、设计、论证等。这种把对问题、事物的成败进行预测的思维技巧称为模糊估量法。模糊估量法看似专业术语，其实在我们生活中比较常见。比如我们小时候玩的剪刀石头布游戏，从表面看出拳的输赢是随机的，其实我们总是根据前几次(特别是最近一次)出拳的经验来决定本次出什么拳，在这个过程中猜对方的出拳习惯，根据输赢的结果，不断地调整自己出拳。

模糊估量法包括两方面的含义：一是对问题或事物的存在和价值大致估量与判定；二是对问题或事物的发展方向作出相应的判断。正因为模糊估量法具有上述特点，所以，在创立新理论、寻找新领域等方面有着很重要的作用。

爱因斯坦称模糊估量法提供给主体的是"方向的感觉"。他在向心理学家维特海默讲述相对论研究时，曾十分仔细地论述了这一点，他说："在所有这些年里，都有着向某种具体的目标运动的方向的感觉。当然，很难用语言来表达这种感觉。但是，毫无疑问，情况正是这样，并且，这应当同随后的对解决问题的公理形式的深思熟虑区别开来。当然，在这种方向的感觉之后，总是有某种合乎逻辑的东西出现，我把这作为一种形象，当作视觉的形式。"

模糊估量法，之所以能在创立新理论、寻找新领域的过程中具有特殊作用，是因为新的理论总是为了解决新问题而提出，因此，它的出现总在被证实之前。在这种情况下，势必需要研究者善于运用模糊估量法这种直觉型思维技巧，大胆地运用自己的直觉判断力、洞察力，去开拓、去想象、去探索。这样才能帮助研究者形成一种总体的、大致的、方向性的战略眼光，在此基础上，对该方向(问题领域)作更具体、更细致、更深入的研究和计算，并创立出新理论。

科学史上曾称英国物理学家卢瑟福是具有非凡的"战略直觉能力"的科学家，他发现了原子核并提出原子结构的行星模型。卢瑟福在很早的时候，就运用模糊估量法凭直觉预测到原子核的存在。正如玻尔所说："卢瑟福很早就以他深邃的直觉认识到，复杂的原子核的存在和它的稳定性，带来了一些奇异的和新颖的问题。"正因为卢瑟福运用模糊估量法，对原子研究领域作了大致的预测和推算，坚定地相信在这一领域一定能有重大突破和贡献，才使他锲而不舍地投身于此项研究，并取得了惊人的发现。

即使是在以精确著称的数学领域，上述思维技巧也是大有用武之地的。或言之，研究者也可以使用，估量与猜测，来完成某些课题的研究。比如，被称为"伟大的直觉天才"的德国大数学家克莱因就常常运用上述技巧来进行研究。他经常考察最困难的问题并猜出它们的解答。他总相信这些解答是正确的。结果证明，他的猜测大多是正确的。

第二节　灵感的特征及其捕捉

一、灵感的内涵

在创意思维活动中，有些问题的解决往往是突发式的。人们对一些问题的研究，有时花费了很多精力和时间，而百思不得其解；但有时解决问题的方法(新形象、新思想)会突然在脑海中闪现，于是恍然大悟，使问题迎刃而解。这种一下子使问题得到解决的顿悟，创造者几乎说不出他的心理活动是怎样进行的，这种现象称为直觉，这种直觉的产生便是所谓灵感。灵感通常是在创造过程达到高潮阶段时出现的。人们对"灵感"的理解尚不一致。有人将灵感与直觉视为同样或几乎同样的东西，有人主张严格加以区别。直觉，一般指不经过逻辑推理就直接认识真理的能力。或者说，直觉是敏感地直接地臆测到真理的认识能力(当然是以已经获得的知识和经验为依据)。直觉和灵感在很多情况下是指同一个事实，只不过灵感指状态，直觉指直接认识真理的能力。灵感的产生是有其前提条件的，这就是长期积累。创造者在创造活动中，由于长期积累，大脑中储存了大量信息。这些信息经过准备或生成阶段的积极思考，在大脑中建立了无数的暂时神经联系和信息的组合。通常有些联系是微弱的、不明确的，或者处于潜意识之中，但是一旦受到某种外界的刺激或启发，某些联系突然加强，并显现出来，即所谓豁然开朗，出现了智力上的质变和思维的升华。灵感不是从天上掉下来的，也不是心血来潮、灵机一动的产物。柴可夫斯基有一句想象的话：灵感是一位这样的客人，他不爱拜访懒惰者。因此，从某种意义上说，灵感只不过是对创造者在创造活动中艰辛劳动的一种报偿。没有艰辛的创造劳动，决不会有突如其来的灵感涌现。

灵感有时是由某种偶然因素而触发的。

案例12-1

1927年某一天，心理学家 Kurt Lewin 刚和同事吃完午饭，他叫来服务员结账，服务员立刻告诉他们该付多少钱。几分钟后，Lewin 突发奇想，把服务员叫回来，问他刚才这笔账是多少，服务员愣住了。出于好奇，Lewin 的同事 Bluma Zeigarnik 回到实验室做了一些试验。她让试验对象执行些小任务，比如玩智力游戏，并在中途打断某些人，然后向他们询问所有活动过程中有关的事。她的结论是人们趋向于对未完成或被打断的任务记得更牢。这就是著名的蔡格尼克记忆效应。

承认偶然因素能触发灵感，但并不能由此认为灵感就是运气，可以不经过艰苦的劳动而凭空产生。机遇之所以能触发灵感，是因为偶然事件与创造者孜孜以求的答案有某种类似之处，从而引起新的联想，打开一条新的思路，使问题得到解决。倘若一个人对这个问题毫无研究，偶然因素即使碰到他的鼻子也决不会触发他的灵感。

法国公司CiteCreation 在德国柏林某地制作了一个超级涂鸦墙，把整个楼盘变成了一片郁郁葱葱的树林(见图12-1)。设计团队说，他们的灵感来自附近的动物园。

图12-1　涂鸦墙

而国外的吸烟区(见图12-2)，可能受到抽油烟机的启发。

图12-2　国外的吸烟区

二、灵感的特点

(一)突发性

所谓突发，是指它常常是在出其不意的时候突然出现的。它的出现带有偶然性，或在散步、或在看书、或在闲聊、或在一觉醒来、或在梦中……有时听到一句话、或看到一个句子、或碰到一件事、或受到外界其他某种刺激，而在一瞬间得到启示。人们既无法通过意志让它发生，也无法事先计划它的来到。它总是"不期而至"地来到人的面前。一天早上，比尔·鲍尔曼正在吃妻子为他做的威化饼，味道很好。吃着吃着，他被触动了，为什么不把这个威化饼的花样做成一种较好的跑鞋呢？它对脚有缓冲作用，与地面有较好的摩擦力。他从餐桌旁站起来，拿起妻子做威化饼的特制铁锅躲进办公室就开始琢磨起来，他三天不出房门，制成第一双鞋样，这就是耐克鞋的开始。

(二)突闪性

突闪性指的是灵感的显现过程极其短促，往往只经过一瞬间或一刹那，瞬息即逝。它像闪电一样，说来就来，说走就走，来不可遏，去不可留。1944年12月，在卢森堡的一次战役中，美国的巴顿将军凌晨4点钟就把秘书叫到办公室。秘书见他衣着不整，半穿制服半穿睡衣，知道他是刚下床有重要事情要口授。巴顿将军如此着急，原来是因为他刚才想到，德军在圣诞节时将会对某个地点发起进攻，他决定先发制人而向秘书口授了作战命令。果不出他所料，几乎就在美军发起攻击的同时，德军也发动了进攻。由于美军先发制人，终于把德军阻止在冰天雪地之中。几天之后，在同秘书的一次谈话中，巴顿将军回想起那天早晨获得的灵感，得意地笑着说："老实对你说吧！那天我是一点也不知道德军要来进攻的。"据《巴顿将军》一书叙述，后来巴顿曾两次谈到，这次军事行动是他"突然灵机一动"的又一次表现。那天，他在早上3点钟无缘无故地醒来时，脑中便突然想到了这件事。该书还引用了巴顿将军本人所说的话："像这样的主意究竟是灵感还是失眠的结果，我不敢说我知道。以往的每一个战术思想几乎都是这样突然出现在我的脑海里，而不是有意识的苦思冥想的结果。"这是现代世界军事史上一个得益于灵感的著名战例。

例如，图12-3中红色椅子的设计灵感来自大自然美丽的花朵，整张椅子的线条起伏令它犹如一朵盛开的百合花，鲜艳夺目的火红色增加了作品的动感。

(三)不受控制

不可能要灵感在什么时候、什么场合出现，它就一定在什么时候、什么场合出现。灵感出现的时间和场合，不可能预先准确地对它作出规定和安排。德国哲学家费尔巴哈说过："灵感是不为意志所左右的，是不由钟点来调节的，是不会依照预定的日子和钟点迸发出来的。"灵感的出现往往会是这样：你千呼万唤，它偏不光临；你没有想它，它又会不请自来。"有心栽花花不开，无意插柳柳成荫。"法国雕塑家罗丹在《回忆录》中谈到他的作品《流浪的犹太人》的创作经过时写道："我整天都在工作，到傍晚时正写完一章书，猛然间发现纸上画了这么一个犹太人，我自己也不知道它是怎么画成的，为什么要去画它，可是我的那件作品便已大体具形于此了。"

图12-3　花瓣椅

(四)模糊粗糙

　　灵感提供的思维成果,并不都是完整成熟、精确清晰的。灵感提供的只是一种"半成品",而且往往零碎片断,模糊不清,甚至会完全错误,它们一般都还有待于再经过逻辑思维或形象思维的进一步整理加工。如果是科学研究中的一个新设想,或艺术创作上的一个新构思,那么它只是指明了一种方向和途径,还需要再付出艰苦的劳动,才能做到在科学研究上有所突破和在艺术创作上有所创造。如果是解决某个实际问题的一种办法,它则只能提供一种启示或线索,还需要再加以补充、修正,才能使其成为真正富有价值、切实可行的最佳方案。

　　你是否也想过一艘潜艇在城市的中心突然出现,然而又觉得这是天方夜谭,一家保险公司把这种想法变成了现实(见图12-4),告诉我们意外无处不在,请抓紧购买保险。

图12-4　突然出现的潜艇

(五)难以重现

灵感是主观与客观多种因素在特定条件下特殊结合的产物。人的主、客观因素随时都处在发展变化中，极难重现完全相同的主客观因素在特定条件下的特殊结合，因而同一个灵感也就难以再次或多次出现。正如苏东坡的著名诗句所描绘："作诗火急追亡逋，情景一失永难摹。"这里所说的灵感难以重现，是指即使遇到了相同的情景，也难以再现各个细节都完全相同的同一个灵感，而不是说灵感的同一内容不可能在不同的情景下再次或多次出现。笔者在睡梦中想到了一个好的主意，也想着起床后把这个主意记下来，但是起床洗漱时还比较清晰的一个主意，等到要记下来时却再也记不起来了。

(六)新颖独特

灵感，通常是一种独创性的见解、创造性的设想。它以自己的新颖性使思维者鲜明地意识到自己的思想已进入到一个新的高度，有一种彻悟的自我感觉，是一种智力的跃进。纽约有一个无声餐厅(见图12-5)，进餐厅吃饭，不能说话，必须保持安静。创意的提出者主厨说，这个灵感源自他在印度的体验，当地佛教僧侣每天吃早饭的时候都不说一句话。于是他觉得如果把这个体验引进到嘈杂的纽约，倒是非常有市场。他希望食客可以全身心地投入到美食当中，而不被各种环境所干扰。

图12-5 无声餐厅

三、灵感迸发的基本形式

灵感迸发的形式多种多样，总起来看，可归纳为两种基本形式：联想式与省悟式。

(一)联想式

当对某个问题经过一段紧张的研究，百思不得其解，后来在某一偶然事件的刺激、启示、触发下，思维顿时引起相似性联想，感到豁然开朗，迸发出创造性的新设想，使问题得到解决。这种迸发方式，"原型启发"起着重要的作用。所谓原型启发，是从其他事物中得到解决问题的启示，从而找到解决问题途径或方法的过程。起着启发作用的事物，叫作原型。任何事物都可能有启发作用，都可能成为原型。如自然景象、日常用品、人物行为、技巧动作、口头提问、文字描述、一段音乐，等等，都可能成为对人有启发作用的原型。但是，一个事物能否起原型启发的作用，不仅决定于这一事物本身的特点，还与思考者的主观状态有很大关系，如思考者的创造意向、联想能力，等等。一名女大学生在旅游的时候，发现有很多朋友都让她用拍的风景照片做成明信片给他们邮过去，留做纪念，这触发了她新的创业思路。把校园迷人的秋季风景制作成明信片，让那些异地恋情侣，通过明信片来了解对方生活的校园文化。结果明信片做出来后，被抢购一空。

案例12-2

哈维德•舒尔茨加入星巴克之前，只不过是一个普通的销售经理。有一年，他到意大利米兰度假，正坐在路边咖啡厅享受宁静舒适之际，他的"灵感女神"突然"出现"。他想，像意大利这种提供好咖啡、舒适环境和快速服务的咖啡茶座，可能在美国市场也会大有作为。他探访了位于西雅图的星巴克，在那里喝到了令他神魂颠倒的咖啡。后来舒尔茨成功了，一闪念的灵感使他成为全世界的"咖啡大王"，星巴克成了风靡全球的一种时尚文化。

(二)省悟式

联想式迸发须通过某个偶然事件的触发，刺激大脑引起联想，然后产生灵感。省悟式则不同，它不需要借助"触媒"的刺激，乃是通过内在的省悟，内部"思想的闪光"而产生灵感的。当人对某个问题经过长时间的思索，思维达到了饱和程度，仍然没有进展，这时，在大脑神经系统中就像布满了纵横交错的"电路"，却转来转去无法接通。后来，由于潜意识等尚未搞清的因素的作用下，突然之间，电路"耦合"，接通了，猛然省悟使问题得到解决。例如，格拉茨大学药物学教授、诺贝尔奖获得者洛伊，一天夜里梦中出现了一个极好的设想，醒来时，他拿来纸、笔简单地记了下来。第二天起来，他查看记着灵感的笔记，却怎么也看不明白。他在实验室里整整坐了一天，面对着笔记和熟悉的仪器，就是回忆不起昨晚出现过的设想，也始终认不出自己的笔记，直到晚上上床睡觉时，还是一无所得。可是睡到后半夜，又在梦中出现了同样顿悟的情景，他高兴极了，详细地将它记到了笔记本上，第二天即以实验证明了神经搏动的化学媒介作用。

四、灵感的捕捉

我们知道，灵感是显意识活动与潜意识活动相结合的产物。灵感是在过去自觉思维活动的基础上产生的；它的产生又与潜意识的活动相联系。它或者通过外界的偶然事物的触发，或者由于内在省悟以"思想的闪光"的形式迸发出来。因此，要想孕育和捕捉灵感，最重要最值得引起重视的，有以下几点。

(一)对问题的执着追究

对问题的解决抱着浓厚的兴趣和强烈的愿望,是灵感产生的土壤。有人问牛顿,他是怎样获得伟大的发现的,牛顿回答说:"经常想着它们。"话虽不多,却道出了真谛。真可说是牛顿的经验之谈。对问题的执着追究,"经常想着它们",这是产生灵感的前提条件。脑子里没有问题,或者虽有问题却从不追究的人,是绝不会产生灵感的。

(二)充分利用原型启发

从其他事物引起联想,看出解决问题的途径。莱特兄弟从飞鸟和一架装有螺旋桨的玩具中得到启发,制造出世界上第一架飞机。原型之所以有启发作用,是因为它能引起人们的联想,能使解决问题的新方案、新方法从中产生。然而,某一事物能否起原型的启发作用,不仅取决于该事物的特点,也取决于创造者的心理状态。什么样的情景、场合、条件下容易产生灵感呢?不同的科学家、文学艺术家,各有自己的感受和体会。据说,李白在饮酒时创作力旺盛,有"李白斗酒诗百篇"之说;欧阳修在《归田录》里说:余生平所作文章多在三上,"乃马上、枕上、厕上也"(参见《朱光潜文集》)。大黄鸭设计者霍夫曼指出,自己的设计灵感来自于绘画作品的启发;意大利戏剧家阿尔菲内在听音乐时想象力最盛,他的作品大半是在听音乐时酿成的;法国作家伏尔泰和巴尔扎克常借助于咖啡。传说,美国的保笛·昆塞则常借助于鸦片;德国诗人席勒在创作时喜闻烂苹果的气味,在他的写字台上常摆几只烂苹果,在创作时又常喜欢把脚浸在冷水里;当卢梭有所思索时,总爱让赤热的阳光晒自己的脑袋;英国诗人弥尔顿作诗喜欢躺在床上;作曲家莫扎特在作曲之前常作体操;哲学家尼采在散步时新思想容易涌现。

(三)充分利用潜意识活动的作用

灵感,无意识的直觉(不包括自觉思维时出现的直觉),一般不是逻辑推理的结果,而是产生于头脑的潜意识、无意识的活动。因此应注意利用和发挥下意识(潜意识)思考的作用。下意识或无意识,是指未被意识到的心理活动。人们可以创设某些条件使下意识活动活跃起来,从而促使或诱发灵感的产生,并加以捕捉。

(1) 在紧张的思考之后,如果仍然无法获得解决问题的方法,可以有意识地采取一些做法,让思想松弛一段时间,这不仅可以使无意识活动活跃起来,也有利于摆脱固定思路的束缚。比较常见的做法有以下几种。

① 躺下来休息。如果前一天把一个问题思考了许多遍,仍然得不到满意的答案,可以躺下来休息一下,睡着也没有关系,因为你把问题交给了潜意识活动。关于某一问题你已经思考了许多次,许多东西已经深深地印在了你的脑子里,我们休息时,虽然意识不再活动,但是潜意识开始活跃。它可以起到给大脑下达指令的作用,既可以促使显思维更振奋、更有序地活动,同时也能更有力地调动潜思维积极配合显思维思考,以诱发灵感。

② 洗澡时胡思乱想。人在淋浴时身体舒展,心情轻松,常能令人有一种摆脱了一切羁绊和负担的心旷神怡之感,有时甚至还会进入一种似睡非睡的半自我催眠状态。这时显意识与潜意识之间的屏障可能已不再是"壁垒森严",而是已"有所松动",潜意识信息库里储

存的信息能更多、更及时地输送给显意识使用,潜思维能更加活跃积极地配合显思维思考问题。

③ 听音乐放松。不少人感到,听音乐演奏,在音乐的气氛中思考,有利于灵感的产生。爱因斯坦在1928年回答一位记者时说:"音乐并不影响我们的研究工作,而且出于同一渴望的源泉滋生成长;它们的轻快又互相补充。"他还说:"伟大的科学家和伟大的作曲家两者在这一点上是相同的,他们都是伟大的诗人。"达尔文在其《自传》中说:"音乐常常迫使我紧张思考我正在研究的问题。"

④ 散步。散步是一种能活动身体、有益于健康的休息方式,在人身体放松的同时,思维也能得到放松,同时在散步时脑子会接收到外界许多信息,人会在放松的情况下将这些信息与自己一直思考的问题进行联系,进而产生许多灵感。

⑤ 上厕所。厕所作为一个狭小的空间,容易使人思维安定,精力集中。如果我们把这段时间利用起来,思考我们难以解决的问题,可能会产生很多灵感。某家日本企业便在厕所里放了纸、笔和建议箱,让员工们在蹲厕所时也别忘了把想到的好主意及时记录下来。

⑥吃美味的食物。抽烟喝酒能起到刺激神经兴奋或者麻痹神经的作用,所以有许多人会采取抽烟喝酒等方式对自己进行刺激,以期产生灵感。但它对健康不利,不见得是一个好办法,而且也不是对任何人都适用。但我们可以根据这一原理,在自己灵感匮乏时,选择一些自己喜欢吃的美食,对自己进行刺激。

(2) 保持良好的精神状态和愉快的情绪。一个人在精神愉快的状态下,能增强大脑的感受能力,较容易接受外界信息的诱导或来自下意识的信息;而闷闷不乐,心情压抑,心乱如麻,没精打采的心情,容易失去敏感性,思路容易受到阻塞而变得迟钝。

(3) 要随时注意记录。由于灵感的突发性和突闪性,常常瞬息即失。把那些在不同场合出现的一闪而过的念头、新意、妙想,及时记载下来,方能捕获不忘。随着科技的发展,许多专门帮助人记录个人信息的工具逐步出现,我们便可以借助这些工具来记录灵感。这些工具方便我们存储、管理灵感,使我们的灵感不至于白白丢失,轻而易举地便能找到。常用记录工具有:印象笔记、为知笔记等。

第三节 直觉与灵感能力的养成与训练

一、基础测试

(1) 什么是直觉思维,用自己的话表述。

(2) 什么是灵感,用自己的话表述。

(3) 列举捕捉灵感的方法。

(4) 列举产生直觉的方法。

二、实践训练

(一)随意输入法训练

要求将题目中的词语跟至少10个以上的词语相联系，找出两者任一能结合的内容，从而创造一种新的事物，解决一种问题。例如：

人——橡皮，利用橡皮的弹性，做一种橡皮一样的衣服或者装置，人穿戴上就不再怕摔。

人——水，利用水调节温度的功能，为人做一件"水衣"，夏天不热，冬天不冷。

人——手机，利用手机传递信息的功能，设计一种装置把人发送到想要去的任何地方。

人——铅笔，利用铅笔书写文字的功能，为人设计一种工具戴在人的某个部位，记录人的各种行动。

仿照上面的例子，使用以下词语构成联系。

(1) 石头。

(2) 鲜花。

(3) 键盘。

(4) 小鸟。

(5) 空气。

(6) 火。

(7) 海水。

(二)快速联想法

联想法是由一个信息、一个事物出发引出无限多的信息，最后从中找出与主题最为相关或最有利于问题解决的方案。注意联想时一定注意联想的数量，通过数量出质量，不能因为一开始的时候不能熟练联想，便半途而废。可以对一个问题进行5次联想，如怎样在炎炎夏日降低温度？

第一次联想：少穿衣服。

第二次联想：把冰块放在屋里。

第三次联想：下一场雨。

第四次联想：让凉风冲进来。

地五次联想：去凉快的地方。

第六次联想：调节自己的体温。

……

请用联想法思考下列问题：

(1) 如何解决感冒问题？

(2) 如何解决失眠问题？

(3) 如何解决资源缺乏问题？

(4) 如何解决失恋问题？

(5) 如何解决自杀问题？

(6) 如何解决环境污染问题？

(7) 如何解决遗忘问题？

(8) 如何解决民族冲突问题？

(三)模糊估量法训练

(1) 踏出户外，或者把头探出窗外，感觉一下空气的温度。不要轻易相信气象预报。如果你每天都这么做，半个月之后，你将可以像土著一样地估计温度。

(2) 跟朋友在一起的时候，试着以自己的身高体重，估计他的身高体重。如果你有勇气，可以当面求证(切记把男人的身高说得高几厘米，把女人的体重说得少几千克)。

(3) 坐车的时候猜猜看(不要看仪表)，已经走了多远？

(4) 玩剪刀石头布游戏，回忆自己进行出拳判断的过程。

(5) 写下你的猜测和预感。接下来的一个月里，每天简单地记下，你所预测的状况中，有哪些果真实现。期末考试谁的成绩第一？这次评选班干部哪几位能当选？爸爸出差哪天回来？如能将每一项预测写下来，会达成以下的双重效果。第一，每日勤于练习，预测会越来越准确。第二，能看清自己成功的地方，也能看清自己失败的地方，才能更诚实地面对自己。预测能灌溉直觉，使它成长茁壮。国际大事、悬疑故事和恐怖小说的结局，以及股市涨跌，都可以当作每日的预测练习。你猜对了多少次？猜错时又错得多离谱？什么因素让你猜错？你能一针见血地指出，什么因素让你分心，什么因素对你造成错误的影响吗？

(6) 找寻测量工具之前，试试用心灵的眼睛测量"有多少"。

除了运用自己的感觉之外，什么都不要使用。不论是距离还是高度，先用猜的，再用必要的工具，量出正确的答案。仔细观察，你的猜测和正确答案相差多少，是不是总猜得太少？猜得太多？还是时多时少？把正确的测量当作标靶，把眼睛当成弓箭。不断修正你的猜测，直到接近靶心为止。你将惊讶地发现，自己射中靶心的速度有多快、有多频繁，也许还能命中红心呢！不用多久，你将享受到察觉力升高和心智日趋敏锐的好处。

(四)灵感训练

1. 灵感自发训练(冥思苦想后，突然爆发灵感)

请思考下列问题。

如何解决雾霾污染问题？

如何减少疾病和灾害的发生？

如何让人们夏天不受蚊虫叮咬？

如何减少偷盗行为的发生？

如何让人不再发脾气？

如何让人不再贪婪？

2. 灵感触发训练

(1) 受思想启发训练(通过他人思想启示而出现的灵感)。

(2) 受事物启发训练(通过某种事件或现象原型的启示，激发创造性灵感)。

(3) 受情境启发训练(在某种气氛、情境的触发下，引发的创造灵感)。

(4) 受梦境启发训练(从梦中获得有益的答案)。

尝试分别采取上述方式思考下列问题。

如何解决水资源短缺问题?

如何让世界保持和平?

如何让笔记本续航能力更强?

如何让人不再发脾气?

如何让人不再贪婪?

参 考 文 献

[1] [美]约翰·查菲. 批判性思维[M]. 太原：山西人民出版社，1989.

[2] [美]S.阿瑞提. 创造的秘密[M]. 沈阳：辽宁人民出版社，1987.

[3] [英]爱德华·德·波诺. 水平思考[M]. 北京：北京科学技术出版社，2006.

[4] [美]塞尔瓦托·坎纳沃. 跳出思维的陷阱[M]. 王迅，徐鸣春，译. 海口：南海出版公司，2002.

[5] [日]三谷宏治. 创新者的思考[M]. 北京：印刷工业出版社，2011.

[6] 詹宏志. 创意人：创意思考的自我训练[M]. 北京：人民交通出版社，2004.

[7] 叶舟. 好主意是这样想出来的[M]. 北京：民主与建设出版社，2003.

[8] 原来. 365天创意思维训练游戏[M]. 北京：新华出版社，2004.

[9] 孙洪敏. 超前思维[M]. 沈阳：辽宁人民出版社，1999.

[10] 夏晓. 思维训练教程[M]. 北京：机械工业出版社，2014.

[11] 舒咏平. 广告创意思维教程[M]. 上海：复旦大学出版社，2009.

[12] 崔勇，吕村. 设计思维[M]. 郑州：河南出版集团，2006.

[13] 崔勇，杜静芬. 艺术设计创意思维[M]. 2版. 北京：清华大学出版社，2016.

[14] 宫承波. 创新思维训练教程[M]. 2版. 北京：中国广播影视出版社，2016.